Wilhelm H. Peterßen

Wissenschaftliche(s) Arbeiten

Wilhelm H. Peterßen

Wissenschaftliche(s) Arbeiten

Eine Einführung für Schule und Studium

6., überarbeitete und erweiterte Auflage

Oldenbourg

Bibliografische Information der Deutschen Nationalbibliothek
Die Deutsche Nationalbibliothek verzeichnet diese Publikation in der Deutschen Nationalbibliografie; detaillierte bibliografische Daten sind im Internet über http://dnb.d-nb.de abrufbar.

www.oldenbourg-bsv.de

6., überarbeitete und erweiterte Auflage 1999 R E
Druck 08 07 06
Die letzte Zahl bezeichnet das Jahr des Drucks.

Umschlagkonzeption: Mendell & Oberer, München
Lektorat: Rainer Paetsch, Ralf Stecher
Herstellung: Christa Neukirchinger
Satz und Repro: Text- und Software-Service Manuela Treindl, Regensburg
Druck und Bindung: Peradruck Matthias GmbH, Gräfelfing

ISBN 3-486-**11498**-0
ISBN 978-3-486-**11498**-0 (ab 1.1.2007)
ISBN 978-3-637-**11498**-2 (ab 1.1.2009)

Inhalt

Vorwort und Lesehinweise

Dieses Buch möchte keine grundsätzliche Erörterung und philosophische Reflexion über Wissenschaft und wissenschaftliches Arbeiten bieten. Es möchte vielmehr all jenen Hilfestellungen geben, die wissenschaftliche Arbeiten anfertigen müssen und dafür nach Hilfen suchen. Wenn es allerdings erforderlich wird, auch grundsätzliche Erörterungen anzustellen, wenn nämlich zuvor verstanden werden muss, warum und wie man etwas auf »wissenschaftliche« Art tun sollte, dann werden entsprechende Erörterungen auch in diesem Buch angestellt.

Dieses Buch beabsichtigt

- *Wissen darüber zu vermitteln, was wissenschaftliches Arbeiten ist bzw. sein kann;*
- *die Einsicht anzubahnen, warum wissenschaftliches Arbeiten bestimmte Standards und Prinzipien, Verfahren und Techniken erforderlich macht;*
- *Kenntnisse über maßgebliche und in Frage kommende wissenschaftliche Verfahren und Techniken zu vermitteln;*
- *eine professionelle Einstellung zu wissenschaftlichem Arbeiten zu fördern.*

Man muss dieses Buch nicht ganz lesen, nicht von der ersten bis zur letzten Seite. Man braucht nur jene Kapitel und Abschnitte zu lesen, an denen man interessiert ist, von deren Lektüre man sich etwas verspricht.

Man muss die einzelnen Kapitel und Abschnitte dieses Buches auch nicht in der vorgegebenen Folge lesen. Man kann sie in jeder Anordnung lesen, die man aufgrund eigener Gedanken- oder Fragefolge für brauchbar hält.

Man muss die einzelnen Kapitel und Abschnitte dieses Buches auch nicht auf einmal lesen. Man kann jedes Kapitel, jeden Abschnitt gerade dann lesen, wenn es/er für die Lösung eines persönlichen Problems im Rahmen wissenschaftlicher Arbeiten in Frage kommt.

Um solchen »lockeren« und pragmatischen Umgang mit dem Buch zu ermöglichen, kann auf Redundanzen nicht ganz verzichtet werden; einige Gedanken kehren in verschiedenen Kapiteln und Abschnitten wieder. Um die Wiederholungen aber auf ein Mindestmaß zu begrenzen, werden zahlreiche Querverweise gegeben, und zwar einmal in der üblichen Form im fortlaufenden Text, z. B. (vgl. S. 123), zum anderen durch ein Merkzeichen 123 am Seitenrand. Dieses Merkzeichen enthält als Ziffer jene Seitenzahl, unter der man weitere Ausführungen zum gerade erörterten Problem nachschlagen kann.

Der Text ist wegen der behandelten Sache und wegen der zahlreichen graphisch hervorgehobenen Beispiele, Einschübe u. Ä. schon sehr stark strukturiert, doch werden einige Textpassagen noch zusätzlich betont.

Dieses Merkzeichen findet sich immer da, wo dem Leser besondere **Hinweise oder Tipps** für seine wissenschaftliche Arbeit gegeben werden sollen (!) und solche Hinweise oft auch Zusammenfassungen von Erörterungen sind.

Um das Auffinden solcher Kapitel und Abschnitte zu erleichtern, an denen der Leser persönlich besonders interessiert ist, wurde das **Inhaltsverzeichnis** besonders stark aufgegliedert. So lassen sich bei überfliegendem Lesen des Inhaltsverzeichnisses verhältnismäßig schnell jene Stichworte auffinden, die auf die gesuchten Ausführungen verweisen. Gelegentlich sind den Kapitel- und Abschnittüberschriften auch Fragen hinzugefügt, die im Allgemeinen bei wissenschaftlicher Arbeit der gemeinten Art gestellt werden und auf die der Leser Antworten sucht.

Da vor allem das »Bibliografieren« eine wichtige Technik der wissenschaftlichen Arbeit ist und dabei zahlreiche unterschiedliche Ausgangssituationen bestehen, sind so genannte *Suchstrategien* je nach der besonderen Ausgangssituation erstellt und grafisch dargestellt worden; in einer Übersicht – bereits im Inhaltsverzeichnis enthalten – kann jeder seine eigenen Ausgangsbedingungen bei der Suche nach Literatur leicht feststellen und dann dem entsprechenden Vorschlag folgen.

Absicht dieses Buches ist es nicht, alle maßgeblichen Probleme des wissenschaftlichen Arbeitens erschöpfend zu behandeln, sondern es soll eine *Einführung* gegeben werden – so bemessen, dass »Anfänger« und solche, die schnell einmal oder wieder einmal »nachschlagen« wollen, warum und wie man es denn nun macht, hinreichend informiert werden.

Vorwort zur 6. Auflage

Wissenschaftliches Arbeiten bleibt sich in seinen grundlegenden Prinzipien treu, solange kein völlig neues Paradigma auch diese zu ändern zwingt. Das aber ist trotz des Eindringens systemisch-konstruktivistischen Denkens – mit seiner Absicht, das überkommene duale Wirklichkeitsverständnis zugunsten eines einheitlichen und selbstreferenziellen aufzuheben – nicht notwendig gewesen und wird es in der nächsten Zeit auch nicht werden. Deshalb bleiben die grundsätzlichen Ausführungen hier unverändert: Wissenschaftliches Arbeiten hat nach wie vor seinen bewährten Grundprinzipien zu folgen!

Geändert haben sich hingegen im Gefolge der neuen Kommunikationstechniken die möglichen Techniken auch für wissenschaftliches Arbeiten. Bereits für Schüler und stärker noch für Studierende ist der eigene Computer – wie jene in Instituten und Bibliotheken – zum Instrument für den Zugriff auf notwendige wissenschaftliche Quellen und Daten geworden. Dieser Lage wird hier dadurch entsprochen, dass die Arbeitsmöglichkeiten mit dem Computer näher beschrieben und ihre Folgen für die Einhaltung der Prinzipien aufgezeigt werden. Denn auch im Zeitalter der Online-Recherche gelten die Standards von *Objektivität, Reliabilität* und *Validität* für alles wissenschaftliche Arbeiten unverändert weiter. Allerdings sind beim Surfen im Internet besondere Notwendigkeiten für die Einhaltung und Erhellung dieser Standardpostulate eingetreten. Diese werden in der Neuauflage aufgegriffen und an Beispielen verständlich dargestellt, sodass wie bisher unmittelbar mit dem Buch gearbeitet werden kann.

Die große Instabilität gegenwärtiger Technologie führt in immer kürzer werdenden Abständen zu Innovationen im Bereich der Online-Recherchen, sodass im Grunde genommen auch in immer kürzeren Abständen neue Hinweise erfolgen und neuartige Beispiele vorgestellt werden müssen. Doch ist mittlerweile die interaktiv angelegte Steuerung von Computernutzern so perfekt und vollständig geworden, dass wohl jeder, der Computer bedienen kann, auch mit deren technologischen Neuerungen fertig werden kann. Sollten dennoch bedeutsame Fragen usw. offen bleiben, bitte ich um Rückmeldungen, um sie auffangen und bearbeiten zu können.

Weingarten, März 1999 *Wilhelm H. Peterßen*

1 Einleitung: Wissenschaftliches Arbeiten – eine Forderung in Prüfungs-, Studienordnungen und Lehrplänen

Diese Einleitung führt thesenartig in das dem Buch zugrunde gelegte Verständnis von wissenschaftlichem Arbeiten und wissenschaftlicher Arbeit ein.

Es ist zu unterscheiden zwischen
- **wissenschaftlichem Arbeiten**
  Darunter wird der Vorgang verstanden, bei dem ein Thema, ein Problem auf wissenschaftliche Art und Weise, d. h. nach wissenschaftlichen Standards und Prinzipien mit wissenschaftlichen Verfahren und Techniken, behandelt und zu lösen versucht wird. Wissenschaftliches Arbeiten = ein *Prozess.*

und
- **wissenschaftlicher Arbeit**
  Darunter wird das niedergeschriebene Ergebnis wissenschaftlichen Arbeitens verstanden, wobei auch die Niederschrift nach wissenschaftlichen Standards und Prinzipien mit wissenschaftlichen Verfahren und Techniken erfolgen muss. Wissenschaftliche Arbeit = ein *Produkt.*

Dass Wissenschaft unser gesamtes Leben bestimmt und aus unserem Leben nicht mehr wegzudenken ist, dass deshalb jeder über gewisse wissenschaftliche Kenntnisse und Einsichten verfügen muss, um sich in der wissenschaftsbestimmten gesellschaftspolitischen Wirklichkeit zurechtfinden und daran teilnehmen zu können, ist selbstverständlich. Darauf soll hier nicht weiter eingegangen werden. Vielmehr soll, in pragmatischer Absicht, verkürzt von der schlichten Tatsache ausgegangen werden, dass wissenschaftliches und wissenschaftliche Arbeiten gegenwärtig von vielen verlangt werden. Lehrpläne verlangen sie von Schülern, Prüfungs- und Studienordnungen von Studierenden. Ihnen diese Forderung in ihrer inhaltlichen Bedeutung verständlich zu machen und ihnen bei der Bewältigung dieser Forderung zu helfen, ist Absicht dieses Buches.

1.1 Im Alltagsverständnis ist Wissenschaft gleichbedeutend mit Forschung

In der alltäglichen Rede – von Bürgern und Politikern, in Gesprächen und in Massenmedien – wird Wissenschaft in der Regel mit Forschung gleichgesetzt, ja oft sogar auf eine ganz bestimmte Forschung eingeengt, und zwar auf naturwissenschaftliche Forschung. Dies beruht wahrscheinlich darauf, dass einerseits immer wieder von allen Seiten die große Bedeutung solcher Forschung für unser aller Leben herausgestellt wird – Weltraum- und Arzneimittelforschung z. B. –, dass andererseits solche Forschung für die meisten ein geheimnisvolles und erregendes Feld voller Unbekannten ist – Gentechnik und Medizin z. B.

Forschung ist der unmittelbare Zugriff des Menschen auf die Wirklichkeit in der primären Absicht, diese durchschaubar zu machen und Erkenntnisse über sie zu gewinnen. Zu diesem Zweck haben die Wissenschaften im Laufe der Jahrhunderte eine ausweitend-differenzierende Entwicklung durchgemacht – es sind immer wieder neue und besondere Disziplinen entstanden und als eigenständige Ansätze zur Erforschung der Wirklichkeit ausgegliedert worden –, und sie haben ein zusehends umfangreicheres Repertoire zunehmend verfeinerter Verfahren und Techniken entwickelt. Forschung heute vollzieht sich von zahlreichen Ansätzen her, mit zahlreichen unterschiedlichen Fragestellungen und unter Rückgriff auf zahllose bewährte Verfahren und Techniken.

Doch nicht hierauf, auf die Philosophie und die Organisation der Wissenschaft und auf ihr gesamtes Methodenrepertoire, soll im Folgenden eingegangen werden, sondern auf jene Art von wissenschaftlichem Arbeiten, dass von Adepten der Wissenschaft, von Studierenden und Schülern, erwartet wird*.

1.2 Wissenschaftliches Arbeiten ist nicht gleichbedeutend mit Forschung

Wissenschaftliche Arbeit besteht nur zum Teil aus Forschung. Auch die weitere Verarbeitung von Forschungsergebnissen, ihre Einarbeitung in neue gedankliche Zusammenhänge, ihre Verwendung zur Lösung realer Probleme usw. wird als wissenschaftliche Arbeit aufgefasst.

Und ein Blick in die Prüfungs-, Studienordnungen und Lehrpläne zeigt, dass hier zwar durchaus Forschung als wissenschaftliche Arbeit gelegentlich erwünscht ist, dass aber die Forderung nach wissenschaftlicher Arbeit keineswegs immer und ausschließlich auf eigene Forschung abzielt. So wird beispielsweise die von Schülern der Kollegstufe in Bayern geforderte »Facharbeit« zwar ausdrücklich als »eine schriftliche wissenschaftliche Hausarbeit« beschrieben, aber: »In der Regel wird die Facharbeit nicht zu neuen Ergebnissen führen können.« (Schulreform in Bayern, Kollegstufe am Gymnasium. Hrsg. v. Bayerischen Staatsministerium für Unterricht und Kultus. München 1972, S. 35)

---

* Wer sich über grundlegende Fragen wissenschaftlicher Organisation informieren will, wer Wissenschaftstheorie betreiben will, dem seien empfohlen: HABERMAS, Jürgen: Erkenntnis und Interesse. Frankfurt/M. 1968; SEIFFERT, Helmut: Einführung in die Wissenschaftstheorie. 2 Bde. München 1969/70.

Ähnliche Formulierungen finden sich auch in Studienordnungen und -plänen von Hochschulen und Universitäten*.

Dementsprechend wird hier auch nicht auf Forschungsmethoden jeglicher Art eingegangen, sondern nur auf jene Verfahren und Techniken, die im Allgemeinen in solchen Ordnungen gemeint sind. Kurz gesagt: Wissenschaftliches Arbeiten der gemeinten Art ist vor allem und fast ausschließlich Umgang mit Schriftgut, und zwar ein »wissenschaftlichen Ansprüchen« genügender Umgang. Auf diese Art wissenschaftlichen Arbeitens beschränkt sich deshalb dieses Buch: einerseits auf den Vorgang, das »Umgehen« mit Schriftgut, das wissenschaftliche Arbeiten (den Prozess), andererseits auf die Darstellung des Ergebnisses solchen Umgangs, auf die wissenschaftliche Arbeit (das Produkt). Das Buch will zeigen, wie man »umgeht«, und erklären, warum man auf solche Art »umgeht«.

Übrigens – auch das Finanzamt vertritt die hier skizzierte Auffassung über wissenschaftliches Arbeiten. Um die seinerzeit besondere Besteuerung von wissenschaftlichen Nebeneinkünften generell zu regeln, erging folgender Erlass:

> (3) [1]Der Begriff der wissenschaftlichen Tätigkeit im Sinne des § 34 Abs. 4 EStG ist grundsätzlich nicht eng auszulegen (vgl. BFH-Urteile vom 30.4.1952 - BStBl III S. 165, vom 13.11.1952 - BStBl 1953 III S. 33, vom 14.3.1958 – BStBl III S. 255, vom 2.4.1958 – BStBl III S. 293 und vom 24.4.1959 – BStBl III S. 255, vom 2.4.1958 – BStBl III S. 293 und vom 24.4.1959 – BStBl III S. 193). [2]Er beschränkt sich nicht auf die an den Hochschulen gelehrten Disziplinen. [3]Wissenschaftliche Kenntnisse können auch durch Selbststudium erworben werden. [4]Nach den angeführten Entscheidungen ist wissenschaftlich tätig im Sinne des § 34 Abs. 4 EStG nicht nur der Steuerpflichtige, der schöpferische oder forschende Arbeit leistet, sondern außerdem derjenige, der eine schwierige Frage oder Aufgabe nach wissenschaftlichen Grundsätzen, d. h. nach streng sachlichen und objektiven Gesichtspunkten zu lösen versucht. [5]Wissenschaftlich tätig ist daher im weiteren Sinne auch derjenige, der – ohne den Kreis der wissenschaftlichen Erkenntnisse zu erweitern – das aus der Forschung hervorgegangene Wissen auf konkrete Vorgänge und Verhältnisse anwendet.

Aus: Steuerrichtlinien 1981, S. 380/381, EStR 202.

* Aus Prüfungsordnungen, die den Abschluss von Ausbildungs- und Studiengängen regeln, entwickeln die Hochschulen Studienordnungen, die die Organisation des Studiums betreffen und Lehrende und Lernende verbindlich zu bestimmter Lehre bzw. bestimmtem Studium anhalten, und aus diesen Ordnungen werden wiederum Studienpläne entwickelt, die den betroffenen Studierenden genau sagen bzw. empfehlen, wann sie was und wo studieren müssen/sollten.

1.3 Wissenschaftliches Arbeiten soll in der Regel bestimmte Zwecke erfüllen

Wissenschaftliche Arbeiten werden von Studierenden und Schülern gefordert, damit sie zum einen daran das wissenschaftliche Arbeiten erlernen und zum anderen unter Beweis stellen können, dass sie wissenschaftliches Arbeiten erlernt haben und beherrschen. Beide Absichten sind in den Prüfungs- und Studienordnungen oftmals ineinander verschlungen.

Um diese Absichten zu verwirklichen, wird in den Ordnungen von Studierenden und Schülern in der Regel zweierlei gefordert:
a) die wissenschaftliche Arbeit soll ein Thema bzw. ein Problem aus einem bestimmten Bereich behandeln.
b) Das wissenschaftliche Arbeiten soll bestimmten Ansprüchen genügen.

(a) Wo eine wissenschaftliche Arbeit im Rahmen einer Fachausbildung oder eines Fachstudiums geschrieben wird, ist es selbstverständlich, dass sie ein Thema, ein Problem aus ebendiesem Fach behandelt. So ist auch die schon erwähnte »Facharbeit« an Gymnasien in einem etwas erweiterten Sinne auf den Lehrplan bezogen: Sie ist »über ein begrenztes Sachgebiet im Rahmen der Lehrpläne« zu verfassen (Schulreform in Bayern, Kollegstufe am Gymnasium. München 1972, S. 35). Selbstverständlich ist auch, dass solche Arbeiten sich mit »rein akademischen« Fragestellungen befassen können, d. h. über den Rahmen der fachlichen Behandlung hinaus nicht unbedingt von Bedeutung sein oder gar eine praktische Bedeutung haben müssen.

Aber in vielen Ordnungen findet sich auch die Forderung, dass die wissenschaftliche Arbeit ein praktisch bedeutsames Thema oder Problem aufgreifen und möglichst zur Lösung führen sollte; diese Forderung taucht besonders dort auf, wo wissenschaftliche Arbeiten nicht so sehr der Ausbildung in der Handhabung von Wissenschaft, sondern vielmehr der Überprüfung wissenschaftlicher Qualifikationen gelten.

Beispiele
- »Die Diplomarbeit soll zeigen, dass der Studierende in der Lage ist, eine praxisbezogene Problemstellung … zu bewältigen.«
  (Verordnung des Ministeriums für Wissenschaft und Kunst über die Ausbildung und Prüfung der Studierenden der Berufsakademien im Lande Baden-Württemberg. Fassung v. 28.7.83, § 23)
- »Das Thema hat dem … Zweck der Prüfung entsprechend im Bezug auf die spätere Erziehungs- und Unterrichtsarbeit des Bewerbers zu stehen.«
  (Verordnung des Ministeriums für Wissenschaft und Kunst über die Erste Staatsprüfung für das Lehramt an Grund- und Hauptschulen, Baden-Württemberg, 28.11.79, § 11 Abs. 1)

Die spätere Praxis, für deren Bewältigung der Verfasser ausgebildet wird, ist also der Bereich, aus dem das Thema, das Problem der wissenschaftlichen Arbeit oftmals entnommen werden soll. Dass es hieraus stammt, ist wichtig, nicht so sehr, welches es nun gerade ist. Aber wichtiger, viel wichtiger ist: Dieses Thema, dieses Problem soll *wissenschaftlich* bearbeitet werden.

(b) Wissenschaftliche Arbeiten sollen in der Regel unter Beweis stellen, dass der Verfasser wissenschaftlich arbeiten kann, und das wird begriffen als themen- und problemgerechte Auswahl von und »richtiger« Umgang mit wissenschaftlichen Mitteln. Die wissenschaftliche Qualifikation eines Kandidaten soll sich darin erweisen, dass er ein für seine künftige Berufspraxis relevantes Problem »wissenschaftlich« löst, indem er zum einen die gerade diesem Problem entsprechenden wissenschaftlichen Mittel – was beinhaltet: wissenschaftliche Erkenntnisse und wissenschaftliche Verfahren und Techniken – auswählt und zum anderen diese Mittel nach wissenschaftlichen Standards und Prinzipien anwendet.

Auf die Zurschaustellung fundierter Kenntnis wissenschaftlicher Mittel und des adäquaten Umgangs mit ihnen zielen demnach wissenschaftliche Arbeiten vor allem ab. Diese Forderung bezieht sich wiederum auf den Arbeitsprozess und auf das Arbeitsprodukt, bei beiden ist die wissenschaftliche Qualifikation unter Beweis zu stellen.

Dass diese Forderung im Mittelpunkt steht, verdeutlichen die Beispiele:

- *»Facharbeit« von Schülern der gymnasialen Oberstufe*
  »Eine Facharbeit ..., die erkennen läßt, daß der Kollegiat ... mit Hilfe wissenschaftlicher Arbeitstechniken selbständig Aussagen formulieren kann.«
  »Demgemäß ist das sachgerechte Arbeitsverfahren bei der Beurteilung in besonderer Weise zu berücksichtigen.
  (Schulreform in Bayern, Kollegstufe am Gymnasium. München 1972, S. 35)
- *»Diplomarbeit« von Studierenden der Berufsakademien*
  »Die Diplomarbeit soll zeigen, daß der Studierende in der Lage ist, eine praxisbezogene Problemstellung selbständig unter Anwendung ... wissenschaftlicher Erkenntnisse und Methoden zu bearbeiten.«
  (Verordnung, a. a. O., § 23, Abs. 1)
- *»Wissenschaftliche Hausarbeit« von Lehrerstudenten*
  »In der wissenschaftlichen Hausarbeit hat der Bewerber nachzuweisen, daß er ein Thema selbständig wissenschaftlich bearbeiten kann.« (Verordnung, a. a. O., § 11, Abs. 1)
- *»Diplomarbeit« von Studenten an Hochschulen*
  »Die Diplomarbeit soll zeigen, daß der Kandidat in der Lage ist, ein Problem selbständig nach wissenschaftlichen Methoden zu bearbeiten.«
  (Prüfungsordnung der Pädagogischen Hochschule Weingarten für den Diplomstudiengang Erziehungswissenschaft, Studienrichtung Schule, v. 3.3.79, § 12, Abs. 1)

(c) Wissenschaftliche Arbeiten weisen zahlreiche Formen auf. Sie sind Bestandteile des Studiums, dann zumeist mit Lehr- bzw. Lernabsichten verbunden (z. B. die Seminararbeit), und sie schließen Studien- oder Ausbildungsgänge ab, dann zumeist mit Prüfungsabsichten (z. B. die Examensarbeit). Aufgelistet gehören folgende häufig vorfindbare Formen zu den hier gemeinten wissenschaftlichen Arbeiten:

- Referat (Seminararbeit)
- Thesenpapiere (Seminararbeit)
- »Facharbeit«
- Wissenschaftliche (schriftliche) Hausarbeit
- Zulassungsarbeit
- Examensarbeit
- Diplomarbeit
- Dissertation
- Habilitationsschrift.

Die Art des Themas, die Art und Weise der Bearbeitung und die Form der Darstellung bei wissenschaftlichen Arbeiten hängt nicht nur vom inhaltlichen Studien- bzw. Ausbildungsbereich ab, sondern auch von der Stellung und Funktion der Arbeit im Studien- bzw. Ausbildungsgang. So werden Aufwand (Prozess) und Umfang (Produkt) beim Referat für ein Oberseminar wesentlich geringer sein können als bei einer Examensarbeit.

Die Auflistung wichtiger Formen wissenschaftlicher Arbeiten entspricht in ihrem Verlauf von oben nach unten nicht bloß einer quantitativen Zunahme hinsichtlich des Aufwandes und Umfangs, sondern auch einer Forderung nach zunehmender Qualität. Die unten angeordneten Formen enthalten einen immer größer werdenden Anteil eigener wissenschaftlicher Forschungen. Alle Formen ordnen sich in das Kontinuum wissenschaftlichen Arbeitens ein und müssen wissenschaftlichen Ansprüchen genügen, aber der Grad eigenständiger, unmittelbarer wissenschaftlicher Auseinandersetzungen mit der Wirklichkeit wächst. Die einfachen Formen bereiten schon vorhandene wissenschaftliche Erkenntnisse, Befunde und Ergebnisse wissenschaftlicher Forschungen auf und setzen sie – auch dies nach wissenschaftlichen Standards und Prinzipien mit wissenschaftlichen Verfahren und Techniken – für die Lösung von Problemen, für die Behandlung von Themen ein. Die anspruchsvollen Formen erbringen selbst auf wissenschaftliche Weise zuallererst Befunde und Ergebnisse und ordnen sie in die aktuelle wissenschaftliche Diskussion ein, bevor sie weiterverarbeitet werden.

1.4 Wissenschaftlichen Arbeiten sind in der Regel bestimmte Bedingungen gesetzt

Auf Bedingungen, wie sie von Absicht und inhaltlichem Bezug wissenschaftlichen Arbeiten gesetzt sind, wurde gerade eingegangen. Hier soll nun zur vollständigen Information noch kurz auf weitere *Rahmenbedingungen* verwiesen werden, die in der Regel auferlegt werden. Bei allen wissenschaftlichen Arbeiten richten sich Art und Umfang der Regelung nach der Stellung und Funktion der Arbeit im Studien- bzw. Ausbildungsgang.

Zu nennen sind besonders vier Bedingungen:

a) *Umfang*
Wissenschaftliche Arbeiten können von ihrer institutionellen Funktion her im Umfang nicht beliebig sein, sondern müssen in den jeweils besonderen Rahmen passen; deshalb wird der gewünschte Umfang oftmals mit Seitenzahlangaben vorgeschrieben, z. B. bei der Facharbeit an Gymnasien: »Eine Facharbeit ist eine schriftliche Hausarbeit von etwa 5–10 Schreibmaschinenseiten …« (Schulreform in Bayern, a. a. O., S. 35)

b) *Bearbeitungszeit*
Auch die Bearbeitungszeit ist zumeist eindeutig vorgeschrieben, z. B. bei der Diplomarbeit an der Berufsakademie: »Die Diplomarbeit ist vom Studierenden spätestens drei Monate nach Vergabe bei der Studienakademie abzugeben.« (Verordnung, a. a. O., § 23 Abs. 2)

c) *Zeitpunkt der Vergabe*
Vorgeschrieben ist in den meisten Fällen auch, zu welchem Zeitpunkt – während des Studiums, der Ausbildung, nach wieviel Studien-, Ausbildungszeit – ein Arbeitsthema vergeben werden darf bzw. eine Arbeit verfasst werden muss und welche Vorleistungen u. U. schon erbracht sein müssen. Für die wissenschaftliche Hausarbeit in der Lehrerausbildung gilt z. B.: »Voraussetzung für die Vergabe des Themas der wissenschaftlichen Hausarbeit ist ein mit Erfolg abgeschlossenes Hauptseminar in dem Studienfach, in dem das Thema bearbeitet werden soll.« (Verordnung, a. a. O., § 11, Abs. 2)

d) *Selbstständigkeit*
Für alle wissenschaftlichen Arbeiten gilt, dass sie selbstständig erbracht und verfasst sein müssen. Dies muss vom Verfasser sogar in einer ausdrücklichen Erklärung am Ende der Arbeit versichert werden. Ausnahmsweise wird gelegentlich auch zugestanden, dass mehrere Verfasser eine Arbeit gemeinsam erstellen können, dann wird aber eine genaue Erklärung darüber verlangt, wer für welchen Teil der schriftlichen Arbeit verantwortlich ist, sodass also doch wieder die Einzelleistung erkennbar – und beurteilbar – wird. Beispiel Diplomarbeit an Hochschulen: »Die Diplomarbeit kann auch Bestandteil einer arbeitsteilig angefertigten Gemeinschaftsarbeit sein. In diesem Fall ist der Anteil jedes Kandidaten durch Erklärung aller an der Gemeinschaftsarbeit Beteiligten genau zu bezeichnen. Ein solcher Anteil muss individuell bewertbar … sein.« (Prüfungsordnung, a. a. O., § 12, Abs. 1)

Übrigens – dass wissenschaftliche Arbeiten durchaus auch über ihren engeren Zweck in der Ausbildung und für Prüfungen hinaus genutzt werden können, zeigt die folgende Zeitungsnotiz über einen offensichtlich sehr gewitzten Studenten:

Diplomthema gesucht

Wie häufig wird nicht über den mangelnden Praxisbezug des Hochschulstudiums geklagt. Doch damit dürfte es bald vorbei sein, wenn das Beispiel eines Bayreuther Studenten im siebten Semester Schule machen sollte. Der gewitzte junge Mann hat in einem hektographierten Schreiben bei Unternehmen und Verlagen angefragt, ob diese Interesse daran haben, »eine Problematik, die Sie gerade beschäftigt«, von einem Diplomanden näher untersuchen zu lassen. In der Wahl des Themas sei er relativ frei, nur sollte es aus den Bereichen Finanzwirtschaft oder Bankbetriebslehre stammen. Auch weiß der clevere Studiosus, daß man mit Speck Mäuse fängt. Die Kooperation, lockt er, wäre doch von beiderseitigem Vorteil, für den Diplomanden durch die Wahl eines praxisnahen Themas, für die Unternehmen durch die äußerst kostengünstige Möglichkeit, Näheres über Lösungsmöglichkeiten eines Problems zu erfahren.

Für den flexiblen jungen Mann, der sich da als kostengünstiger Problemlöser andient, mag auch der Hintergedanke eine Rolle spielen, aus dem Themengeber könnte möglicherweise der spätere Brötchengeber werden. Ob die Rechnung aufgeht, mag dahingestellt sein. Eines hat der junge Mann gezeigt, um Einfälle ist er nicht verlegen. Sollte die Suchaktion erfolglos bleiben, wird ihm gewiß noch selbst ein Thema einfallen.

Aus: Handelsblatt vom 29.11.1984.

2 Ansprüche an wissenschaftliches Arbeiten

An wissenschaftliches Arbeiten werden gewisse Ansprüche gestellt. Um diese deutlich herausstellen zu können, wird hier zwischen *moralischen, technischen und stilistischen Ansprüchen* unterschieden.

2.1 Moralische Ansprüche

Es mag sich gewaltig und für manchen vielleicht sogar übertrieben anhören, wenn von moralischen Ansprüchen an wissenschaftliches Arbeiten die Rede ist. Selbstverständlich gelten für diesen Bereich der Arbeit dieselben moralischen Ansprüche, die für jeden Menschen zu jeder Zeit und an jedem Ort gelten. Nicht von solchen allgemeinen – in der Regel durch gesellschaftliche Rahmenbedingungen abgegrenzten – Ansprüchen soll hier die Rede sein. Vielmehr ist von der für wissenschaftliches Arbeiten unerlässlichen *intellektuellen Redlichkeit* die Rede.

Intellektuelle Redlichkeit ist ein Anspruch, den ein wissenschaftlich Arbeitender während ebendieser seiner Tätigkeit erfüllen muss, ein Anspruch, der sich auf seinen Arbeitsprozess und auf dessen Ergebnis niederschlägt, die mithin ebenfalls Zeichen intellektueller Redlichkeit sein müssen.

Ein eindeutiger Fall von intellektueller Unredlichkeit bei wissenschaftlicher Arbeit wurde Anfang 1995 aufgedeckt, als festgestellt wurde, dass einer der leitenden Forscher bei einem im Vorjahr großangelegten Versuch zur Ozon-Minderung durch Verkehrsregulierungen die Messwerte zum Benzolgehalt der Luft wissentlich und absichtlich fälschte, um seine persönliche Auffassung zu dem Problem zu stützen*.

Dienstag, 14. Februar 1995/Nr. 37

Uni Karlsruhe prüft Vorwürfe an ehemaligen Doktoranden

Karlsruhe (lsw) – Die Universität Karlsruhe nimmt die Fälschung von Benzolwerten, die einem ihrer ehemaligen Doktoranden angelastet werden, sehr ernst und will den Fall genau untersuchen. Nach Abschluß der Prüfung werde die Öffentlichkeit unterrichtet, kündigte die Hochschule am Montag an. Am vergangenen Donnerstag hatte Umweltminister Harald Schäfer (SPD) berichtet, daß der beschuldigte Wissenschaftler die für 1992/93 für Baden-Württemberg veröffentlichten Benzolwerte in der Luft gefälscht haben soll, um seine Doktorarbeit zu »schönen«. Tatsächlich liegen die Werte um etwa 30 Prozent niedriger. Der Wissenschaftler wurde abgemahnt, versetzt und gehaltlich zurückgestuft.

Quelle: Schwäbische Zeitung v. 14.2.1995

* Auch die Deutsche Forschungsgemeinschaft hat erkannt, dass sie sich dieses Problems anzunehmen hat und einen entsprechenden Vorschlag veröffentlicht: Deutsche Forschungsgemeinschaft (Hrsg.), Vorschläge zur Sicherung guter wissenschaftlicher Praxis – Safeguarding Good Scientific Practice, Weinheim 1998.

In der Geschichte der Wissenschaften gibt es noch genügend weitere Beispiele, die intellektuell unredliches Arbeiten belegen.

- So lässt beispielsweise Kurt TUCHOLSKY in einer seiner Satiren einen Naturwissenschaftler ganz erstaunt reagieren, als er auf ein von ihm einem Unternehmen gegenüber abgegebenes Gutachten bloß eine wütende Antwort bekommt. Das Unternehmen beschwerte sich in der Antwort darüber, dass der Wissenschaftler ein dort entwickeltes Insektenmittel als für Fortpflanzung und Wachstum der Insekten besonders günstiges Mittel bezeichnet hatte. Vom Unternehmen hingegen war dieses Mittel zur Insektenbekämpfung vorgesehen gewesen. Der Wissenschaftler reagierte erstaunt und fragte, warum man ihm das nicht gleich mitgeteilt habe, denn dann hätte er seine Versuche selbstverständlich ganz anders angesetzt und auf diese Weise eben auch andere – sprich: in den Auftrag des Unternehmens passende – Antworten bekommen.
- In den letzten Jahren hat man vom Fall eines englischen Forschers erfahren, der gleich reihenweise falsche Daten verwendet hat, und zwar absichtlich. Dieser Forscher gehörte zu den herausragenden Gestalten in der Auseinandersetzung über die Frage, ob Intelligenz eher ein angeborenes oder eher ein durch Umwelteinflüsse erworbenes Verhaltensmerkmal von Menschen sei. Dieser Forscher gehörte zu jenen, die der Auffassung zuneigten, Intelligenz sei im Wesentlichen angeboren. Durch Zwillingsforschungen in sehr großem Rahmen stützte er seine Auffassung. Vom englischen Königshaus wurde er für seine Forschungen in diesem Bereich sogar in den Adelsstand erhoben. Nach seinem Tod aber stellte sich heraus, dass er – um die aus den Daten resultierenden Ergebnisse in seinem Sinne günstig zu beeinflussen – diese Daten schamlos verfälscht hatte*.

Nun können selbstverständlich auch Forschern und Wissenschaftlern Irrtümer unterlaufen. Doch die beiden Beispiele verweisen nicht auf irrtümliches, sondern auf vorsätzliches Falschverhalten. Im ersten Beispiel wäre der Forscher bereit gewesen, Forschungsergebnisse zugunsten des Auftraggebers zu manipulieren; im zweiten Beispiel hat der Forscher wohl vor allem aus persönlicher Eitelkeit, Starrheit und anderen persönlichen Motiven die Daten in der Datenauswertung manipuliert. Intellektuelle Redlichkeit lässt Manipulationen aus irgendwelchen Zwecken, die außerhalb der Zielsetzung des Erkenntnisfortschritts liegen, nicht zu. Selbstverständlich können aus wissenschaftlichen Forschungen und aus wissenschaftlicher Arbeit Meinungen und Emotionen nicht herausgelöst werden. Schließlich sind wissenschaftlich Arbeitende Menschen, und es gehört nun einmal zu ihrer Person immer auch, Meinungen zu

* Wenn Sie dieses Thema interessiert, können Sie mehr darüber lesen in: FÖLSING, Albrecht: Der Mogelfaktor. Die Wissenschaftler und die Wahrheit. Hamburg 1984. Eine überaus interessante Sammlung wissenschaftlicher Mogeleien findet sich in: FINETTI, Marco/ HIMMELRATH, Armin, Der Sündenfall, Betrug und Fälschung in der deutschen Wissenschaft, Bonn 1998.

haben, Gefühle zu hegen usw. So kann beispielsweise wissenschaftliche Arbeit Freude machen, kann der Untersuchungsanlass aus persönlich-moralischem oder politischem Engagement herrühren, ist die in einer Untersuchung verfolgte Auffassung existenzieller Art o. Ä. Wissenschaftliches Arbeiten verlangt aber, dies alles in den Hintergrund zu stellen und bei der Arbeit ausschließlich rational vorzugehen. So wie – Beispiele hinken bekanntlich immer – jemand trotz der Tatsache, dass er über Arme und Beine verfügt, zeitweise bloß die rechte Hand für eine bestimmte Tätigkeit einzusetzen vermag, so setzt der Wissenschaftler zu bestimmten Zeiten, wenn er nämlich ausdrücklich wissenschaftlich arbeitet, lediglich seinen Verstand, seine Ratio ein.

Zur Fähigkeit rational-intellektuellen Arbeitens gehört aber auch die Bereitschaft, dabei stets intellektuell redlich sein zu wollen. Und von dieser Bereitschaft ist hier die Rede. Damit solche Bereitschaft auch umgesetzt werden kann, sind in der Wissenschaft im Verlauf ihrer Geschichte zahlreiche Techniken entwickelt, sind einzelne Prinzipien aufgestellt worden, auf die im folgenden Abschnitt näher eingegangen wird.

Wissenschaftliche Arbeit zielt nicht darauf ab, Glaubensbekenntnisse abzulegen. Wissenschaftliche Arbeit zielt auf ein Produkt, das wissenschaftlichen Ansprüchen genügt und das dementsprechend auf wissenschaftliche Art und Weise zustande gekommen sein muss. !

Intellektuell unredlich ist es vor allem auch, sich »mit fremden Federn zu schmücken«. Jedem ist wohl aus eigenem Erleben oder aus der näheren Umgebung zumindest ein kleiner Fall solcher Unredlichkeit bekannt. Einig sind wir uns wohl alle darüber, dass sich unredlich in diesem Sinne verhält, wer »geistigen Diebstahl«, ein *Plagiat* begeht. Wo Gedanken und Ergebnisse der wissenschaftlichen Arbeit fremder Personen übernommen und für eigene ausgegeben werden, liegt der Tatbestand des Plagiats offen auf der Hand. Aber auch schon dort, wo für die Erstellung einer wissenschaftlichen Arbeit dritte Personen hinzugezogen werden – und wo dies nicht ausdrücklich in der schriftlichen Fassung solcher Arbeit dargestellt wird –, liegt intellektuelle Unredlichkeit vor. Es gehört nun einmal zum wissenschaftlichen Arbeiten dazu, im Produkt solcher Arbeit genauestens anzugeben, welche Ergebnisse, Formulierungen usw. vom Verfasser selbst und welche von dritten Personen stammen. Bei formellen wissenschaftlichen Arbeiten, z. B. Examens- oder Diplomarbeiten, wird in der Regel vom Verfasser ausdrücklich verlangt, dass er eine Erklärung darüber abgibt, die von ihm verfasste Arbeit selbstständig und ohne fremde Hilfe erstellt zu haben und übernommenes Gedankengut als solches korrekt ausgewiesen und gekennzeichnet zu haben. So verlangt beispielsweise die Prüfungsordnung für die Examensarbeit im Rahmen des ersten Staatsexamens für Lehrer an Grund- und Hauptschulen in Baden-Württemberg: »Die Arbeit hat als Anhang die Versicherung zu enthalten, daß sie vom Bewerber selbständig gefertigt wurde, daß die Quellen einer Entlehnung kenntlich gemacht wurden und daß außer den genannten keine weiteren Hilfsmittel verwendet worden sind.« (Verordnung des Ministeriums für Wissenschaft und Kunst über die Erste

Staatsprüfung für das Lehramt an Grund- und Hauptschulen v. 28.11.1979, § 11 (5)).

Welche rechtliche Bedeutung solcher Erklärung zukommt, führt THEISEN in seinem interessanten Beitrag »*Vom Tarnen und Täuschen*« aus, zwar am Beispiel der Doktorarbeit, doch wohl für alle wissenschaftlichen Arbeiten in gleicher Weise geltend:

»Wie die eidesstattliche Erklärung deutlich macht, trägt allein der sie Unterzeichnende die inhaltliche wie formale *Verantwortung* für seine *Prüfungsleistung*. Dessenungeachtet sind im *formalen wie technischen* Bereich folgende *Unterstützungsleistungen durch Dritte* zulässig:

- Nutzung von gedruckten, mechanischen oder elektronischen *Literaturdatenbanken*, Rechtsprechungssammlungen und Bibliographien aller Art.
- *Einschaltung* von unentgeltlichen oder entgeltlichen Informations-, Daten- und *Dokumentationsdiensten* als Titelnachweisstellen, die aber auch als Volltext-, Referenz- oder Fakten-Datenbanken ausgestaltet sein können.
- Übergabe der technischen *Datenverarbeitung* und mechanischen oder elektronischen *Texterstellung* an Dritte gegen Entgelt (Rechenzentren, Schreibbüros u. a.).
- Mechanische *Korrekturarbeiten* und grammatikalische wie sprachliche Unterstützung durch Freunde und Bekannte.

Die vorgenannten Aktivitäten sind insoweit zulässig, als sie *keinen Einfluss auf die inhaltliche Gestaltung* der wissenschaftlichen Prüfungsleistung und damit auf den materiellen Prüfungsinhalt haben. ... Eine, wenn auch untergeordnete oder geringfügige Unterstützung im materiellen Bereich ist nur dann zulässig, wenn sie ausdrücklich in die eidesstattliche Erklärung mit Angabe des Unterstützenden sowie genauer Offenlegung und Abgrenzung von dessen Leistung aufgenommen wird.« Ausnahme hiervon ist die jeweilige Hilfe durch den Betreuer, der – wie THEISEN sagt – geradezu aufgerufen ist, den Nachwuchs »vor allzu großen geistigen Rundflügen zu bewahren und auf dem Pfad der wissenschaftlichen Erkenntnis zu (be)gleiten.«*

Gegen den Grundsatz intellektueller Redlichkeit wird nicht erst verstoßen, wenn Gedanken »großer Geister« ohne Quellenangaben übernommen und – mehr oder weniger bewusst und ausdrücklich – für eigene ausgegeben werden. Es wird schon dagegen verstoßen, wenn bei entsprechenden Arbeiten Hilfe und Mitarbeit von fremder Seite in solchem Umfang und von solcher Bedeutung vorliegt, dass man eigentlich darauf verweisen müsste, es aber tatsächlich unterlässt. Wenn wissenschaftliche Arbeiten vorgelegt werden, muss man sich uneingeschränkt darauf verlassen können, dass sie den Grundsätzen intellektueller Redlichkeit in jeder Hinsicht entsprechen. Sie müssen Arbeiten derjenigen sein, mit deren Namen verbunden sie vorgelegt und veröffentlicht wer-

* THEISEN, Manuel René, Vom Tarnen und Täuschen, in: Forschung & Lehre, 1994, H. 4, S. 122–125, hier S. 125.

den; aus ihnen muss deutlich hervorgehen, wer welchen Gedanken in sie eingebracht hat.

Seit auch für wissenschaftliche Arbeiten, besonders sog. *Hausarbeiten,* zunehmend mehr Recherchen im Internet angestellt werden, nehmen offensichtlich Plagiate zu. Der DEUTSCHE HOCHSCHULVERBAND, Zusammenschluss von Lehrenden an Universitäten und Wissenschaftlichen Hochschulen, sah sich deshalb bereits 2002 genötigt, eine warnende Stellungnahme dazu zu veröffentlichen und die Professoren zu besonderer Aufmerksamkeit aufzufordern (vgl. dazu Anhang S. 179 f.).

In den folgenden Kapiteln wird über jene Techniken informiert, mit deren Hilfe man dem Anspruch intellektueller Redlichkeit gerecht werden kann. Zuvor aber soll im folgenden Abschnitt noch auf grundlegende technische Ansprüche an wissenschaftliches Arbeiten eingegangen werden, gleichsam das verbindende Glied zwischen dem moralischen Anspruch und der tatsächlichen wissenschaftlichen Arbeit.

2.2 Technische Ansprüche

Im Verlauf der Wissenschaftsgeschichte haben sich zahlreiche unterschiedliche Positionen - in den einzelnen Wissenschaften, aber auch quer durch alle Wissenschaften hindurch - und zahlreiche verschiedene Schulen gebildet, die oftmals ihre eigenen technischen Regeln und Ansprüche entwickelt haben. Im Grunde genommen unterliegen aber allen diesen unterschiedlichen Ansätzen drei gleichartige technische Prinzipien. Um sie übersichtlich darzustellen, greifen wir auf ihre Benennung in den empirisch-analytischen Wissenschaften zurück. Dort wird im Hinblick auf die Verfahrensweisen von der Notwendigkeit zur **Objektivität, Reliabilität** und **Validität** gesprochen. Anhand dieser drei Kategorien sollen die technischen Ansprüche an wissenschaftliches und wissenschaftliche Arbeiten verdeutlicht werden.

2.2.1 Objektivität

Die Forderung nach Objektivität bedeutet selbstverständlich zunächst einmal, sich bei wissenschaftlichem Arbeiten soweit wie möglich aller Subjektivität zu enthalten. Von dem wissenschaftlich Arbeitenden wird erwartet, dass er seine eigenen Gedanken vor dem Hintergrund des jeweils vorhandenen maßgeblichen Gedankenguts durchmisst und vor diesem zu einer Antwort auf seine Fragen gelangt. Das verlangt von ihm vor allem, dass er sich zuerst darum bemüht, das allgemein zugängliche Gedankengut auszumachen und auszuwerten. Und zwar darf auch dieses Ausfindigmachen und Verwerten nicht einseitig erfolgen, sondern muss alle vorhandenen Aussagen zur anstehenden Frage aufgreifen und in seiner Bedeutung für die Lösung der Fragen abwiegen. Im einzelnen bedeutet das neben dem Bemühen um Aufdeckung aller in

Frage kommenden Quellen besonders auch ehrliche Angabe aller dieser Quellen, ohne dass jene, die »nicht ins Konzept passen«, verschwiegen würden, und verlässliche Auswertung aller Quellen ohne »Beugung« in der einen oder anderen Richtung.

Das bedeutet nun aber nicht, gar auf die eigene Meinung zu verzichten. In manchen als Prüfungsarbeiten aufgegebenen wissenschaftlichen Arbeiten wird beispielsweise verlangt, dass ein »praxisorientiertes Problem« soweit wie möglich einer Lösung zugeführt wird. Und selbst wenn dann dazu bloß ein Lösungsansatz vorgelegt wird, so wird hier auf jeden Fall eine ganz persönliche Entscheidung erwartet, nämlich die für die als beste eingeschätzte Lösung. Objektivität erlangt diese Entscheidung dadurch, dass sie durch Argumentation zustande gekommen ist und nicht durch bloße Dezision aus eigenen Gedanken heraus. In die Argumentation sind alle vorliegenden maßgeblichen Aussagen aufzunehmen (vgl. oben).

Solche ausgewogene und auf breitem Informationsstand erfolgende Argumentation soll nicht nur gewährleisten, dass bloß subjektive Äußerungen vermieden werden. Durch den Rückgriff auf die bereits vorliegende maßgebliche Diskussion des jeweils besonderen Problems stellt sich der einzelne wissenschaftlich Arbeitende auch zugleich in die Reihe aller wissenschaftlich Arbeitenden. Wissenschaftliche Arbeit wird zwar von Einzelnen vollzogen, begreift sich aber als grundsätzlich kollektives Bemühen um Erkenntnisfortschritt. Jeder einzelne noch so kleine Beitrag hat sich in das Gesamt aller Ansätze wissenschaftlicher Erkenntnis einzureihen, wenn er für die Menschheit von Vorteil sein soll. Das mag auf den ersten Blick für den Novizen, wie besonders für jenen, der wissenschaftliche Arbeiten nur unter Examenszwängen erstellt, eine überstiegene Ansicht darstellen. Wer sich aber - aus welchen Gründen auch immer - in die Sphäre der Wissenschaften begibt, sollte sich von Anfang an deren Gesetzen stellen und sie zu befolgen suchen.

Zum Prinzip der *Objektivität* wissenschaftlicher Arbeit(en) heißt es in einer Definition:

»Objektiv nennt man ein Verfahren, mit dem das zu ermittelnde Merkmal eindeutig festgestellt wird, bei dem also die Ergebnisse von der Person des Auswerters unabhängig sind. Die Objektivität eines Verfahrens ist vollkommen, sofern die Person des Diagnostikers das Resultat nicht beeinflußt.« *

Was in dieser Formulierung zum Ausdruck kommt, gilt schlechthin für alles wissenschaftliche Arbeiten; es gilt sowohl für den Prozess wie für das Produkt wissenschaftlichen Arbeitens, für das wissenschaftliche Werk wie für die Arbeit, die dazu führt. Damit nämlich ein wissenschaftliches Werk dem Anspruch der Objektivität genügen kann, muss schon der gesamte darauf hinführende Prozess wissenschaftlichen Arbeitens ebenfalls objektiv sein. Um das Erfordernis der Objektivität einzulösen, sind Regeln entwickelt worden, die allgemein einzuhalten sind, zum Beispiel bestimmte Zitierweisen. Es sind in diesem Zusammenhang aber auch Regeln entwickelt worden, die das wissenschaft-

* CLAUSS, Günter/EBNER, Heinz: Grundlagen der Statistik für Psychologen, Pädagogen und Soziologen. Frankfurt a. M./Zürich 1970, S. 29.

liche Arbeiten erleichtern, zum Beispiel bestimmte Wege der Materialsammlung. Auf beide Arten von Regeln wird im Verlaufe dieses Buches näher einzugehen sein.

Beispiele

(a) Was am Text von U. GÜNTHER auffällt, sind die *Anmerkungsziffern,* unter denen in einem besonderen *Anmerkungsteil* zusätzliche Erläuterungen, Hinweise auf Quellen, Personen usw. angegeben sind. Dies bewirkt, dass der Gedankengang des Autors GÜNTHER für jeden Leser bis ins Letzte nachvollziehbar und in seiner Argumentation im Einzelnen nachprüfbar wird. Der Autor ermöglicht so jedem Leser, auf demselben Wege wie er zu den entsprechenden Ergebnissen zu gelangen. Im idealen Fall müsste tatsächlich jeder Leser zu denselben Aussagen gelangen, sofern er von denselben Gegebenheiten ausgeht, dieselben Argumente in derselben Weise abwägt usw. 30

(b) Bei dem Text von Th. v. RANDOW handelt es sich um einen sogenannten populärwissenschaftlichen Zeitungsartikel. Dieser Artikel verzichtet auf Anmerkungen, die es dem Leser ermöglichen würden, zu den Quellen des Verfassers zurückzugehen, um von dort dessen gedankliche Wege nachvollziehen zu können. 31

Wenn nun das erste Beispiel (GÜNTHER) als eines für Objektivität, das zweite als ein Gegenbeispiel dazu hingestellt wird, so ist damit keineswegs zugleich auch eine Wertaussage gemacht. Beide Textauszüge sind für sich von Wert; welchen Grad solcher Wert erreicht, hängt davon ab, wie es ihnen gelingt, ihren je spezifischen Zweck zu verwirklichen. Grundsätzlich sind die wissenschaftliche und die journalistische Darstellung gleich wertvoll und wahrhaftig. Was aber den Gesichtspunkt wissenschaftlicher Objektivität anbelangt, unterscheiden sie sich bedeutsam.

Objektivität verlangt nicht, dass die Aussage völlig und ganz der untersuchten Wirklichkeit entspricht. Objektivität wird hier nicht im Sinne des Wortes *Wahrheit* begriffen. Solche Wahrheit zu erreichen, ist zwar letzter Zweck aller wissenschaftlichen Arbeit, aber nicht in jedem Einzelfall auch gleich erreichbar. *Objektivität wird hier vielmehr im Sinne von »Intersubjektivität« begriffen.* Und Intersubjektivität verlangt, dass die gemachte *Aussage für jeden überprüfbar* ist, dass sie *hinsichtlich ihrer Ausgangslage sowie ihres Zustandekommens in allen Schritten nachvollzogen werden kann* und dass sich dabei *für jeden, der, von derselben Ausgangslage ausgehend, denselben Weg in derselben Weise beschreitet, auch dasselbe Ergebnis ergibt.* Und dies macht erforderlich, alle Schritte – faktische wie gedankliche – offen zu legen. **Herkunft und Quelle aller wesentlichen Gedanken sind anzugeben.** Sie sind so genau anzugeben, dass sie von jedem aufgefunden und aufgesucht werden können. Auf diese Weise stellt sich jede einzelne wissenschaftliche Arbeit – sei sie noch so klein – in das Kontinuum der Wissenschaften schlechthin. Ist sie nicht bloß wissenschaftliche Arbeit, sondern echte wissenschaftliche Forschung, so bringt sie die Wissenschaft in ihrem Bemühen um Erkenntnis einen sichtbaren Schritt voran.

1

1. Kapitel:
Zur gegenwärtigen Situation: Zwei Hymnen in Deutschland

Eine der entscheidenden und nachhaltigsten Folgen der Katastrophe des Zweiten Weltkrieges ist die Teilung Deutschlands und die – teils programmatisch, teils reaktiv – sich aus ihr ergebenden geistigen und politischen Verschiedenheiten und Gegensätze in den beiden mit wachsendem eigenem Selbstverständnis weiterlebenden Teilen Deutschlands. Sie finden ihren Ausdruck auch in den verschiedenen Staatssymbolen.

Hinsichtlich der National*flagge* läßt sich eine nach 1945 beiderseits aufgenommene demokratische Tradition von 1848 und 1919 feststellen, wenn auch »demokratisch« sehr unterschiedlich ausgelegt und verwirklicht wird. So wurde, nach einer kurzen Übergangszeit im Anschluß an die Kapitulation im Jahre 1945[1], das Schwarz-Rot-Gold in West und Ost wieder eingeführt[2]. Und selbst als die Regierung der »Deutschen Demokratischen Republik« (DDR) im Jahre 1958 aus der von ihr vertretenen Zweistaatentheorie auch hinsichtlich der nationalen Symbole Konsequenzen zog, indem sie das Schwarz-Rot-Gold mit Hammer und Zirkel im Ährenkranz, dem Staatswappen der DDR, versah, blieb die deutsche Nationalflagge in ihren Grundfarben schwarz, rot und gold unverändert.

A) »Auferstanden aus Ruinen«

Anders verhält es sich mit der National*hymne*. Hier traf man sofort nach der Gründung der DDR am 7. Oktober 1949 eine klare Entscheidung. Der Ministerrat als die Regierung der DDR bestätigte am 5. November 1949 das Lied »Auferstanden aus Ruinen« als »Nationalgesang der Deutschen Demokratischen Republik«.

Johannes Robert *Becher*, der spätere Kulturminister, hatte den Text schon 1942 verfaßt. Die Melodie stammt aus dem Jahre 1944 von dem Schönberg-Schüler Hanns *Eisler*.[3] Immer wieder berichten Augen- und Ohrenzeugen übereinstimmend, daß die Jugend in der DDR bei vielen Gelegenheiten diese Hymne »be-geistert« und gläubig singt und den Hinweis Älterer auf die auffallende Verwandtschaft des Melodieanfangs mit dem Schlager »Good bye, Jonny« empört zurückweist.

163

D) Anmerkungen

1 »Nach dem totalen Zusammenbruch und der Kapitulation hatte das in Besatzungszonen aufgeteilte Deutschland keine Flagge mehr. Durch Kontrollratsgesetz wurde als Erkennungszeichen für die deutschen Schiffe die Signalflagge C mit den Farben Blau-Weiß-Rot-Weiß-Blau eingeführt. Diese Flagge, die dem internationalen Signalflaggenkatalog entnommen war, symbolisierte den damaligen deutschen Staatszustand. Einige deutsche Länder verhalfen dann Schwarz-Rot-Gold wieder zur Geltung, indem sie diese Farben als ihre Landesfarben gesetzlich festlegten. Im Parlamentarischen Rat bestand über die Wiedereinführung dieser Farben Einmütigkeit; nur über ihre Anordnung gab es Meinungsverschiedenheiten. Die Freien Demokraten und die Sozialdemokraten verlangten die schwarz-rot-goldene Trikolore als Bundesfahne. Teile der CDU setzten sich für eine Bundesflagge ein, die auf rotem Grund ein schwarzes liegendes Kreuz, auf dieses aufgelegt ein goldenes Kreuz zeigen sollte. Über diese Frage aber wurde nicht hart gestritten. Man einigte sich schnell auf die Wiedereinführung der alten Farben von Frankfurt und Weimar.« Th. *Eschenburg*, Deutsche Staatssymbole. Fahnen, Farben, Hymnen – ihr Wandel in den Jahrhunderten. In: ›Die Zeit‹ Nr. 31 vom 3. 8. 1962, S. 6. Vgl. hierzu auch: *Dennewitz*, Kommentar zu Art. 22 GG in: Kommentar zum Bonner Grundgesetz, Hamburg 1950ff.

2 Der Kleine Brockhaus (Wiesbaden 1961), Stichwort »Deutsche Farben«: »1) Im Deutschen Reich bis 1806 schwarzer Adler auf goldenem Grund. 2) In der Revolution 1848/49: Schwarz-Rot-Gold. 3) Im Norddeutschen Bund seit 1867 und im Deutschen Reich sein 1871: Schwarz-Weiß-Rot. 4) In der Weimarer Republik seit 1919: Schwarz-Rot-Gold, Handels- und Kriegsflagge: Schwarz-Weiß-Rot mit schwarz-rot-goldener Gösch. 5) 1933–45 Schwarz-Weiß-Rot (seit 1935 *in* der Hakenkreuzflagge; vgl. Anm. 156). 6) Seit 1949: Schwarz-Rot-Gold.« –
»Die Farben der Deutschen Demokratischen Republik sind Schwarz-Rot-Gold.« (In Artikel 2 der Verfassung der DDR vom 7. 10. 1949).

3 Johannes Robert *Becher*, 1891–1958; 1945 Präsident des »Kulturbundes zur demokratischen Erneuerung Deutschlands« (Sowjetzone); ab 1954 Kulturminister.
Hanns *Eisler*, 1898–1962; Schüler *Schönbergs* und *Weberns* in Wien; Emigrant in USA; ab 1948 Leiter einer Meisterklasse für Komposition an der Akademie der Künste in (Ost-)Berlin. (Der Kleine Brockhaus, 1961).

4 Lied aus dem Bavaria-Film ›Wasser für Canitoga‹ (1940). In: Hans Albers in seinen Liedern, Musikverlag Sikorski, Hamburg o. J.,

Aus: GÜNTHER, Ulrich: ... über alles in der Welt? Studien zur Geschichte und Didaktik der deutschen Nationalhymne. Neuwied/Berlin 1966, S. 1 u. S. 163

Was die Mathematik so reizvoll macht

Von Thomas von Randow

Jedes Jahr, so schätzt der Wahlamerikaner Stanislaw Ulam, werden 200 000 mathematische Theoreme bewiesen. Offenbar besteht noch kein Anlaß zur Befürchtung, daß den Mathematikern die Probleme ausgingen. Doch fragen sich manche Gelehrte, wozu das Ganze betrieben wird. Sicher ist, daß kaum eine Erkenntnis der modernen Mathematik jemals auf irgendein anderes Wissensgebiet, etwa auf die Physik oder die Technik, anwendbar oder sonstwie von praktischem Nutzen sein wird.

Hat es da überhaupt noch einen Sinn, Mathematik zu treiben oder zu finanzieren? Das ist selbstverständlich eine törichte Frage. Denn der Mensch lebt nicht vom Brot allein; und Mathematik ist ein Bestandteil der Kultur wie Musik, Malerei oder Archäologie. Hinzu kommt noch dies: Die Geschichte dieser Wissenschaft kann mit einigen eindrucksvollen Beispielen dafür aufwarten, daß höchst esoterisch anmutende, abstrakte Theorien, die niemand, am allerwenigsten ihre Schöpfer, für anwendbar hielt, plötzlich doch in der Physik, in der Technik oder in der Ökonomie gebraucht wurden. Das Paradebeispiel: die Gruppentheorie.

Erfunden hat sie der Franzose Evariste Galois, der nur zwanzig Jahre alt geworden ist, weil er in einem Duell – es ging um eine Dirne – fiel. Eine Gruppe ist eine Menge, deren Elemente (die Gegenstände, die diese Menge ausmachen) miteinander verknüpft werden können, wie etwa die ganzen Zahlen durch die Addition. Der Witz dabei ist, daß dem Ergebnis dieser Verknüpfung wieder ein Element der Menge entspricht, so wie durch Addition die Summe entsteht, die wiederum eine ganze Zahl ist. Diese Verknüpfung muß außerdem bestimmten Gesetzen gehorchen, damit sich die Menge als Gruppe qualifiziert. Die ganzen Zahlen bilden eine solche Gruppe im Hinblick auf die Addition. Aber auch die Drehungen einer Figur, zum Beispiel eines Fünfecks, in der Zeichenebene lassen sich als Elemente einer Gruppe deuten.

Die Gruppentheorie untersucht allerlei Eigenschaften verschiedener Typen von Gruppen. Das macht Mathematikern so viel Spaß wie einem Musiker das Komponieren – der Komponist Busoni hat Gruppen in der Musik untersucht –, ein Denkvergnügen also. Doch als die Quantentheorie entwickelt wurde, stellte sich heraus, daß sie mit den Ergebnissen der Gruppentheorie gut erklärbar wurde. Mehr noch: In den siebziger Jahren fand der amerikanische Nobelpreisträger Murray Gell-Mann heraus, daß sich der »Zoo« der Elementarteilchen mit Hilfe der Gruppentheorie sinnvoll ordnen ließ. Aus dieser Ordnung wurde ersichtlich, daß eine Gruppe dieser subatomaren Teilchen mathematisch betrachtet unvollständig war. Es fehlte ein Element, das vorsorglich Omega-minus genannt wurde. An Beschleunigungsmaschinen wurde fortan nach Omega-minus gefahndet, und es wurde entdeckt.

Solche Geschichten sind vorzügliche Argumente für Gelehrte, die sich um die Finanzierung etwa eines mathematischen Instituts bemühen müssen. Politiker sind auch einmal zur Schule gegangen – da bleibt vom ungeliebten Fach gelegentlich ein Trauma nach. Theater oder Museen haben es hier leichter.

Aus: von Randow, Thomas: Eine Tafel, Kreide, viel Ruhe und Witz. In: DIE Zeit, Nr. 47, 1984, S. 84

Ist sie bloß sekundär auswertend und zusammenfassend nach wissenschaftlichen Standards, so ordnet sie sich in die Gesamtheit wissenschaftlichen Arbeitens ein und gibt selbst ihren Standort darin an.

Wer zum Beispiel in einer schriftlichen Arbeit einen Gedanken von Karl Jaspers übernimmt, gibt durch Fußnote, Anmerkung o. Ä. eben Karl Jaspers und dessen besonderes Werk als Quelle dieses Gedankens an. Um diese Quellenangabe in der schriftlichen Endfassung auch machen zu können, muss sie bereits beim Sammeln, Dokumentieren, Ordnen und Auswerten des Materials festgestellt und ständig »mitgeschleppt« werden. Ich werde oft an Sonntagabenden aus meiner Lektüre aufgeschreckt durch die Bitte von Prüfungskandidaten, ihnen doch die Herkunft eines bestimmten Zitates zu nennen; sie haben zwar das Zitat, wissen aber nicht mehr, woher sie es haben, müssen aber die Herkunft belegen, und zwar bis zum nächsten Morgen …

2.2.2 Reliabilität

Über die *Reliabilität* wissenschaftlicher Verfahren sagen CLAUSS/EBNER:

»Zuverlässig ist ein diagnostisches Verfahren, wenn es das zu ermittelnde Persönlichkeitsmerkmal exakt erfaßt, also bei wiederholter Anwendung in geringem zeitlichen Abstand zum identischen Resultat führt.« (a. a. O., S. 31)

Reliabilität zu verlangen meint also, Zuverlässigkeit und Verlässlichkeit der wissenschaftlichen Arbeit zu fordern. Zuverlässig und verlässlich muss wiederum sowohl das Produkt wissenschaftlichen Arbeitens als auch der darauf hinführende Prozess wissenschaftlichen Arbeitens sein. Ob dies tatsächlich der Fall ist, lässt sich – sofern der Forderung nach Objektivität entsprochen wird – durchaus nachprüfen, wenn auch mit verhältnismäßig großem Aufwand. Ein Rückgang zu den Anfängen und Quellen und ein wiederholter Durchgang durch die Gedankengänge lässt leicht erkennen, ob diese tatsächlich als zuverlässig und verlässlich eingestuft werden können.

Zuverlässig und verlässlich sollen allerdings nicht bloß wissenschaftliche Arbeiten sein. Auch die weiter vorn zum Stichwort Objektivität zitierte popu-
31 lärwissenschaftliche und journalistische Arbeit von Th. v. RANDOW ist zuverlässig. Man kann sich m. E. auf die Arbeiten v. RANDOWS stets verlassen. Hier wird noch einmal deutlich, dass auf der einen Seite die an wissenschaftliches Arbeiten gestellten Ansprüche durchaus auch in anderen Bereichen gelten, dass andererseits diese Ansprüche nichts mit üblicher Moral zu tun haben, schon gar keine Wertvergaben darstellen.

Wo der Reliabilitätsanspruch eingehalten wird, führt dies zu exakter Quellenabsicherung, verlangt dies die strenge Einhaltung allgemeingültiger und verpflichtender Regeln bzw. Techniken des wissenschaftlichen Arbeitens. Selbstverständlich gehört Selbstzucht dazu, hier als eine besondere Spielart intellektueller Redlichkeit anzusehen. Nur wer bestimmte technische Regeln anerkennt und sie einhält, kann sie noch einmal und dabei auf dieselbe Art wieder verwenden.

Besonders wichtig ist es, die Gedanken nach allgemeinen logischen Regeln zu entwickeln, also nicht gegen die simpelsten Regeln der formalen Logik zu verstoßen. Ebenso wichtig ist es, sprachlich-logische Regeln einzuhalten, damit nicht der Ausdruck die Logik der Gedanken ändert.

Der nachfolgend abgedruckte Leserbrief will keine wissenschaftliche Arbeit sein, er leistet keinen wissenschaftlichen Beitrag zur anstehenden Frage. Dieses wirre, in sich unverständliche Schreiben bringt nicht nur keine klare Aussage zum Problem »Frieden und Vollbeschäftigung«, es ist auch mit höchster Wahrscheinlichkeit anzunehmen, dass die Verfasserin bei einem erneuten Versuch, ein entsprechendes Schreiben aufzusetzen, die gedankliche Argumentation, die Sprachwahl und -folge nicht wieder würde finden können. Ihr Schrei-

Frieden nur bei Vollbeschäftigung

Zu unserem Bericht „Auch in Italien hapert es mit der neuen Technologie“ (SZ vom 3. November)

Wohin führen die neue Technologie, Computer, Industrieroboter, Büroautomation? Das Ziel: Immer weniger arbeitende, verdienende Menschen. Wer wird denn dann die vielen Waren auch kaufen können, die mit Hilfe der Technologie und einiger Fachkräfte auf den Markt geworfen werden?

Die Entwicklungsländer mit ihrer hohen Verschuldung sind wohl an Kriegsmaterial interessiert, während Tausende in ihren Staaten verhungern. Sie können doch erst Partner im Welthandel werden, wenn sie, vorsichtig auf ihre eigenen Füße gestellt, nicht mehr Sklaven ausländischen Kapitals sind.

Die große Aufgabe einer weitblikkenden Welt-Wirtschaftsplanung muß es doch sein, die Vollbeschäftigung aller Arbeitsfähigen der Weltbevölkerung zu ermöglichen. Nur dann kann man mit Frieden rechnen, mit der Abnahme von Lebensangst und Verbrechen aller Art. Haben nicht unser „Wirtschaftswachstum“ und seine Ambitionen Ähnlichkeit mit dem Turmbau zu Babylon?

Aus: Schwäbische Zeitung vom 28.11.1984

ben ist also in höchstem Maße un-reliabel, und dies zweifellos, weil schon die vorbereitende Arbeit, das Nachdenken, das Prüfen der Fakten und Argumente usw. nicht verlässlich und zuverlässig gewesen sind.

Leserbriefe müssen nun aber auch nicht reliabel sein, wenn ihr Verfasser das nicht will; Leserbriefe sind nun einmal keine wissenschaftlichen Arbeiten. So soll uns dieser Brief auch bloß als illustratives Beispiel dienen. Aus eigener Erfahrung weiß ich allerdings auch, dass manche ausdrücklich wissenschaftlich gedachte Arbeiten sich in ähnlicher Weise zeigen, d. h. in ihrer Konzeption, Gedankenführung, Wortwahl, Grammatik etc. so wirr und unverständlich sind, dass anzuzweifeln ist, ob die Verfasser selbst ihre eigenen Gedankengänge durchschauen und zurückverfolgen oder gar noch einmal auf dieselbe Weise vollziehen könnten. Was soll z. B. ein Satz wie der folgende eigentlich aussagen? Und wie ist er zu Stande gekommen? »*Die heutige Entwicklung kann dementsprechend als gegenseitige Auseinandersetzung und Weiterführung verstanden werden.*« (aus einer Diplomarbeit an einer wissenschaftlichen Hochschule)

Zuverlässig und verlässlich muss also auf jeden Fall die Aussage sein. Dabei kommt es vor allem darauf an, deutlich zwischen *Tatsachen, Auffassungen* und *bloßen Vermutungen* zu unterscheiden und sie in der schriftlichen Darstellung eindeutig auseinander zu halten. Was eine Tatsache ist, muss auch als Tatsache ausgegeben und für den Leser der Arbeit als solche erkennbar sein. Dies gilt in derselben Weise für Auffassungen und Vermutungen. Keineswegs darf man der Versuchung unterliegen, aus Gründen der »besseren Optik«, der Zeitersparnis o. Ä. ein bisschen an der Art des zum Ausdruck Gebrachten herumzubiegen, gleichsam zu »klittern«.

Tatsachen sind alle beobachtbaren, wahrnehmbaren Erscheinungen und Vorgänge, die in Wort, Maß und Zahl ausgedrückt auch als solche in einer wissenschaftlichen Arbeit erscheinen müssen. Dazu gehören beobachtete und quantifizierte Vorgänge bzw. Sachverhalte, etwa in den folgenden Formulierungen: »Von 28 Hotels in der Stadt haben 16 auch ein eigenes Restaurant. Zwölf der Hotels werden als Garni-Hotel geführt.« – »Das Astoria-Hotel ist schwarz geschindelt. Seine roten Fensterrahmen bilden einen starken Kontrast zu dieser Schindelung.« – »Das Restaurantpersonal dieses Hotels ist mehrheitlich der Auffassung, dass die Speisekarte um einige landesübliche Gerichte erweitert werden sollte.«

Der letzte Beispielsatz soll zeigen, dass zu Tatsachen selbstverständlich auch Meinungen, Auffassungen, Vermutungen usw. zählen, sofern sie von dritter Seite geäußert wurden, mithin für den Verfasser der wissenschaftlichen Arbeit wahrnehmbar waren. Worauf es ankommt, ist die sprachlich eindeutige Wiedergabe und Zuordnung, sodass die Art der Tatsachen für den Leser ohne Schwierigkeiten erkennbar wird.

Auffassungen sollen hier die persönlichen, subjektiven Gedankengänge des Verfassers einer wissenschaftlichen Arbeit sein. Darunter fallen alle Gedanken, die nicht bloß Folge von Wahrnehmungen mit der Absicht, diese in Worten zu beschreiben, sind. Auffassungen sind beispielsweise: »Die zwölf Garni-Hotels der Stadt könnten m. E. kostengünstiger geführt werden, wenn sie ein eigenes Restaurant eröffneten.« – »Der starke Kontrast zwischen der schwarzen Schindelung und den rot gestrichenen Fensterrahmen der Hotelfassade scheint mir ein gutes Mittel zu sein, die Erstaufmerksamkeit potenzieller Hotelgäste auf sich zu ziehen.« – »Ich bin mir nicht sicher, ob die befragten Kellner auch tatsächlich ihre ehrliche Ansicht über die Auswirkungen eigener Restaurants genannt haben.«

Solche subjektiven Auffassungen des Verfassers lassen sich in wissenschaftlichen Arbeiten nicht nur nicht vermeiden, sondern sind ihr unerlässlicher Bestandteil, und zwar immer dort, wo aus den zusammengetragenen, geordneten und untersuchten Tatsachen Schlussfolgerungen gezogen werden. Eine bloße Bestandsaufnahme von Tatsachen ist in aller Regel niemals Zielsetzung der üblichen wissenschaftlichen Arbeiten in Schule und Hochschule; abgesehen von bloßen empirischen Datenerhebungen wird in der Regel die persönliche Schlussfolgerung erwartet. Sie als solche durch den angemessenen und logischen Gebrauch der Sprache auszuweisen, entspricht der Forderung nach Reliabilität.

Vermutungen lassen sich in wissenschaftlichen Arbeiten ebenfalls nicht vermeiden. Von Vermutungen ist hier die Rede im Hinblick auf solche Gedankengänge, die der Verfasser noch nicht völlig abgeschlossen hat, hinsichtlich solcher Schlussfolgerungen, deren er sich selbst noch nicht völlig sicher ist. Immer dort, wo er noch nicht von gewonnener Auffassung, fundierter Meinung o. Ä. sprechen kann, tritt an deren Stelle die bloße Vermutung oder Mutmaßung. In hervorragenden wissenschaftlichen Arbeiten findet man große sprachliche Bemühung um den richtigen Ausdruck solcher Mutmaßungen, manchmal erschienen sie einem sogar als überspitzt. Für uns mögen folgende Beispiele genügen:

»Vermutlich würden die zwölf Garni-Hotels der Stadt die Konkurrenz um Stammgäste besser bestehen können, wenn sie sich dazu entschlössen, ein eigenes Restaurant einzurichten.« – »Es ist anzunehmen, dass der Farbkontrast zwischen den schwarzen Schindeln der Fassade und den roten Fensterrahmen auf der Frontseite des Hotels sich auf die Entscheidung der Gäste für dies Hotel stark auswirkt.« – »Dass die befragten Kellner tatsächlich auch ihre ehrlichen Ansichten über die Bedeutung des eigenen Restaurants für das Hotel geäußert haben, kann angenommen werden, lässt sich aber nicht mit Sicherheit feststellen.«

Es ist ein gutes Zeichen distanzierten Verhaltens zu seiner eigenen Arbeit, Vermutungen und Mutmaßungen als solche zu benennen und nicht schon als abgeschlossene Auffassungen oder gar Tatsachen auszugeben. Es lohnt sich, auf die genaue Formulierung – und dabei auf die Unterscheidung von Tatsachen, Auffassungen und Vermutungen – Wert zu legen und Zeit zu verwenden; die Arbeit gewinnt dadurch an Reliabilität. Was vom Einzelnen hier erwartet wird, ist »Wahrhaftigkeit«, d. h. ein ständiges Bemühen darum, nichts zu verbiegen, nichts zu äußern, was nicht auch so in ihm tatsächlich »vorhanden« ist. Das schließt vor allem ein, nicht in *lässliche* Fehler zu verfallen, nicht dem oft wirksamen Drang nach *kurzen* und *leichten* Wegen zu folgen, sondern sich um Präzision und Zutreffenheit zu bemühen.

2.2.3 Validität

Validität gibt an, in welchem Grade ein Verfahren wirklich das misst, was es messen soll (vgl. CLAUSS/EBNER a. a. O., S. 32).

Validität meint *Gültigkeit.* Für uns heißt Gültigkeit: *Bezieht sich die wissenschaftliche Arbeit in der Tat auf das, worauf sie sich beziehen soll bzw. vorgibt, sich zu beziehen?*

Es handelt sich hier um ein aus der Schule bekanntes Problem: Ist das Thema »getroffen« oder wurde es »verfehlt«? Wenn eine wissenschaftliche Arbeit nicht an der vom Thema her aufgeworfenen Frage oder der vom Thema her aufgestellten These bleibt, dann wird sie zwangsläufig keine valide Antwort auf die Frage, keine valide Bestätigung bzw. Verwerfung der These sein können.

Valide zu arbeiten heißt nichts anderes, als an der Frage oder These, die verfolgt wird, auch tatsächlich »kleben« zu bleiben, ihr nicht auszuweichen bzw. von ihr abzu-

weichen. Bekannt ist, dass in vielen wissenschaftlichen Werken mit Fußnoten gearbeitet wird. Fußnoten entsprechen der hier gestellten Forderung nach Validität. Immer dort, wo der Autor meint, etwas Bedeutsames sagen zu müssen, was aber nicht unbedingt in den Gedankenfluss der wissenschaftlichen Arbeit hineingehört, tut er dies in Fußnoten oder zusätzlichen Anmerkungen.

Mir ist aus der Betreuung zahlreicher wissenschaftlicher Arbeiten die Praxis bekannt, dass von den Verfassern nach gedanklicher Erledigung und vor der letzten schriftlichen Abfassung einer Arbeit kurzerhand das Thema verändert wird, weil plötzlich festgestellt wird, dass der gedankliche Weg sich weit vom ursprünglichen Thema entfernt hat und nicht zu Antworten auf die dort gestellten Fragen führen kann. Im Grunde genommen wäre hier das Urteil »Thema verfehlt« zu fällen.

Im Zusammenhang mit solchen Erfahrungen habe ich häufig auch erlebt, dass die Verfasser oftmals der Meinung waren, sie müssten auf die gestellte Frage eine positive Antwort geben. Wenn sie eine negative Antwort ahnten, formulierten sie das Thema um, sodass ihre zunächst negative zu einer positiven Antwort wurde, statt bei der negativen Antwort zu bleiben. Auch eine negative Antwort ist in einer wissenschaftlichen Arbeit selbstverständlich vertretbar. Warum sollte ein Forscher nicht zur Verneinung seiner These kommen?

Bei teuren Büchern ist es geradezu ärgerlich, wenn das im Titel gegebene Versprechen bzw. die vom Titel ausgelösten Erwartungen im Text nicht eingehalten werden. Bei wissenschaftlichen Arbeiten ist dies nicht bloß ärgerlich, sondern schlechthin unstatthaft. Wissenschaftliche Arbeiten dürfen nicht am Thema »vorbeimarschieren«, welche Gründe auch immer eine solche Abweichung nahelegen mögen. Wer wissenschaftlich arbeitet, hat am Thema zu »kleben« und sollte nicht abschweifen. Gerade das analytisch-selektive Vermögen des Verfassers wird ja anhand einer wissenschaftlichen Arbeit überprüft. Was ist wesentlich? Was gehört zum Thema? Beantwortet das, was ich denke und später schreibe, die Frage? Stützt es oder widerlegt es die These? *Validität meint also, im Arbeitsprozess so eng wie möglich beim Thema zu bleiben und im Arbeitsprodukt so exakt wie möglich Antwort auf die thematische Frage zu geben.* Man kann hier – parallel zur »Wahrhaftigkeit« beim Postulat der Reliabilität – auch von »Glaubwürdigkeit« sprechen. Und Glaubwürdigkeit einer Arbeit kann nur erreicht werden, wenn ihr Autor glaubwürdig ist. Und das wiederum setzt ständiges Bemühen voraus.

2.3 Stilistische Ansprüche

Es sollte sich eigentlich erübrigen, darauf hinzuweisen, dass eine wissenschaftliche Arbeit den üblichen Anforderungen an Orthografie, Zeichensetzung und Grammatik der deutschen Sprache genügen muss. Doch habe ich in den letzten Jahren zu oft die *Entschuldigung* gehört: »Das habe ich nicht selber getippt.« Es versteht sich wohl von selbst, dass dies keine Entschuldigung sein kann; der Verfasser einer wissenschaftlichen Arbeit ist für diese insgesamt verantwortlich. Auch die letzte Korrektur zu lesen, sodass die Arbeit in sprachlicher Hinsicht sauber und einwandfrei abgeliefert wird, gehört zu den Anforderungen an wissenschaftliches Arbeiten.

Die Zeit der verschrobenen und hochgeschraubten Formulierungen in wissenschaftlichen Arbeiten ist wohl endgültig vorbei. Niemand sehnt solche Formulierungen, die zudem eine Arbeit auch unverständlich machen, wieder herbei. **Dies bedeutet aber nicht zugleich, dass – wie gegenwärtig verhältnismäßig häufig beobachtbar – stattdessen eine Art aktueller Vulgärsprache solche Arbeiten bestimmen darf.** Wissenschaftliche Arbeiten sind in »formaler Sprache« zu schreiben, d. h. nach den geltenden (grammatikalischen, stilistischen) Regeln der deutschen Sprache; im Zweifelsfall sollte man durchaus auch einmal im »Duden« nachschlagen! Nur wo die Sprachregeln eingehalten werden, kann eine wissenschaftliche Arbeit auch von allen und überall verstanden werden. Alltagssprache ist durchaus nicht überall und von allen im deutschen Sprachraum zu verstehen.

Wo eine wissenschaftliche Arbeit ein Thema aus einem Bereich behandelt, für den es bereits eine ausgestaltete *Fachsprache* gibt, da sollte diese Fachsprache nach Möglichkeit benutzt werden. Wenn hier von Fachsprache die Rede ist, so ist nicht das gemeint, was man heute mit »Fachchinesisch« bezeichnet. Fachsprache erleichtert für den Leser – aber auch bereits für den Verfasser – den Zugang zu den fachlichen Kenntnissen und Aussagen. Der Gebrauch von Fachsprache richtet sich nicht darauf, Außenstehende und Laien auszuschließen, sondern vielmehr darauf, Sachkundigen den kontinuierlichen Zugang zu fachspezifischen Aussagen zu erschließen. Wissenschaftliche Arbeiten werden in der Regel nicht für einen weiten und öffentlichen Leserkreis geschrieben – hierin unterscheiden sie sich ja gerade von populärwissenschaftlichen und journalistischen Arbeiten –, sondern für einen speziellen Kreis Interessierter. Dieser aber sollte – wie anzunehmen ist – die Fachsprache beherrschen. In wissenschaftlichen Arbeiten Fachausdrücke zu verwenden, schult im Umgang mit ihnen und bereitet für künftige Informationssuche bei der zugehörigen Fachwissenschaft vor. Dass hier *keinem übertriebenen Gebrauch von Fremdwörtern* das Wort geredet wird, sollte sich nach dem Gesagten von selbst verstehen.

Obwohl überwunden geglaubt, scheint es für viele immer noch ein Problem zu sein, von sich selbst in der schriftlichen Fassung einer wissenschaftlichen Arbeit als *»Ich«*, als *»Wir«* oder als *»Verfasser«* zu sprechen. Häufig wechseln die entsprechenden Formulierungen in derselben Arbeit. In einer Unterrichtslehre * benutzte der Verfasser abwechselnd alle drei Formen:

»Unter Anerkennung der Vorarbeit von Gustav Rose beschäftigt sich nun unsere Studie mit der Frage, ob man …« (S. 8) – »Wir wollen dabei grundsätzlich von Situationsbildern ausgehen, die dem Leben …« (S. 9) – »Es ist dem Verfasser nur eine einzige ›Unterrichtslehre‹ bekannt, die …« (S. 8) – »Der kurze Rückblick auf die Schulzeit des Verfassers …« (S. 14) – »Ich gehöre ganz gewiß nicht zu den Ausnahmemenschen, aber in Bezug auf den Schultag bin ich doch einer.« (S. 10)

---

* RAHN, Gottfried: Wie lernt man das Unterrichten? München 1961

Der Verfasser des Textes greift außerdem auch noch zu der unpersönlichen, versachlichenden Form des »es« und »man«: »Alles das muss im Auge behalten werden, wenn das Problem der wissenschaftlichen Mitarbeit des Lehrers zur Debatte steht.« (S. 42) – »Es ist genügend bekannt, daß die Forderung, ...« (S. 42) – »Man kann unter den Lehranwärtern und Junglehrern zwei einander entgegengesetzte, extreme Typen finden, ...« (S. 16)

Ich empfehle, in aller Unbefangenheit sich selbst mit dem Wörtchen »Ich« in die Arbeit einzubringen, wo dies aufgrund der gedanklichen Erörterung notwendig wird. Das »Wir« halte ich für überflüssig. Was drückt ein »Wir« anderes aus als das »Ich«? Soll damit eine Art Verbundenheit, eine Art geistiger Genossenschaft oder Kumpanei angedeutet werden? Als Zeichen der Bescheidenheit und Zurücknahme der eigenen Person, als das das »Wir« in vergangenen Zeiten bei der damals herrschenden Sprachregelung gelten konnte, können wir es heute nicht mehr verwenden. Es erscheint nur als überaus verschroben.

Da wissenschaftliche Arbeiten ja keine Gesinnungsaufsätze und auch keine schöngeistigen Essays sein sollen, sondern sich in »objektiver« Weise mit dem gestellten Thema befassen müssen, wird man in aller Regel mit einem neutralen, sachlichen Sprachstil auskommen.

Es kommt darauf an, eine wissenschaftliche Arbeit so lesbar und verständlich wie möglich zu schreiben; allerdings müssen sprachliche Simplifizierungen oder gar Verfälschungen unbedingt vermieden werden. Ein gestelzter und gespreizter Stil ist dabei nicht nur nicht erforderlich, sondern grundsätzlich abzulehnen. Wissenschaftliches lässt sich wie Unwissenschaftliches unter Einhaltung der üblichen sprachlichen Regeln unserer Muttersprache durchaus dem Thema angemessen und zugleich verständlich niederschreiben. In welchem Umfang die »Fachsprache« Verwendung findet, hängt vor allem auch davon ab, für wen die Arbeit geschrieben wird, wer sie späterhin tatsächlich lesen wird; sofern sie ausschließlich für Experten und »Insider« gedacht ist, wird sich die Fachsprache als in der Regel bestverständliche und eindeutige Sprache anbieten. An die üblichen wissenschaftlichen Arbeiten in der Schule und in den Anfangssemestern an Hochschulen werden dagegen sehr hohe Anforderungen hinsichtlich der Verwendung der Fachsprache noch nicht zu stellen sein *.

* Wer Englisch versteht, sei auf eine gute und streckenweise amüsant geschriebene Schreibhilfe hingewiesen: WILLIAMS, Joseph M., STYLE, Toward Clarity and Grace, Chicago u. London (The University of Chicago Press) 1990. Nicht bloß Grundsätze, sondern Schreibanleitungen durch gute und schlechte Beispiele, die sich durchaus ins Deutsche übertragen lassen, kennzeichnen dieses Buch.

3 Wissenschaftliches Arbeiten: Phasen und Schwerpunkte

Im Folgenden wird versucht, den gesamten Prozess wissenschaftlichen Arbeitens – von ersten Anfängen bis zum Ende – in einzelne, unterscheidbare Aktionen aufzugliedern. Jede Aktion, jede Phase wird einzeln formuliert und kurz erörtert. Es wird erläutert, was in der betreffenden Phase geschieht bzw. geschehen sollte. Kurze Hinweise werden gegeben, sofern dies nicht an anderer Stelle ausführlich geschieht (in diesem Fall erfolgt aber ein Querverweis). Tipps werden, soweit möglich, eingestreut, Beispiele sollen illustrieren.

Die wichtigsten der folgenden zwölf Phasen werden in weiteren Kapiteln aufgegriffen und jeweils ausführlicher abgehandelt.

3.1 Erste Überlegungen über ein mögliches Arbeitsthema werden angestellt

Manchmal eher, manchmal später wird man der Tatsache inne, dass eine »wissenschaftliche Arbeit« zu schreiben und dass der Zeitpunkt hierfür nahe gerückt ist. Studenten der Berufsakademie in Baden-Württemberg finden beispielsweise in ihrer Prüfungsordnung den Hinweis, dass von ihnen als Teil der Prüfungsleistungen eine »Studienarbeit« und eine »Diplomarbeit« erwartet werden.

Solche Prüfungserwartungen finden sich in *Prüfungs-*, gelegentlich auch in *Studienordnungen.* Man sollte solche Ordnungen so früh wie möglich zur Kenntnis nehmen, vor allem auch, um sich rechtzeitig auf die geforderten wissenschaftlichen Arbeiten einstellen zu können. In solchen Ordnungen ist zumeist auch angegeben, woraus das in einer solchen Arbeit zu behandelnde Problem erwachsen soll. !

Für die soeben erwähnten Berufsakademien heißt es z. B. bezüglich der Diplomarbeit: »Die Diplomarbeit soll zeigen, dass der Studierende in der Lage ist, eine praxisbezogene Problemstellung … zu bearbeiten.« Hier wird also sehr deutlich gesagt, dass der Studierende nicht ein x-beliebiges Problem bearbeiten kann, sosehr es ihm auch am Herzen liegen mag, sondern dass ein aus seiner besonderen Praxis stammendes Problem wissenschaftlich zu bearbeiten ist. Es ist zwar nicht eindeutig ausgesagt, dass es sich um ein Problem handeln muss, dem der Studierende bereits in seiner eigenen Praxis begegnet ist. Aber es bietet sich aus manchen Gründen an, wo solche »praxisbezogene Problemstellung« gefordert wird, ein selbst erlebtes, wahrgenommenes Problem aus der eigenen Praxis zum Thema der Arbeit zu machen. Machen Sie sich also schon frühzeitig Gedanken darüber, was Ihnen selbst in der eigenen Praxis zum Problem geworden ist. Was haben Sie hier selbst so sehr als problematisch empfunden, dass Sie es zu einer allgemeineren (statt bloß situativen) Lösung führen möchten?

Überlegen Sie, welche Erscheinungen, Vorgänge o. Ä. Sie persönlich als ein Problem empfinden, mit dessen Lösung Sie sich über längere Zeit hinweg intensiv befassen könnten und möchten!

Überlegen Sie aber durchaus auch, ob das Problem im Rahmen der vorgegebenen Bedingungen lösbar ist. Haben Sie Zeit genug, es eingehend zu bearbeiten? Ist das Problem nicht zu komplex, zu umfangreich? Glauben Sie, dass Sie die adäquate Lösung persönlich auch tatsächlich erbringen können? Sind Sie bereit, den dafür nötigen »langen Atem« aufzubringen?

In dieser ersten Phase sollten Sie so weit kommen, dass Sie das Problem so genau wie möglich umreißen können. Möglicherweise können Sie schon eine zentrale Frage formulieren, der Sie nachgehen möchten. Auf jeden Fall sollten Sie nicht ahnungslos oder gar ohne alle persönlichen Vorstellungen über ein Thema einen Betreuer aufsuchen, mit dem Sie dann das Thema absprechen.

Nehmen wir einmal an, Sie wären tatsächlich Studentin an einer Berufsakademie, dann könnte Ihnen beispielsweise in Ihrer Praxis als zukünftige Hotelkauffrau die *Werbung für Ihr Stadthotel* zum Problem geworden sein. Sie wüßten auch, dass dieser Problembereich Sie so sehr interessiert, dass Sie darüber gern eine schriftliche wissenschaftlich orientierte Arbeit verfassen möchten. Gehen Sie jetzt aber bitte nicht nur mit dieser vagen Vorstellung in das Gespräch mit Ihrem in Aussicht genommenen Betreuer hinein. Versuchen Sie vielmehr, sich auf dieses Gespräch vorzubereiten, indem Sie sich selbst Klarheit darüber verschaffen, welcher zentralen Frage, welchen Fragen im Besonderen Sie gern nachgehen möchten.

Überlegen Sie sich ganz genau, was Sie Ihrem Betreuer sagen wollen. Zum Beispiel: »Ich möchte gerne untersuchen, wie man gezielt für ein Stadthotel werben kann. Dabei geht es mir vor allem darum, besondere Werbemaßnahmen für Geschäftsreisende zu erkunden, durch die diese zu Stammgästen eines Stadthotels werden können.«

3.2 Ein Betreuer für die Arbeit wird gesucht

Alle wissenschaftlichen Arbeiten werden »betreut«. Wie intensiv solche Betreuung zu geschehen hat, ist in der Regel in den geltenden Prüfungs- bzw. Studienordnungen vorgeschrieben. Solche Betreuung kann sich in der bloßen Themenabsprache erschöpfen, kann aber auch eine eingehende und durchgängige Betreuung während des ganzen Arbeitsprozesses bedeuten. Wo wissenschaftliche Arbeiten als Prüfungsarbeiten gelten, wird zumeist keine intensive Betreuung vorgeschrieben; in diesem Teil gilt die Prüfungsarbeit zumeist als Nachweis der Fähigkeit zu eigenem wissenschaftlichen Arbeiten ohne größeren Beistand durch einen Betreuer. Dass dies auch anders vorgesehen werden kann, zeigt z. B. folgende Bestimmung aus einer Promotionsordnung: »Der Betreuer berät den Doktoranden in allen Phasen seiner Arbeit und bei seiner wissenschaftlichen Qualifikation über den thematischen Bereich der Dissertation hinaus.« Hier wird deutlich gefordert, dass der Betreuer seine Betreuungsaufgabe intensiv und durchgehend wahrnimmt, ohne dass darin ein Abstrich an der eigenständigen wissenschaftlichen Leistung des Kandidaten gesehen würde.

In dieser Phase ist es wichtig, dass Sie einen Betreuer finden, der einerseits das Thema der vorgesehenen Arbeit akzeptiert, den Sie andererseits als Person akzeptieren und der Sie ebenfalls als Person akzeptiert.

»Profitieren« kann man von der Zusammenarbeit mit einem Betreuer letzten Endes nur, wenn dieser für das vorgesehene Thema auch tatsächlich kompetent ist, darüber hinaus aber auch die Betreuung in gleichsam sozialkompetenter Weise wahrnehmen kann. Weit verbreitet ist die Erscheinung, dass Kandidaten sich nach »schwachen« Betreuern umsehen, d. h. nach solchen, die gerüchteweise als besonders zugänglich gelten, denen zugeschrieben wird, nicht allzu streng zu bewerten usw. Solche Art von »Dünnbrettbohren« ist – man muss das offen zugeben – weit verbreitet und – bei der gerade gegenwärtig so großen Bedeutung von Zensuren – wohl auch bis zu einem gewissen Grade verständlich. Die Erfahrung zeigt aber auch, dass die als »schwierig« geltenden Betreuer es häufig gar nicht sind. Sie stellen sich vielmehr oftmals als solche Betreuer heraus, die sich besonders viel Mühe mit den Kandidaten geben. Das bringt – natürlich – durchaus auch stärkere Verpflichtungen von seiten des Kandidaten mit sich. Der Vorteil bei angeblich »schwierigen« Betreuern liegt sicher vor allem darin, dass sie nicht so sehr von Kandidaten überlaufen sind und somit Zeit haben, ihre Kandidaten besonders intensiv zu betreuen. Meine Empfehlung an Sie geht dahin, sich von Gerüchten nicht bange machen zu lassen.

Gehen Sie auf jenen Betreuer zu, von dem Sie aufgrund seiner Fachkompetenz am stärksten zu profitieren meinen, dem Sie aber auch eine Betreuungskompetenz zutrauen.

Anraten möchte ich Ihnen auch, durchaus nicht nur einen, sondern zunächst mehrere mögliche Betreuer aufzusuchen und sie daraufhin anzusprechen, ob sie das gewünschte Thema annehmen würden oder ob sie von sich aus ein entsprechendes Thema stellen könnten.

Lassen Sie sich im ersten Gespräch vom Betreuer sagen, wie er das Thema sieht, was er hinsichtlich eines solchen Themas verlangt und wie er betreuen würde.

Wenn man nicht schon ein genaues Bild des möglichen Betreuers hat, dann muss man es sich eben jetzt schaffen. Man sollte durchaus nicht immer den ausgetretenen Pfaden bzw. Gerüchten folgen. Eine individuelle, persönlich vorbereitete und verantwortete Entscheidung für einen ganz bestimmten Betreuer zahlt sich allemal aus. Ich möchte aus eigener Erfahrung hinzufügen: auch hinsichtlich der zu erwartenden Zensur.

3.3 Das Thema wird abgesprochen

Mit dem endgültig gewählten Betreuer gilt es, das Thema so exakt wie zu diesem Zeitpunkt nur möglich abzusprechen.

Was in dieser Phase an Zeit und Sorgfalt für Detailfragen und -absprachen aufgewandt wird, wird zu späterer Zeit eingespart. Sie sollten sich nicht damit begnügen, ein Thema jetzt nur pauschal zu vereinbaren; lassen Sie sich nicht auf eine spätere Zuspitzung, Präzisierung des Themas vertrösten.

Beharren Sie auf einer prägnanten und präzisen Themenstellung. Lassen Sie sich zu diesem Zeitpunkt von Ihrem Betreuer auch bereits Hinweise geben. Bitten Sie um *inhaltliche Hinweise*, etwa: *Welche Fragen dieses Thema im Besonderen aufwirft, wie der Betreuer das Thema sieht und welche Antwort auf die Frage(n) er wohl erwartet. Formal* lassen Sie sich erklären, *wie eine solche Arbeit anzulegen ist, welche technischen usw. Forderungen an die Arbeit gestellt werden.* Lassen Sie sich auch die *Vorstellungen des Betreuers über den Arbeitsprozess* darstellen: *Wie er eine solche Thematik in Angriff nehmen würde, wie er die Gliederung anlegen würde usw.*

Was der Betreuer hier leistet, ist kein Gnadenakt, sondern seine Pflicht. In den meisten Fällen ist er durch die für ihn gültige Hochschulgesetzgebung o. Ä. ausdrücklich zu solchen Aufgaben verpflichtet.

Vergessen Sie nicht, sich zu vergewissern, dass von seiten des Betreuers den formellen Regelungen bei einer wissenschaftlichen Arbeit Genüge getan wird: *Hat er die Arbeit anzumelden? Wann wird er die Arbeit anmelden? Oder ist dies eine Aufgabe, der man selber nachkommen muss? Man sollte den Betreuer auch hier um Auskunft bitten.*

Wichtig ist m. E. auch, dass Sie dem Betreuer, der sich ja nun zu Ihrer Betreuung definitiv bereit erklärt hat, Ihrerseits mehr oder weniger ausdrücklich Ihre Entschlossenheit signalisieren, »bei der Stange zu bleiben«. Nichts verärgert einen Betreuer – *zum Nachteil anderer Kommilitonen* – mehr, als wenn Kandidaten getroffene Absprachen einfach »vergessen«, sich an vereinbarte Themen nicht halten u. Ä.

3.4 Das Thema wird gestellt

Hierbei handelt es sich um einen formellen Akt. In den geltenden Vorschriften ist zumeist geregelt, wer das Thema stellt (z. B. das Prüfungsamt einer Hochschule), wann es gestellt wird usw. Durch frühzeitige Kenntnisnahme solcher Bestimmungen kann man sich rechtzeitig auf sie einrichten.

Besonders zu achten ist auch darauf, dass der *Abgabetermin* der fertig gestellten Arbeit *vom Zeitpunkt der Themenvergabe abhängig* gemacht wird.

! **Wie lange haben Sie Zeit? Wann genau ist die Arbeit abzugeben? Tragen Sie diesen Termin unübersehbar in Ihren Kalender ein!**

Wenn Sie das Thema offiziell zugestellt bekommen, sei es nun in schriftlicher Form oder auch durch eine bloße mündliche Absprache im Rahmen vorgegebener terminlicher Regelungen, *überprüfen Sie, ob die allgemein geltenden Terminierungen auch bei Ihnen eingehalten sind und ob die mit dem Betreuer abgesprochene Formulierung des Themas richtig wiedergegeben wird,* denn davon kann im Konfliktfall rechtlich gesehen sehr viel abhängen.

3.5 Das Thema wird angenommen

Wenn bisher tatsächlich alles so ablief wie geschildert, dann gibt es mit der Annahme des Themas keine tief greifenden Probleme. Vielen aber geht es so, dass sie erst zu diesem Zeitpunkt, da ihnen ein Thema ausgehändigt wird, sich ganz deutlich bewusst werden, was nun wirklich auf sie zukommt.

Stellen Sie sich positiv auf das Thema Ihrer Arbeit ein.

Fassen Sie das Thema – auch wenn Sie jetzt vielleicht ein bisschen von der Formulierung überrascht sind – nicht wie eine übel schmeckende, aber unvermeidliche Medizin auf, die Sie hinunterwürgen müssen, sondern sehen Sie das Thema als eine Möglichkeit zu Ihrer intellektuellen Bereicherung an, als eine lohnende Aufgabe, an der Sie Ihre Kräfte messen können.

Beginnen Sie jetzt auch, einen persönlichen Zeitplan zu erstellen. Planen Sie, welche Maßnahmen Sie in welcher Folge und zu welchen Zeiten ergreifen wollen. Berechnen Sie vom festgelegten Abgabetermin her, was wann unbedingt erledigt sein muss, damit die Arbeit im gegebenen Zeitrahmen fertig gestellt werden kann. !

Stimmen Sie die Arbeitsmaßnahmen auf Ihre weiteren Verpflichtungen ab. Orientieren Sie sich dabei durchaus an den im Weiteren dargestellten Phasen des Arbeitsablaufs.

Schaffen Sie sich auch eine Art persönlichen Spannungsbogen, sodass Sie die Arbeit von der ersten Motivation bis zu ihrer endgültigen Fertigstellung auch durchstehen können.

Wenn es Ihnen irgend möglich ist, **planen Sie auch kleine Erholungspausen, »Belohnungen« o. Ä. mit ein.** !

3.6 Das Thema wird »bearbeitbar« gemacht

Einzelne Aspekte, ein Thema auch tatsächlich bearbeitbar zu gestalten, wurden schon erwähnt, z. B. die genaue Formulierung und Abgrenzung, der Zuschnitt auf persönliche Daten usw. Gleichwohl ist ein Thema in der nun vorliegenden Form noch nicht so ohne weiteres und unmittelbar auch bearbeitbar.

Was bedeutet beispielsweise das Thema: »Werbung von Stammkunden für ein Stadthotel«?

Es bietet sich an, das Thema entweder in eine Frage oder in eine These bzw. in eine Hypothese zu übersetzen.

Wenn das Thema in eine Frage übersetzt werden kann, dann kommt es nur noch darauf an, diese Frage zu beantworten. Die gesamte wissenschaftliche Arbeit orientiert sich dann an dieser Frage und richtet sich darauf, die einzig 51 f. mögliche oder zumindest beste Antwort auf sie zu geben (vgl. S. 51 f.). Das obige Thema z. B. könnte in die Frage umformuliert werden: »Wie muss für ein Stadthotel geworben werden, damit es Stammgäste bekommt?« Oder: »Wie muss bei Geschäftsreisenden geworben werden, damit sie zu Stammgästen eines Stadthotels werden?« Oder: »Kann man durch Werbung Stammgäste für ein Stadthotel gewinnen?« Sie sehen, dass einerseits – sofern dies nicht durch vorherige Absprache mit dem Betreuer schon geschehen ist – das gestellte Thema durch Fragen durchaus noch unterschiedlich interpretierbar ist und dass andererseits die Fragen jetzt Möglichkeit zur Beantwortung verschaffen.

Mancher arbeitet statt mit Fragen lieber mit *Behauptungen,* die er an den Anfang einer Arbeit stellt und dann argumentativ zu stützen trachtet. Er müsste also aus dem genannten Thema eine These bilden, z. B.: »Durch Werbung bei Geschäftsreisenden kann man Stammkunden für ein Stadthotel gewinnen!« Oder: »Um Geschäftsreisende zu Stammgästen eines Stadthotels zu machen, sind bestimmte Werbemaßnahmen nötig, wie z. B. …!« Oder: »Werbung allein reicht nicht aus, um Geschäftsreisende zu Stammgästen eines Stadthotels zu machen!« Wer mit solchen Thesen arbeitet, stellt sich selbst die Aufgabe, die Arbeit als eine Argumentationsreihe aufzubauen, durch die die aufgestellte 53 f. Behauptung bestätigt oder auch widerlegt wird (vgl. S. 53 f.).

Wenn jemand mit einer *bloßen Vermutung,* die zwar mehr ist als eine offene Frage, aber weniger offen ist als eine thesenartige Behauptung, an ein Thema herangehen möchte, dann sollte er *Hypothesen* formulieren, d. h. *Annahmen über das Problem,* das er untersuchen will. Z. B.: »Geschäftsreisende wollen vor allem durch … umworben werden, um zu Stammgästen eines Stadthotels zu werden.« In der Regel unterscheiden sich Hypothesen nicht sehr von Thesen. Sollten sie tatsächlich den strengen Ansprüchen an wissenschaftliche Hypothesenbildung genügen, dann müssten sie überaus exakt und völlig eindeutig formuliert werden. Hier wird zusätzlich von Hypothesen gesprochen, um darzulegen, dass bei manchen wissenschaftlichen Arbeiten es nicht bloß um Bestätigung oder Widerlegung einer festen These geht, sondern dass oftmals Modifikationen, gelegentlich überaus diffiziler Art, notwendig sind und auch erwartet werden.

Frage, These oder Hypothese zentrieren den dann folgenden Arbeitsprozess; sie zeichnen ihm einen Weg vor und lassen kaum Abweichungen zu. Wer den durch sie vorgezeichneten Weg zu Ende geht, muss am Ende eine Antwort geben oder eine Bestätigung bzw. Widerlegung vornehmen. Frage, These und Hypothese lassen sich auch in Teil- und Unterfragen usw. zerlegen, geben somit eine sich aus der Frage logisch entwickelnde Gliederung des gesamten Arbeitsprozesses vor (vgl. S. 51 ff.). 51 ff.

3.7 Fundstellen für Material werden geortet

Um Fragen beantworten und Thesen diskutieren zu können, braucht man Material unterschiedlichster Art (vgl. S. 55 ff.). Wo ist es zu finden? Woher ist es zu bekommen? 55 ff.

Ich empfehle Ihnen, zunächst ganz einfach mal aufzulisten, wo Sie Ihr Material zu finden hoffen, woher Sie es zu bekommen erwarten. !

Da sind einmal die »*Experten*«, die man befragen kann (vgl. S. 58). Da sind weiterhin die *Buchhandlungen* und *Bibliotheken,* in denen man sich umsehen kann, in denen man sich beraten lassen kann (vgl. S. 58 ff.). Stellen Sie eine Liste der für Sie persönlich gut zugänglichen und erreichbaren Fundstellen auf: *Personen, mit denen Sie sprechen möchten; Buchhandlungen, in denen Sie nachfragen möchten; Bibliotheken, in denen Sie nachschauen möchten.* 58 58 ff.

Wer beispielsweise unserem Thema – »Werbung bei Geschäftsreisenden für Stadthotels« – nachgehen möchte und dies im Rahmen einer wissenschaftlichen Hausarbeit an der Berufsakademie in Ravensburg (Oberschwaben) zu tun hat, der wird vielleicht folgende Liste aufstellen: Herr X, Herr Y, Frau Z; Buchhandlungen: Ravens Buch, Frauentor-Buchhandlung, Hugendubel in München; Stadtbücherei Ravensburg, Bibliothek der Pädagogischen Hochschule Weingarten, Bibliothek der Fachhochschule Kempten, Bibliothek der Universität Konstanz, Bibliothek der Hochschule für Sozial- und Wirtschaftswissenschaften St. Gallen.

Diese Liste sollte so genau sein, dass sie auch enthält, wo die betreffenden Personen und Institutionen sich befinden, wann sie zu sprechen und wie die Öffnungszeiten sind. Ergänzt wird diese Liste dann um die Termine, die man mit den Personen vereinbart hat und die man für den Besuch der Buchhandlungen oder Bibliotheken vorgesehen hat.

3.8 Das Material wird gesammelt und dokumentiert

Das Material wird nun erst einmal zusammengetragen, d. h., Bücher werden gekauft oder entliehen, Zeitschriftenartikel werden kopiert, Experten werden befragt, usw. (vgl. S. 55 ff.). Für die Sammlung und Dokumentation des Materials ist eine gute, überschaubare Organisation besonders wichtig. Man sollte seinen Terminplan so aufgestellt haben, dass *Zeitpolster* enthalten sind, weil ja nicht alles Material zum vorgesehen Zeitpunkt auch tatsächlich greifbar ist, weil z. B. Bücher längerfristig entliehen, nicht lieferbar sind o. Ä. *Agieren Sie also flexibel!* 55 ff.

Überlegen Sie sich, welche Sammel- und Dokumentationstechniken Sie verwenden wollen. Gehen Sie mit äußerster Akribie ans Werk. Fehler, die sich hier einschleichen, können später kaum noch oder nur unter schwersten Anstrengungen korrigiert werden. **Sammeln und Dokumentieren Sie nach** 88 ff. **geltenden Regeln** (vgl. S. 88 ff.). **Überlegen Sie, welches System Sie für die Dokumentation einschlagen wollen;** möglicherweise treffen Sie hier eine Entscheidung, die Sie ein Leben lang an ein System bindet bzw. später Änderungen in dem System notwendig macht. Beginnt man mit der Anlage von Karteikästen? Möchte man diese später fortführen? Oder sollte man das System der Hängeordner beginnen? Aber wahrscheinlich arbeiten Sie mit einem Softwareprogramm, das Sie in Ihren Computer und sein System integrieren können. Denn diese aktuelle Art der Materialsammlung und -verwaltung sowie der späteren Auswertung erspart Ihnen nicht nur viel Zeit, sondern steigert auch die Genauigkeit – damit die Reliabilität – Ihrer Arbeit (vgl. dazu u. a. das Bei- 107 ff. spiel S. 107 ff.). Aber: Lassen Sie sich ruhig Zeit für die endgültige Entscheidung über Ihre ganz persönliche Arbeitsweise!

3.9 Das Material wird ausgewertet

An dieser Stelle ist zur eigentlichen Materialauswertung nur wenig zu sagen 86 ff. (vgl. aber S. 86 ff.). Worum es hier vor allem geht, ist das Problem, mit dem vielfältigen und umfangreichen Material fertig zu werden, das man – wider alles Erwarten – gesammelt hat. Es gilt, das Material hinsichtlich der Fragestellung oder Thesenformulierung auszuwerten und aufzubereiten. Dazu muss man sich zunächst natürlich einmal mit dem gesammelten Material vertraut machen, es sich verständlich machen, um es dann auszukämmen und gedanklich zu ordnen. Hier wird vom Bearbeiter Trennvermögen verlangt; gefordert ist seine selektive Fähigkeit, das *Wesentliche vom Unwesentlichen zu unterscheiden,* die Spreu vom Weizen zu trennen, *nur das herauszukämmen, was auch tatsächlich für die Beantwortung der Frage, für die Diskussion der These unbedingt nötig ist.* Letztlich gilt es, das ausgewertete Material zu ordnen, es der Gliederung der Arbeit entsprechend zusammenzufassen, sodass das für brauchbar Gehaltene später auch tatsächlich greifbar ist und für die geplante Arbeit genutzt werden kann.

3.10 Das Thema wird bearbeitet

Das ausgewertete und geordnete Material wird nun zur konkreten Beantwortung der Fragen oder zur Argumentation der Thesen verwendet. Worauf es bei der Bearbeitung ankommt, ist, sich selbst immer wieder darüber Klarheit zu verschaffen: Ist die mir gestellte Frage schon hinreichend beantwortet? Ist die aufgestellte These schon hinreichend bestätigt oder widerlegt? Ist die aufgestellte Hypothese schon als belegt anzusehen oder muss sie modifiziert werden?

Geben Sie sich in jeder Phase Ihrer Arbeit ohne Rücksicht auf Ihre eigenen Gefühle regelmäßig Rechenschaft darüber, ob Ihre Antwort auf das Thema schon ausreicht. Trifft meine Antwort wirklich die gestellte Frage? Ist der Gedankengang richtig angelegt und von Anfang bis Ende konsequent geführt worden? Ist aufgrund der vorliegenden Einsichten und Erkenntnisse eine gedanklich klare und eindeutige Darstellung möglich?

Ich empfehle Ihnen, nicht mit der schriftlichen Fassung zu beginnen, bevor Sie sich diese Rechenschaft nicht mit positiver Antwort abgelegt haben. Selbstverständlich klären sich auch beim Schreiben noch Gedanken, aber alle grundsätzlichen Fragen sollten gestellt, alle grundsätzlichen Antworten zu diesem Zeitpunkt gegeben sein. !

3.11 Die Arbeit wird schriftlich verfasst

Die nun gedanklich geleistete, »im Kopf« abgeschlossene Arbeit wird niedergeschrieben. Dabei kommt es auf *Klarheit* und *Eindeutigkeit der Gliederung* und *der sprachlichen Fassung* an. Jeder Leser muss den Gedankengang des Verfassers nachvollziehen können. Halten Sie bei der Niederschrift Ihrer Arbeit an der zuvor entwickelten Gliederung unbedingt fest. Die Gefahr beim Schreiben ist groß, »den Faden zu verlieren«. Hier zahlt sich die gründliche gedankliche Vorarbeit nun aus!

Wohl dem, der sprachlich so versiert ist, dass er die ihn selbst bewegende Spannung bei der Gedankenarbeit auch in die schriftliche Fassung hineinbringen kann. Wissenschaftliche Arbeiten müssen nicht unbedingt trocken und humorlos sein; sie können durchaus in einer aufgelockerten und für den Leser motivierenden Sprache geschrieben sein. Versuchen Sie, ihre Niederschrift nicht bloß als ein lebloses Produkt, sondern als einen lebendigen Prozess anzulegen. Vollziehen Sie nach Möglichkeit schriftlich nach, was Sie gedanklich getan haben, legen Sie Ihre schriftliche Fassung *genetisch* an. Und: Schreiben Sie bitte verständlich (vgl. S. 117 ff.)! **117 ff.**

Dass bei der schriftlichen Fassung bestimmte Regeln zu beachten sind, wird an anderer Stelle ausführlich erörtert und mit Beispielen erläutert werden (vgl. S. 107 ff.). **107 ff.**

Denken Sie bei der Abfassung der schriftlichen Arbeit auch an Hinweise, die speziell für Ihre wissenschaftliche Arbeit gelten! Sie finden sie in den Prüfungs- oder Studienordnungen. Achten Sie auf *technische Hinweise,* beispielsweise zum *Umfang der Arbeit,* zur *Gliederung* oder bezüglich der mit abzugebenden *Versicherung über die eigenständige Anfertigung der Arbeit* u. Ä. Vergewissern Sie sich, ob Ihre Arbeit in *Schreibmaschinenschrift* abgegeben werden muss, ob sie *geheftet* oder *gebunden* und *in wie vielen Exemplaren* sie eingereicht werden muss. !

3.12 Die Arbeit wird abgegeben

Das Produkt Ihres wissenschaftlichen Arbeitens ist unwiderruflich fertiggestellt. Wenn Sie es noch nie erlebt haben, werden Sie es erstmals zu diesem Zeitpunkt erleben: jetzt kommen Ihnen die scheinbar besten Gedanken; jetzt »wissen« Sie ganz genau, was Sie alles hätten besser machen können; jetzt beginnt ein Zittern und Zagen, ob das Geschriebene wohl auch haltbar ist, gründlich genug durchdacht, klar genug formuliert ... Aber: Sie müssen durch diese Phase hindurch, die fertig gestellte Arbeit muss abgeliefert werden.

Die Abgabe der wissenschaftlichen Arbeit ist ein technischer und formeller Akt. **Rechtzeitig sollten Sie folgende Fragen klären: Wann muss die Arbeit abgegeben werden? Wo muss sie abgegeben werden? Bei wem muss sie abgegeben werden? In wie vielen Exemplaren muss sie abgegeben werden? Mit welchen Begleitpapieren muss sie abgegeben werden? Welche Dokumente sind bei der Abgabe beizulegen?** Sorgen Sie rechtzeitig dafür, dass – außer der Arbeit selbst – auch alle weiteren Unterlagen vorliegen.

Und nun geht sie hin, die Arbeit, das Produkt wochen-, monatelangen Arbeitens. Wie ein Brief, der im Briefkasten verschwindet, verschwindet Ihre Arbeit aus Ihrem Blickfeld. Und wie man den Brief nicht mehr zurückholen kann, so kann man auch die abgegebene Arbeit nicht mehr zurückholen. In den meisten Fällen enthalten die Prüfungs- und Studienordnungen eine Klausel, wonach eine zurückgeholte Arbeit als ungültig anzusehen ist bzw. als unzureichende Leistung bewertet werden muss; das Thema darf vom Prüfling nicht ein zweites Mal bearbeitet werden.

Manche Prüfungsordnungen enthalten allerdings auch Bestimmungen, dass aufgrund von Krankheit oder unvorhersehbaren und vom Prüfling nicht zu verantwortenden Ereignissen eine Verschiebung des Abgabetermins eingeräumt werden kann. In einer Prüfungsordnung für Realschullehrer in Baden-Württemberg heißt es z. B.: »Gibt ein Bewerber die Wissenschaftliche Hausarbeit nicht oder nicht rechtzeitig ab, so gilt diese Prüfungsleistung als mit der Note ›ungenügend‹ (6,0) bewertet. *Das Prüfungsamt kann in besonders begründeten Fällen (zum Beispiel Krankheitsfall) eine Verlängerung der Abgabefrist bis zu zwei Monaten genehmigen.*« (Hervorhebung durch W. H. P.) Es handelt sich bei Fristverlängerungen also um *Ausnahmeregelungen*, die nur in begründeten Ausnahmefällen in Anspruch genommen werden sollten.

Wer mit dem Abgabetermin in Bedrängnis gerät, sollte sich an seinen Betreuer wenden und versuchen, mit ihm zusammen das jeweils zuständige Prüfungsamt davon zu überzeugen, dass eine Fristverlängerung notwendig ist.

Und danach?

So wie man auf einen Brief eine Antwort erwartet, so sollte man auch auf eine wissenschaftliche Arbeit eine Antwort erwarten und nicht bloß eine Zensur. Man sollte wissenschaftliche Arbeiten immer auch als einen persönlichen Lernprozess und nicht bloß als eine Prüfungsleistung auffassen. Ich empfehle

Ihnen, sich einige Wochen nach Abgabe der Arbeit mit Ihrem Betreuer in Verbindung zu setzen und ihn – ohne dass daraus ein Feilschen um die Zensur wird – um seine Stellungnahme zu bitten: Wie sieht er die Arbeit? Ist sie inhaltlich zufriedenstellend? Umfassend genug? Wo hätte er etwas anders gemacht? Aus welchen Gründen? Usw. Sie sollten wenigstens diese individuelle Art der Rückmeldung und des Lernens nutzen, denn sonst ist es schade um die große Anstrengung, die Sie in Ihre wissenschaftliche Arbeit investiert haben.

Gewöhnlich wird Ihre Arbeit dann jahrelang, vor sich hin staubend, in Archiven liegen, bis das, was die Zeiten noch übrig gelassen haben, dem Reißwolf überantwortet wird ... Ihrem eigenen Exemplar der Arbeit wird es natürlich besser ergehen: es wird, so ist Ihnen zu wünschen, immer wieder, von anerkennenden Worten begleitet, in Ihrem Freundes- und Kollegenkreis die Runde machen, vielleicht sogar jüngeren Kommilitonen auch von Nutzen sein.

Übrigens – manche Kandidaten vermögen ihre wissenschaftliche Arbeit noch ganz anders – und möglicherweise Gewinn bringend – zu verwerten, wie die folgende Zeitungsanzeige zeigt:

> **Facharbeit**
> zu verk. Technisches Thema, 18 Seiten, Note sehr gut. Tel. (●●●●●)

Aus: Wochenblatt Ravensburg vom 28.2.1985.

4 Der Umgang mit dem Thema – wie kann man ein Thema bearbeiten?

Im Grunde genommen müsste jeder aus seiner Schulzeit bereits wissen, wie man mit einem Thema umgeht. Aber selbst der Erfahrenste wird immer wieder feststellen, dass manche Themen wie ein Kloß im Magen liegen können – man weiß nicht, wie man sie »verdauen« soll. Auch wenn die Art und Weise, in der ein Thema angegangen und durchgearbeitet werden soll, bereits mit dem Betreuer der Arbeit erörtert und abgesprochen worden ist, muss jeder Verfasser sich doch gründlich seine eigenen Gedanken darüber machen.

4.1 Themen weisen in der Regel Interpretationsspielräume auf

Themen werden selten so gestellt, dass sie völlig eindeutig sind und geradezu zu einer ganz bestimmten Bearbeitung zwingen. In der Regel sind sie überaus vieldeutig und bieten großen Raum für eigene Interpretationen. Deshalb stellt sich jedem Verfasser die Aufgabe, ein gestelltes Thema zunächst zu *präzisieren* und *einzuengen.* Dies darf nun keinesfalls negativ gesehen werden, sondern muss im Gegenteil als große Chance betrachtet werden, sich auf ganz eigene und persönliche Art mit einem Thema befassen zu können.

Beispiel: Ein Thema kann folgendermaßen gestellt werden: »*Zur Qualifikation eines Ausbildungsleiters – am Beispiel der Ausbildung von Hotelfachfrauen erörtert*«. Die exemplarische Bearbeitung des Themas ist durch den Untertitel klargestellt, aber was eigentlich exemplarisch in der »Ausbildung von Hotelfachfrauen erörtert« werden soll, das muss zunächst noch präzisiert werden. Soll hier eine bloße Bestandsaufnahme der tatsächlichen Qualifikationen von praktizierenden Ausbildungsleitern vorgenommen werden? Soll eine solche Bestandsaufnahme bloß darstellender Art sein oder auch kritisierender Art? Oder soll hier der Idealtyp eines Ausbildungsleiters konstruiert werden? Soll hier eine Zusammenstellung aller Qualifikationen erfolgen, die er benötigt? Wird hier möglicherweise implizit, unausgesprochen, Kritik an der gegenwärtigen Qualifikation von Ausbildungsleitern geübt? Soll dann dieser kritische Ansatz aufgegriffen und weitergeführt werden? Oder ...?

Nehmen wir einmal die letztgenannte Interpretationsvariante an, dann könnte man das Thema einengen: »Die gegenwärtigen Ausbildungsleiter sind zwar im Allgemeinen alle gute Fachleute, d. h. überaus kompetent für ihren Beruf, aber ihnen fehlt noch etwas, um auch gute Ausbildungsleiter zu sein. Was könnte das sein? Welche zusätzlichen Qualifikationen brauchen sie noch?« Die Präzisierung würde also zu der Frage führen: »Welche Qualifikationen braucht ein betrieblicher Ausbildungsleiter?« Im Manuskript der wissenschaftlichen Arbeit müsste diese präzisierte und eingeengte Fragestellung in der »Einleitung«
116 f. erörtert und begründet werden (vgl. S. 116 f.).

Um das Thema Ihrer wissenschaftlichen Arbeit überhaupt bearbeitbar zu machen, müssen Sie es einengen und präzisieren. Tun Sie das recht frühzeitig, sodass Sie sich auf das Wesentliche Ihrer Fragestellung konzentrieren können und dadurch manche unnütze Arbeit vermeiden. **Vergessen Sie aber nicht, Ihre Auffassung vom Thema, Ihre Präzisierung und Einengung, mit Ihrem Betreuer rechtzeitig abzusprechen;** holen Sie sich auf jeden Fall rechtzeitig seine Zustimmung dazu ein, das macht Sie nicht nur sicherer, sondern bewahrt Sie auch vor möglichen unliebsamen Überraschungen. !

4.2 Themen können in Fragen umgeformt werden

Zumeist wird ein Thema dadurch bearbeitbar gemacht, dass es in eine möglichst präzise Frage umgeformt wird. Dies ist ein guter und empfehlenswerter Weg für die Bearbeitung eines Themas. Die am Anfang aufgestellte Frage wird gleichsam zum Zügel für den Bearbeiter, sie hält ihn beim Thema und lässt ihn nicht übermäßig abschweifen, weil er immer die Frage vor Augen hat und auf die noch ausstehende Antwort zuzusteuern gezwungen ist. Zwar kann er durchaus gelegentlich zur Seite blicken und assoziativen Gedankengängen folgen, aber der Zwang zur Beantwortung der Frage treibt und lenkt sein Denken und Handeln zielorientiert.

Beispiel
Das Thema lautet: »Zur Qualifikation eines betrieblichen Ausbildungsleiters – am Beispiel der Ausbildung von Hotelfachfrauen erörtert«.

Die zentrale Frage könnte lauten: »*Welche Qualifikation(en) braucht ein betrieblicher Ausbildungsleiter?*«

Hier stellt sich der Verfasser die Frage nach den Qualifikationen eines Ausbildungsleiters; diese zu benennen und zu beschreiben, hält er offensichtlich für die ihm vom Thema her abverlangte Aufgabe. Noch aber ist seine Frage wohl zu umfassend und auch noch zu ungenau, um auf einmal und exakt beantwortet werden zu können. Also muss er sie noch in *Teil-Fragen* aufgliedern.

Beispiel
- »Braucht ein Ausbildungsleiter Fachkompetenz?«
- »Reicht Fachkompetenz für einen Ausbildungsleiter?«
- Welche zusätzlichen Qualifikationen braucht ein Ausbildungsleiter?«
- »Wie sehen diese zusätzlichen Qualifikationen im Einzelnen aus?«

Hier wird durch die Teil-Fragen ein ganz bestimmter Gedankengang vorgezeichnet. Der Verfasser beabsichtigt nicht mehr bloß eine Auflistung der qualifikatorischen Momente von Ausbildungsleitern, sondern richtet seine Fragen vielmehr nacheinander darauf aus, a) die Fachkompetenz eines Ausbildungsleiters als notwendig auszuweisen, b) deren Ergänzungsbedürftigkeit darzustellen, c) die notwendigen Ergänzungen im Einzelnen aufzulisten, d) die Ergänzung im Einzelnen zu beschreiben usw.

Wer ausgehend von einer Umformulierung des Themas in eine Hauptfrage diese in Teil-Fragen aufgliedert, schafft sich ein Instrument zu zielgerichtet-konzentrierter und selektiver Arbeit. Die Fragen werden zu leitenden Elementen seiner Arbeit. Er muss sie im Einzelnen beantworten, wozu er Material sammelt und auswertet, und zwar jeweils schon im Hinblick auf diese Frage. Es lässt sich auch gut überprüfen, ob die einzelnen Fragen tatsächlich beantwortet sind, und es lassen sich die Einzelantworten zu den Teil-Fragen später zu einer Gesamtantwort auf die Hauptfrage zusammenfassen.

Beispiel: Die Umformung des Themas in Frage und Teil-Fragen

Thema: *Zur Qualifikation eines betrieblichen Ausbildungsleiters – am Beispiel der Ausbildung von Hotelfachfrauen erörtert*

↓

Frage: Welche Qualifikation(en) braucht ein betrieblicher Ausbildungsleiter? (zu erörtern am Beispiel der Ausbildung von Hotelfachfrauen)

↓

Teil-Fragen:

1. Braucht ein Ausbildungsleiter Fachkompetenz?
2. Reicht Fachkompetenz für einen Ausbildungsleiter?
3. Welche zusätzlichen Qualifikationen braucht ein Ausbildungsleiter?
4. Wie sehen diese zusätzlichen Qualifikationen im Einzelnen aus?

↓

1.	Ausbildungsleiter und Fachkompetenz
1.1	Die Forderung nach Fachkompetenz des Ausbilders
1.1.1	Berufsbildungsgesetz
1.1.2	Berufsverbände
1.1.3	Sonstige(s)
1.2	Die Fachkompetenz
1.2.1	Kognitive Kompetenzen
1.2.2	Psycho-motorische Kompetenzen
1.2.3	Affektive Kompetenzen
1.3	Fachkompetenz und Ausbildungsaufgabe
1.3.1	Ausbildung als Vermittlung von Fachkompetenz(en)
1.3.2	Vermittlung verlangt mehr als bloß Fachkompetenz
usw.	

4.3 Themen können in Thesen umgeformt werden

Mancher möchte die Bearbeitung eines Themas statt mit weitgehend offenen Fragen lieber mit seinen themenspezifischen Auffassungen und Meinungen beginnen, d. h. mit themenbezogenen Behauptungen. Für ihn bietet es sich an, das Thema in Thesen umzuformen.

Thesen sollen hier als Behauptungen begriffen werden. Diese gilt es zunächst aufzustellen und dann zu erörtern. Es sind Argumente zu sammeln, die für oder wider die Behauptungen sprechen. Die Thesen sind letzten Endes zu bestätigen bzw. zu widerlegen.

Thesen erfüllen denselben Zweck wie Fragen: sie binden die Aufmerksamkeit und Konzentration des Verfassers und richten sie auf das Ziel aus, das er sich selbst mit der Behauptung aufgestellt hat. Thesen setzen – im Unterschied zu Fragen – allerdings schon recht dezidierte persönliche Meinungen voraus. Außerdem ist davon auszugehen, dass das Thema die Aufstellung von Thesen und Behauptungen überhaupt zulässt, dass es einer Diskussion und Erörterung von Meinungen, Auffassungen o. Ä. überhaupt offensteht. Nicht jedes Thema lässt dies zu, z. B. das Thema »Weinanbaugebiete in Deutschland«. Hier wird wohl bloß eine Aufzählung und Beschreibung dieser Weinanbaugebiete verlangt, ohne dass Meinungen und Auffassungen umfassender und grundlegender Art ins Spiel gebracht werden könnten.

Wenn wir wieder unser Beispiel des Ausbildungsleiters aufgreifen und wiederum davon ausgehen, dass Fachkompetenz eines Ausbildungsleiters als Voraussetzung zwar notwendig ist, aber keineswegs als alleinige Voraussetzung betrachtet werden kann, dann würde die Arbeit mit Thesen zur Gliederung wie auf Seite 54 führen. 54

Beide Beispiele, die Umformung in Fragen und die Umformung in Thesen, zeigen, wie die Struktur der Abhandlung durch Fragen bzw. Thesen geprägt wird. Ein Gutteil der wissenschaftlichen Arbeit ist bereits geleistet, wenn man sich eine so durchstrukturierte Fragestellung bzw. Thesenaufstellung geschaffen hat.

Nehmen Sie die entsprechende Einengung und Präzisierung des Themas so früh wie möglich vor! !

Beispiel: Die Umformung des Themas in These und Teil-Thesen

Thema: *Zur Qualifikation eines betrieblichen Ausbildungsleiters – am Beispiel der Ausbildung von Hotelfachfrauen erörtert*

↓

These: Ein Ausbilder braucht unbedingt Fachkompetenz(en), aber diese allein reicht nicht aus, um für die Ausbildungsaufgabe qualifiziert zu sein (zu erörtern am Beispiel der Ausbildung von Hotelfachfrauen)

↓

Teil-Thesen:

1. Ein Ausbildungsleiter braucht unbedingt Fachkompetenz(en)
2. Ein Ausbilder braucht mehr als bloß Fachkompetenz(en)
3. Ein Ausbilder braucht Sozialkompetenz(en)
4. Ein Ausbilder braucht pädagogisch-didaktische Kompetenz(en)

↓

1.	Die Fachkompetenz(en) des Ausbildungsleiters
1.1	Fachkompetenz(en) als unaufgebbare Qualifikation des Ausbilders
1.1.1	Bezug auf das Berufsbildungsgesetz
1.1.2	Bezug auf Forderungen des Berufsverbandes
1.1.3	Sonstige Forderungen
1.2	Fachkompetenz als berufsspezifische(s) – Wissen – Können – Einstellung
2.	Ausbildung als Vermittlung von Fachkompetenz(en)
2.1	Vermittlung setzt soziale Kompetenz(en) voraus
2.2	Vermittlung setzt pädagogisch-didaktische Kompetenz(en) voraus
usw.	

5 Beschaffung und Sammlung von Material

5.1 Materialarten – welches Material gibt es?

Im Grunde genommen gibt es kaum etwas, was nicht als Material für wissenschaftliches Arbeiten schlechthin in Frage kommen könnte. Was dann aber tatsächlich für eine bestimmte Arbeit verwertbares Material ist, hängt von deren *Fragestellung* und den zur Bearbeitung vorgesehenen *wissenschaftlichen Verfahren* ab. Für unseren Zweck hier können wir einschränken: *In der Regel gilt alles Schriftgut als Material.* Entweder ist dieses Schriftgut – für das hier gemeinte wissenschaftliche Arbeiten – selbst *originaler Gegenstand* eigener wissenschaftlicher Forschung, oder es ist *Dokumentation* wissenschaftlich gewonnener Befunde und Ergebnisse, auf die zurückgegriffen wird.

Diese Vorstellung vom Schriftgut (von der Literatur) als wissenschaftlichem Material eröffnet ein breites Feld. Schriftgut ist nicht gleich Schriftgut, es tritt uns in vielfachen Formen entgegen. Für uns bietet sich an, es nach folgenden drei bedeutsamen Merkmalen zu unterscheiden:

- *nach der Art, wie es sich uns präsentiert;*
- *nach der Art des wissenschaftlichen Anspruchs,* den es erhebt bzw. wir ihm zuerkennen;
- *nach dem Abstand zur untersuchten Sache.*

(A) Schriftgut/Literatur, unterschieden nach der Art der Präsentation

Buch
Der wohl größte Teil des für uns in Frage kommenden Materials bietet sich in Buchform an. Darunter sollen hier alle selbstständigen, monografischen usw. Abhandlungen verstanden werden.

Artikel, Aufsatz, Beitrag
Diese lassen sich wiederum danach unterscheiden, ob sie
- in einem *Sammelwerk* (Reader, Lexikon, Handbuch, Nachschlagewerk usw.)

oder
- in einer *periodischen Veröffentlichung* (Zeitschriften, Zeitungen usw. allgemeiner oder fachwissenschaftlicher Art, herausgegeben von Verbänden u. Ä.) erschienen sind.

Skripten, Manuskripte
Hierbei kann es sich sowohl um solche von fremder Seite als auch um eigene handeln (Mit-/Nachschriften von Vorlesungen u. Ä.).

Einzelne Schriftstücke, Dokumente u. Ä.
Das können z. B. Flugblätter sein, aber auch Speisekarten und Prospekte usw.

(B) Schriftgut/Literatur, unterschieden nach dem Wissenschaftsanspruch

Forschungsgegenstand
Üblicherweise wird die Literatur selbst nur selten zum Gegenstand wissenschaftlicher Hausarbeiten u. Ä., aber ausnahmsweise können selbstverständlich Veröffentlichungen der oben angeführten Art selbst Gegenstand wissenschaftlicher Forschung sein, wenn z. B. Schriften eines Berufsverbandes auf bestimmte darin erkennbare Tendenzen hin analysiert werden sollen.

Forschungsbericht
Bücher, Aufsätze, Skripten usw. können unmittelbar oder auch mittelbar über Befunde und Ergebnisse berichten, die durch Forschungen gewonnen wurden und die nun ihrerseits in der anstehenden wissenschaftlichen Arbeit ausgewertet werden sollen.

Wissenschaftliche Abhandlung
Ein Buch beispielsweise muss nicht immer Bericht über bereits abgeschlossene wissenschaftliche Forschungen sein, es kann auch Darstellung des gesamten wissenschaftlichen Denkprozesses sein, der (erst noch) zu Ergebnissen führen soll.

Wissenschaftliches Essay
Wenn eine schriftliche Darstellung sich zwar an sprachlogische und stilistische Regeln, nicht aber an die strengen Forderungen wissenschaftlicher Erörterung und Berichterstattung hält, gleichsam einen auf wissenschaftlicher Ebene angesiedelten freien Aufsatz darstellt, dann kann auch diese(r) selbstverständlich Material wissenschaftlichen Arbeitens sein.

Mit- und Nachschriften
Eigene Mit- und Nachschriften von Vorträgen, Vorlesungen, Seminaren u. Ä. gehören auch zum verwertbaren Material. In diese Kategorie sind auch Protokolle von Beobachtungen, Messungen u. Ä. einzureihen, die im Rahmen der wissenschaftlichen Arbeit selbstständig angefertigt werden.

(C) Schriftgut/Literatur, unterschieden nach der Sach- bzw. Problemnähe

Man hat sich angewöhnt, *Primär-* von *Sekundärmaterial* zu unterscheiden. Als Primärmaterial begreift man jenes, in dem unmittelbar etwas über die Sache, um die es geht, die untersucht werden soll, ausgesagt wird. *Primärmaterial* kann fast alle der unter A und B genannten Formen aufweisen. *Sekundärmaterial* befasst sich nicht selbst mit der Sache, sondern verweist auf die Sache bzw. – und das ist häufiger der Fall – auf anderes Material, das sich mit der Sache unmittelbar befasst. Sekundärmaterial erschließt mithin Primärmaterial. Es handelt sich hierbei z. B. um Kataloge, Bibliografien usw., aus denen Aufschlüsse über verwertbares Material gewonnen werden können.

Es gibt auch manche andere Unterscheidungen, die aber für uns in diesem Zusammenhang nicht so wichtig sind. Wichtig ist:

Wer sich um wissenschaftliches Material bemüht, es sammelt und auswertet, sollte die Art dieses Materials genau kennen, um es richtig finden, auswerten und einschätzen zu können.

Die Art des bearbeiteten Materials ist beim wissenschaftlichen Arbeiten mit festzuhalten und bei der Verwertung mit anzugeben, sodass Leser der wissenschaftlichen Arbeit auch über die Art des verwerteten Materials informiert werden (vgl. auch das Kapitel über »Zitate und Zitieren«) *. **122 ff.**

(D) Wenn online nach vorhandenem Schriftgut gesucht wird

Man muss heute nicht mehr mühselig in dickleibigen Bibliografien recherchieren, um zu erfahren, welches Material zum bearbeiteten Stichwort veröffentlicht vorliegt. Solche Material-Recherche: »Was ist für mich und mein Arbeitsthema überhaupt vorhanden?« kann heute online geschehen.

Ein System, das alle maßgeblichen Aufsätze erschließt, ist SUBITO: Es informiert über Aufsätze aus etwa einer Million wissenschaftlicher Zeitschriften. Im einzelnen finden Sie Angaben über SUBITO: auf Seite 169 ff. **169 ff.**

Zugangsadresse für SUBITO: http://www.subito-doc.de

Weitere Online-Adressen für die bibliografischen Recherchen finden Sie bei den Angaben über Fundstellen-Recherchen (S. 163 ff. + S. 170 f.). **163 ff.** **170 f.**

5.2 Fundstellen für Material – wo findet man Material?

Wenn hier von *Fundstellen* die Rede ist, dann nicht nur von solchen Stellen, wo man das benötigte Material selbst vorfindet, sondern immer auch von solchen Stellen, wo man Hinweise darauf findet, wo zuallererst das verwertbare Material aufzufinden ist. Dabei ist vor allem auf fünf Fundstellen (neben anderen, eher zufälligen) näher einzugehen, und zwar auf

- *Experten*
- *Buchhandlungen*
- *Bibliotheken*
- *Elektronische Datenbanken*
- *Dokumentationsstellen.*

---

* Wer mehr über den besonderen Umgang mit wissenschaftlicher Literatur erfahren will: Stary, Joachim/Kretschmer, Horst, Umgang mit wissenschaftlicher Literatur, Eine Arbeitshilfe für das sozial- und geisteswissenschaftliche Studium, Frankfurt a. M. (Cornelsen Scriptor) 1994

(A) Experten

Als Experten sollen uns alle gelten, die offensichtlich *kompetent* für das zu bearbeitende Thema bzw. Problem sind, die uns Auskunft geben können, wie wir an verwertbares Material herankommen und wo wir es finden können, die uns möglicherweise sogar Material beschaffen oder überlassen können. In erster Linie zählen dazu der Betreuer der Arbeit, der Referent und der Korreferent bzw. die Korrektoren und Gutachter. Zusätzlich kommen auch alle anderen Lehrer oder Hochschullehrer des jeweiligen Fachbereichs als Experten in Frage. Sie können mit Fragen nach maßgeblichem Material angegangen und um Hilfe bei der Beschaffung gebeten werden. Es gehört im Allgemeinen zu ihren Aufgaben, zu denen sie beruflich verpflichtet sind, hier behilflich zu sein.

(B) Buchhandlungen

Man sollte Buchhandlungen als Fundstellen für wissenschaftliches Material
! nicht unterschätzen; sie sind oft wahre Fundgruben, zumal, wenn es sich um Spezialbuchhandlungen handelt, wie z. B. Universitätsbuchhandlungen, wissenschaftliche Antiquariate mit besonderen Schwerpunkten usw. Buchhandlungen selbst bieten drei verschiedene Ansätze, um zu Material zu gelangen:

- das Personal
- das Regalangebot
- die Kataloge.

Gute Buchhandlungen verfügen i. d. R. über gut qualifiziertes *Personal,* das mit Rat und Tat helfen kann. Wenn es nicht unmittelbar in der Lage sein sollte, Titel zum gewünschten Themenbereich zu benennen, kann es doch anhand von Prospekten, Katalogen usw. helfen. Wenn man sich zum Kauf von Büchern entschlossen hat, geht es sowieso nicht ohne das Personal.

Das *Regalangebot* zu durchstöbern führt vor allem in wissenschaftlichen und Universitätsbuchhandlungen oftmals zu schnellem Sucherfolg. Oft führt das Überfliegen der Regalbestände, das Blättern in einzelnen auffallenden Büchern schon zu einem ersten Ansatzpunkt, von dem aus man sich dann weiter vorar-
84 ff. beiten kann (vgl. »*Schneeball-System*«, S. 84 ff.).

Das System der Buchhandlungen in der Bundesrepublik ist so lückenlos, dass man jedes lieferbare Buch auch in kürzester Zeit erhalten kann. Um dies zu gewährleisten, sind von den Großbuchhandlungen und Barsortimenten jeweils Kataloge auf dem Markt, aus denen alle verfügbaren Titel für den aktuellen Berichtszeitraum entnommen werden können. Diese Kataloge eignen sich nicht nur für Bestellungen, sondern auch vorzüglich für die Suche von Titeln.

Solche Kataloge sind nach dem *alphabetischen Prinzip* aufgebaut, sodass man unter dem Namen von Verfassern (sofern bekannt) oder unter Stichwörtern nachschlagen kann, was auf dem deutschsprachigen Markt an in Frage kommender Literatur lieferbar ist. Hinweis: *Es lohnt sich, nicht nur die neuesten Kataloge der Barsortimente zu sichten, sondern sich auch ältere vorzunehmen!*

KOCH, NEFF & OETINGER & CO.

KOEHLER & VOLCKMAR GMBH

Kurz-Titel-Katalog

mit Herbstneuerscheinungen 1995, Preisänderungen und Erscheinungsterminen

Mit der Titel-Sigelung der Firmen

KÖNEMANN, Hagen
UMBREIT, Stuttgart
WEHLING, Bielefeld

Stand: 09. 10. 1995

Katalog (Titelblatt) Großsortiment

Verlagskatalog

Im Zeitalter des Einkaufs per Internet gewinnen auch die *Online-Buchhandlungen* an Bedeutung, wie z. B. *www.amazon.de*. Sie liefern i. d. R. alle Titel schnell und ohne Aufpreise. Allerdings ist ihre Systematik für wissenschaftliche Titel m. E. noch lange nicht nutzerfreundlich genug.

Neben diesen Angebotskatalogen der Großbuchhandlungen gibt es in Form von *Verlagskatalogen* und *Prospekten* einzelner Verlage oder von Verlagen über einzelne Gebiete ein großes Feld für Materialhinweise. Zumeist kennt man ja die für das eigene Arbeitsgebiet einschlägigen Verlage, sodass man sich von den Verlagen selbst oder in Buchhandlungen deren Prospekte besorgen kann, um zu sehen, was von ihnen neu auf den Markt gebracht worden ist und als themenspezifisch geeignet in Frage kommt.

Über die genannten Kataloge hinaus finden sich in Buchhandlungen auch *Sammelkataloge,* die zumeist von einer Gruppe von Verlagen für einen von ihnen allen betreuten wissenschaftlichen Bereich zusammengestellt worden sind. So gibt es z. B. für Pädagogikstudenten den von zahlreichen Verlagen zusammengestellten Katalog: »PÄD. Wichtige Werke für das Studium der Pädagogik. Verzeichnis empfohlener Lehrbücher« (jahrgangsweise erneuert).

Entsprechende Sammelkataloge lassen sich für fast jeden Studien- und Wissenschaftsbereich auffinden.

Als Fundstelle für Hinweise auf Material kommen auch die *Angebotskataloge von Buchgesellschaften* in Frage, vor allem der *wissenschaftlichen Buchgesellschaften,* die zudem ihr Angebot systematisch nach Studien- oder Wissenschaftsgebieten unterbreiten.

(C) Bibliotheken/Büchereien *

Es gibt viele Arten von Bibliotheken und Büchereien, und sie kommen fast alle als Fundstellen für verwertbares Material für wissenschaftliche Arbeiten in Frage, ob es sich dabei um Universitätsbibliotheken, Stadtbüchereien, Spezialbibliotheken irgendwelcher Art o. Ä. handelt **. Bibliotheken sind nicht nur unmittelbare Fundstellen, sondern sie geben durch Bibliografien auch Hinweise auf grundsätzlich verfügbares Material, und sie besorgen es auch über die *Fernleihe* – sofern sie angeschlossen sind – aus anderen Bibliotheken.

Nicht gering sollte man für die Sucharbeit in der Bibliothek das *Personal* einschätzen, das über vorhandene Kataloge und Bibliografien bestens Bescheid weiß und rasch informieren kann.

Die wichtigste Fundstelle für Material in Bibliotheken sind deren jeweilige *Kataloge.* Kataloge geben Auskunft darüber, welche Literatur in der Bibliothek vorhanden ist, wo sie sich in der Bibliothek befindet und wie man sie sich aushändigen lassen kann (Standortsuche).

Bibliotheken bieten ihre Buchbestände nämlich in unterschiedlicher Form zur Benutzung an: Einige Bücher, insbesondere Lexika, Handbücher, große Quellenwerke, aber auch andere vielbenutzte Werke dürfen häufig nicht entliehen werden; man spricht dann vom *Präsenzbestand* im Gegensatz zum *Ausleihbestand.* Buchbestände, die dem Leser frei zugänglich sind, also am Regal eingesehen oder entliehen werden können, bilden den *Freihandbestand.* Besonders in großen Bibliotheken ist ein Teil der Bücher in geschlossenen, für den Benutzer nicht zugänglichen Magazinen untergebracht, man spricht dann vom *Magazinbestand.* Über alle diese Bestände einer Bibliothek geben deren Kataloge Auskunft.

Um mit Katalogen umgehen zu können, muss man sie kennen; Kataloge gibt es im Allgemeinen in folgenden Formen:

- *als Alphabetischen Katalog*
- *als Sachkatalog* in Form des *Systematischen* oder *Schlagwortkatalogs.*

Alphabetischer Katalog

Der Alphabetische Katalog enthält alle selbstständig erschienenen Publikationen, die eine Bibliothek besitzt. Nicht aufgenommen wird die unselbstständig erschienene Literatur, z. B. Zeitschriftenaufsätze, Artikel in Handbüchern oder Sammelwerken. Die Schriften sind alphabetisch nach Verfassern, körperschaftlichen Urhebern und Sachtiteln geordnet.

Will man einen Zeitschriftenaufsatz entleihen, so sucht man im Alphabetischen Katalog, ob der Titel der Zeitschrift dort verzeichnet ist, ob der Jahrgang der Zeitschrift, in der der gewünschte Aufsatz erschienen ist, aufgeführt ist, und bestellt ihn dann gegebenenfalls.

---

* Der Text dieses Abschnitts (C) wurde erfreulicherweise von Peter DIDSZUN, Oberbibliotheksrat, Weingarten, zur Verfügung gestellt und überarbeitet.

** Wer sich über Bibliotheken und ihre Arbeitsweisen näher informieren möchte, der sei verwiesen auf: HACKER, Rupert: Bibliothekarisches Grundwissen. München [4]1983 (UTB 148).

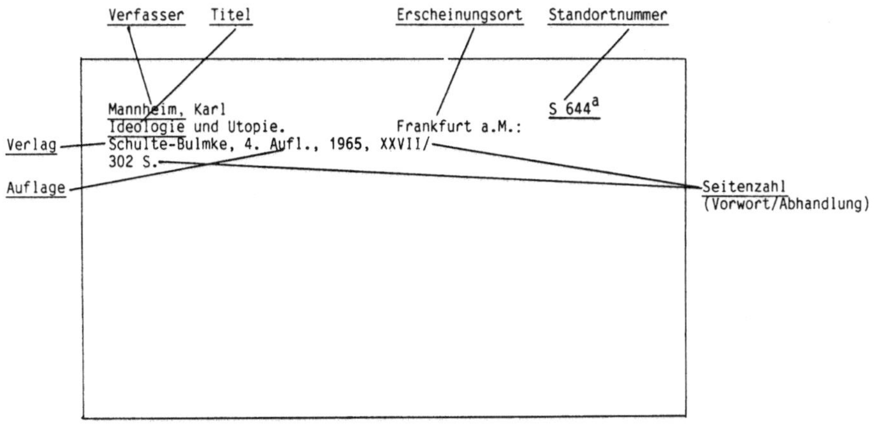

Karteikarte aus dem Alphabetischen Katalog

Bei der Vielzahl der im Alphabetischen Katalog nachzuweisenden Schriften sind sehr spezielle Vorschriften notwendig, um sowohl die in der Bibliothek vorhandenen Werke eindeutig zu beschreiben als auch die Einordnung der Katalogzettelchen (man spricht von »Titelaufnahmen«, siehe Abbildung oben) exakt festzulegen. Zusammengefasst ergeben diese Vorschriften ein Regelwerk als Arbeitsanweisung für die Bibliothekare. In neueren Bibliotheken bzw. für neuere Bibliotheksbestände werden meist die »Regeln für die Alphabetische Katalogisierung (RAK)« von 1977 verwendet. Danach wird ein Werk, das bis zu drei Verfasser hat, im Katalog unter jedem dieser drei Verfasser verzeichnet. Gibt es gar keinen (oder keinen einzelnen) Verfasser, z. B. bei Zeitschriften, Handbüchern, Lexika, anonymen Werken usw., oder haben mehr als drei Autoren ein Werk verfasst, so steht die Schrift im Katalog unter dem Sachtitel. Eine Schrift, die von einer Körperschaft (Verein, Behörde, wissenschaftliches Institut etc.) erarbeitet bzw. veranlasst und herausgegeben worden ist, bekommt eine Eintragung im Katalog unter dem Namen bzw. unter der Bezeichnung der Institution.

Hat ein Buch einen Herausgeber, so wird auch er im Katalog berücksichtigt. Ist der körperschaftliche Urheber eines anonymen Werkes im Sachtitel genannt und besteht der Sachtitel außer dem Namen der Körperschaft nur aus Formalbegriffen wie Jahrbuch, Zeitschrift, Jahresbericht etc., so erhält das Werk lediglich eine Eintragung unter der Körperschaft.

In älteren Bibliotheken bzw. für ältere Bibliotheksbestände werden häufig andere Regelwerke verwendet, die in Einzelheiten abweichende Abstimmungen enthalten. So wird zum Beispiel der körperschaftliche Urheber nicht überall berücksichtigt.

Sachkatalog

Während der Alphabetische Katalog Auskunft auf die Frage gibt, ob ein bestimmtes dem Verfasser, Sachtitel oder körperschaftlichen Urheber nach bekanntes Werk in der Bibliothek vorhanden ist oder welche Schriften eines Autors oder einer Körperschaft in der Bibliothek vorhanden sind, gibt der Sachkatalog Aufschluss über die Frage, welche Literatur zu einem bestimmten Thema in der Bibliothek vorhanden ist.

– Systematischer Katalog

Im Systematischen Katalog ist die Literatur nach den einzelnen Wissenschaftsgebieten und deren Teilgebieten in fortschreitender Spezialisierung geordnet. Man spricht daher auch von hierarchischer Ordnung des Wissens in einem Handbuch. Die verschiedenen Gruppen und ihre Untergruppen werden durch eine Notation bezeichnet, die meist aus einer Kombination von Buchstaben

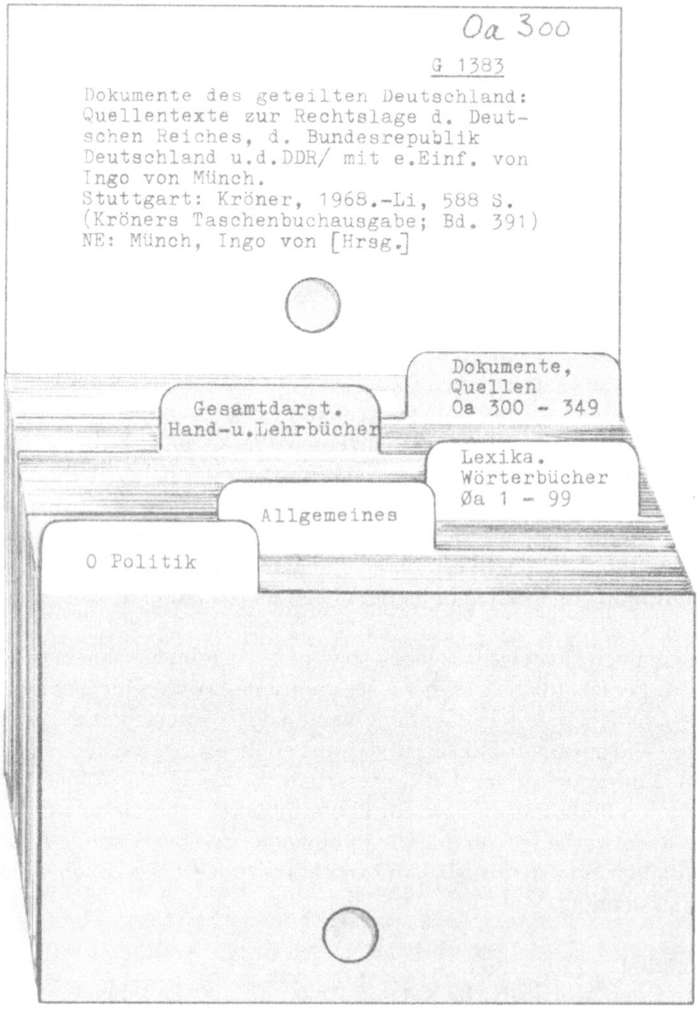

Auszugsweise Wiedergabe eines Systematischen Katalogs, Fachgebiet Politikwissenschaft

und/oder Ziffern besteht. Die Notationen symbolisieren den Aufbau und die Gliederung des Systems, indem sie Unter- und Nebenordnungen zum Ausdruck bringen. Ebensowenig wie es eine verbindliche Ordnung des Wissens gibt, gibt es eine verbindliche Systematik, nach der alle Bibliotheken in derselben Weise alle Bücher klassifizieren könnten. Der Benutzer eines Systematischen Kataloges muss sich daher über dessen besondere Systematik informieren. Dazu dient einmal eine *Übersicht über die Systematik,* zum anderen ein *Schlagwortregister.* Das Schlagwortregister ist in der Regel ein kleiner Zettelkatalog, in welchem man unter einem Schlagwort nachsieht, bei welcher Systemstelle die Literatur zu einem bestimmten Thema eingeordnet ist.

– Schlagwortkatalog

Der Schlagwortkatalog verzeichnet die Literatur einer Bibliothek alphabetisch nach Schlagworten. Die Ordnung eines Schlagwortkatalogs ist vergleichbar der Ordnung des Wissens in einem Lexikon. Unter einem Schlagwort versteht man den Begriff, der den Inhalt eines Buches am treffendsten wiedergibt und der daher als Suchbegriff für dieses Buch dienen kann. Häufig ist der Inhalt eines Buches so komplex, dass der Begriff sprachlich durch ein *mehrgliedriges Gesamtschlagwort,* das aus einem Hauptschlagwort und einem oder mehreren Unterschlagwörtern besteht, ausgedrückt werden muss. Im Allgemeinen werden bis zu dreigliedrige Gesamtschlagwörter verwendet, um das Suchsystem nicht zu kompliziert zu gestalten.

Ein Werk kann selbstverständlich auch unter mehreren Schlagwörtern verzeichnet werden, wenn der Inhalt dies erfordert. Die Schlagwörter zielen prinzipiell auf den engsten Begriff ab. Das Schlagwort bzw. Gesamtschlagwort soll den Gegenstand möglichst präzise und erschöpfend bezeichnen, d. h. vollständig abdecken, aber nicht über ihn hinausgehen. Der gewählte Begriff kann oftmals dem Titel entnommen sein, man spricht in diesem Fall vom *Stichwort.* In der Regel jedoch wird er frei gebildet, unter Umständen unter Benutzung einer vorgegebenen Liste von Schlagwörtern.

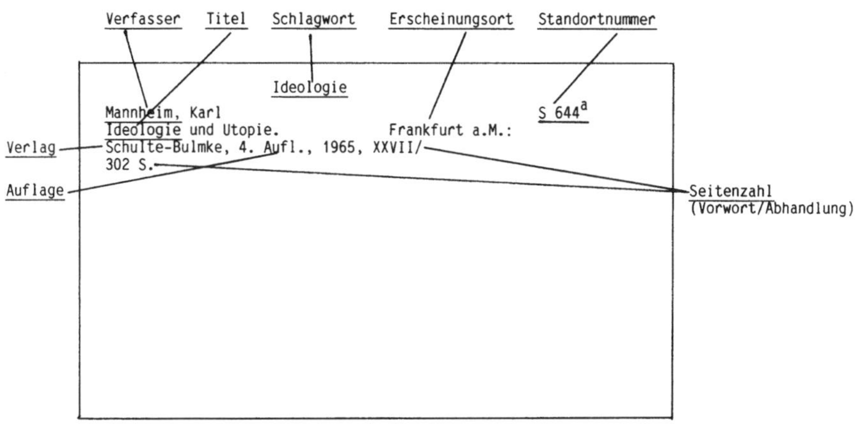

Karteikarte aus dem Schlagwortkatalog

Die Literatursuche im Schlagwortkatalog beginnt daher immer beim besonderen Thema; nur wenn man dort keine oder nicht ausreichend Literatur findet, sucht man unter systematisch übergeordneten Begriffen. Arbeiten über Leben, Werk und Wirken einer Person beispielsweise sind unter dem Namen der Person verzeichnet. Bei Themen mit geografischer Bindung kann entweder der geografische Begriff oder der Sachbegriff Hauptschlagwort werden – oder beide werden Hauptschlagwörter mit dem jeweils anderen als Unterschlagwort.

Die Schwierigkeit bei der Benutzung eines Schlagwortkatalogs liegt darin, dass der Benutzer nicht weiß, unter welchen von mehreren möglichen Schlagwörtern er die Literatur verzeichnet findet. Hier helfen Verweisungen. Sie führen den Benutzer vom nicht benutzten Begriff zum benutzten, z. B.: *UN s(iehe). Vereinte Nationen.*

Andere Verweisungen führen den Benutzer zu systematisch benachbarten Begriffen, z. B.: *Pädagogik s. a. Erziehung, Erziehung s. a. Pädagogik.*

Die sogenannten systematischen Verweisungen verweisen vom weiten Schlagwort auf die engeren, z. B. *Physik s. a. Experimentalphysik.* Die *»Siehe-auch-Verweisungen«* dienen dazu, sachlich Zusammengehöriges, das bei der Verschlagwortung nach dem engsten Begriff über das ganze Alphabet verstreut liegt, zusammenzuführen. Dem gleichen Zweck dient ein systematisches Register der verwendeten Schlagwörter. Hier kann der Benutzer nachschlagen, unter welchen Schlagwörtern die Literatur zu einem bestimmten Fachgebiet verzeichnet ist.

Online-Katalog

Der **Online-Katalog** ist eine elektronische Datenbank, die den Bestand einer Bibliothek in gleicher Weise nachweist, wie ein konventioneller Zettelkatalog. Die Möglichkeiten der EDV machen eine Trennung zwischen Alphabetischem Katalog, Systematischem Katalog, Schlagwort- oder sonstigen Katalogen unnötig, da grundsätzlich alle Elemente (Datenfelder) suchbar sind. Ist der Online-Katalog speziell für die Handhabung durch Benutzer aufbereitet und durch eine entsprechende Oberfläche ohne Fachkenntnisse zu bedienen, so spricht man von einem OPAC (Online Public Access Catalog). Weisen mehrere Bibliotheken ihre Bestände in einem gemeinsamen Online-Katalog nach, so spricht man von einem Verbundkatalog, wie z. B. beim Südwestdeutschen Bibliotheksverbund (SWB). Beteiligte Bibliotheken erfassen ihre Bestände online in der SWB-Datenbank und erhalten vom SWB ihre lokalen Katalogdaten per Diskette für ihr je lokales Bibliothekssystem und dazu als Zetteldrucke für ihre Kataloge.

Die dem o. a. Beispiel entsprechenden Datensätze sind unten abgebildet. Die Abbildung verdeutlicht, dass das Datenbanksystem des SWB aus mehreren Dateien besteht, die miteinander verknüpft sind:

- der *Titelstammdatei* mit den Feldern für die bibliografische Beschreibung,
- der *Lokalstammdatei* mit den nur die einzelne Teilnehmerbibliothek betreffenden Angaben des Werkes (z. B. Katalogsignatur) sowie

```
idn 3975876
LOK 1 (KNWEPH)
LST 11 (VERBUND)
niv NIVEAU : BKZ : KNUB
dat N:29/06/94 BEARB.: KNUB  K:24/02/95  BEARB.: SLhe
200hGroher, Wolfgang
240eGandersheimer Symposion <2. 1993>
241eParacelsus-Osterberg-Klinik <Gandersheim>                    Titelstammsatz
320*Schulsport
335 Mediziner und Pädagogen im Gespräch: Dokumentation des II. Gandersheimer
     Symposions
359 Wolfgang Groher ... (Hrsg.) Veranst.: Paracelsus-Osterberg-Klinik ...
410 Schorndorf
412 Hofmann
425 1994
433 199 S. : Ill., graph. Darst.
504 dt.
540 3-7780-3330-1
575 gkko
580 s.Schulsport ≠ f.Kongreß ≠ g.Gandersheim <1994>
end
---------------------------------------------------------------------------------
idn 9950422
EX. 1
TIT Schulsport. - 1994
idt (03975876) BKZ:KNWEPH
asi 747                                                          Lokalsatz
dat N:16/02/95  BEARB.:KNWE
080 0 2837
100 s.Schulsport ≠ f.Kongreß ≠ g.Gandersheim <1994>
end
---------------------------------------------------------------------------------
LOK Schulsport. - 1994
idn 5308461
idl (09950422) BKZ: KNWEPH
dat N:16/02/95  BEARB.:KNWE
060 0 2837                                                       Exemplarsatz
072 003 5018 - 4
074 95/409
end
```

Beispiel: Online-Katalog (Zetteldruck)

```
                                                        0 2837
Schulsport : Mediziner und Pädagogen im Gespräch:
Dokumentation des II. Gandersheimer Symposions /
Wolfgang Groher ... (Hrsg.) Veranst.:
Paracelsus-Osterberg-Klinik ... - Schorndorf : Hofmann,
1994. - 1994 S. : Ill., graph. Darst.
ISBN 3-7780-3330-1
NE: Groher, Wolfgang [Hrsg.]; Gandersheimeer Symposion
<2. 1993>; Paracelsus-Osterberg-Klinik <Gandersheim>
SW: Schulsport / Kongreß / Gandersheim <1994>
95/409

                          SWB-Verbund
```

Beispiel: Online-Katalog (Datensatz)

- der *Exemplarstammdatei* mit den das einzelne Exemplar betreffenden Angaben (z. B. Buchsignatur, Standort, Verbuchungsnummer).

Weitere Dateien werden für die verschiedenen Ansetzungen von Autorennamen, Körperschaftsnamen und Schlagwörtern geführt.

Bibliografien

Neben den Katalogen sind es in einer Bibliothek vor allem die *Bibliografien*, die als mittelbare Fundstellen für verwertbares Material bedeutsam und ergiebig sind. **Bibliografien geben im Unterschied zu Katalogen nicht bloß Auskunft über jene Literatur, die in der Bibliothek jeweils vorhanden ist, sondern sie geben Auskunft darüber, welche Literatur es überhaupt gibt und wo sie erschienen ist.** Mit anderen Worten: Bibliografien kann man die vollständigen bibliografischen Daten entnehmen, mit denen man die gewünschte Literatur beschaffen kann.

Es gibt zahlreiche unterschiedliche Bibliografien, deren wichtigste Bestimmungskriterien im Folgenden aufgezählt und erläutert werden.

(a) *Bibliografien werden nach dem sachlichen Umfang (Inhalt) unterschieden.*

Allgemeinbibliografien: Sie verzeichnen die Literatur ohne fachliche Begrenzung (Beispiele: Deutsche Nationalbibliographie; Internationale Bibliographie der Zeitschriftenliteratur).

Fachbibliografien: Sie verzeichnen die Literatur eines Fachgebietes (Beispiel: Erziehungswissenschaftliche Dokumentation).

Spezialbibliografien: Sie verzeichnen die Literatur zu einzelnen Themen (Beispiel: Pädagogische Diagnostik).

Einige Bibliografien streben innerhalb des Rahmens, den sie sich gesteckt haben, Vollständigkeit an, andere wollen nur eine Auswahl der wichtigsten Arbeiten bieten. Einige Bibliografien zeigen die Titel lediglich an, andere geben eine kurze Inhaltsbeschreibung (annotierende bzw. beschreibende Bibliografien), z. T. mit einer Wertung verbunden (kritische Bibliografien).

(b) *Bibliografien unterscheiden sich nach dem geografischen Umfang.*

Nationalbibliografien: Sie verzeichnen das Schrifttum eines Landes (Territorialkonzeption) oder das in der Landessprache erschienene Schrifttum (Sprachkreiskonzeption). Seltener, wegen der zu großen Zahl der Titel, wird auch das Schrifttum über das Land – landeskundliche Literatur – erfasst.

Regionalbibliografien: Sie verzeichnen das Schrifttum über ein Gebiet (Beispiel: Landesbibliografie von Bayern oder Baden-Württemberg).

(c) *Bibliografien unterscheiden sich nach dem zeitlichen Umfang.*

Den zeitlichen Umfang einer Bibliografie nennt man ihre *Berichtszeit.* Oft weist bereits der Titel auf den zeitlichen Umfang hin, auf den sich der Bericht bezieht, z. B.: Monatsbericht, Jahresverzeichnis, Bibliografie 1980–1985.

(d) *Bibliografien unterscheiden sich nach der Art der verzeichneten Literatur.*

Bibliografien der *selbstständig erschienenen* Literatur verzeichnen bloß Buchpublikationen.

Bibliografien der *unselbstständig erschienenen* Literatur verzeichnen nur Aufsätze in Zeitschriften oder Sammelwerken. Aber es gibt selbstverständlich auch Bibliografien, die sowohl Bücher als auch Aufsätze verzeichnen.

Manche Bibliografien verzeichnen bloß *spezielle Gattungen* des Schrifttums, z. B. Hochschulverzeichnisse, Verzeichnisse amtlicher Druckschriften, Verzeichnisse von Noten oder geografische Karten.

(e) *Bibliografien unterscheiden sich nach der Erscheinungsweise.*

Abgeschlossene Bibliografien erscheinen einmalig und umfassen einen abgeschlossenen, in der Regel längeren Zeitraum.

Laufende Bibliografien werden periodisch (wöchentlich, monatlich, jährlich o. Ä.) weitergeführt. Erscheint die periodische Bibliografie in kürzeren Zeitabständen, wird sie häufig durch eine Zusammenfassung *(Kumulierung)* ergänzt, z. B. ein Mehrjahresverzeichnis. Eine besondere Art der Zusammenfassung sind die *laufend kumulierenden Bibliografien,* bei denen das jeweils neueste Heft der laufenden Bibliografie die Titel der vorigen mit enthält.

(f) *Bibliografien unterschieden sich nach ihrem Aufbau.*

Bibliografien mit *alphabetischer* Anordnung der Titel: Sie haben in der Regel ein *Sachregister,* d. h. Systematisches Register und/oder Schlagwortregister bzw. Stichwortregister.

Bibliografien mit *sachlicher* Anordnung der Titel (*Systematisch* oder nach *Schlagworten*): Sie haben in der Regel ein *alphabetisches Autoren- und Titelregister.*

Wegen der zahlreichen unterschiedlichen Formen von Bibliografien wird empfohlen, sich vor Benutzung einer Bibliografie an Hand des Vorwortes, des Titelblattes oder des Inhaltsverzeichnisses über ihren Inhalt und ihren Aufbau zu informieren. Nur so können die gewonnenen Informationen angemessen Verwendung finden. !

Hinweise auf Allgemeinbibliografien*

1. *Verzeichnis lieferbarer Bücher (VLB)*
Frankfurt a. M.: Buchhändler-Vereinigung

Dieses Buchhandelsverzeichnis verzeichnet sämtliche im deutschsprachigen Buchhandel (Bundesrepublik, Österreich, Schweiz, ohne DDR) lieferbaren Bücher, soweit sie dem Herausgeber, der Abteilung Dokumentation und Datenverarbeitung der Buchhändler-Vereinigung, von den Verlagen mitgeteilt worden sind.

Anlage: 2 Teile.

(a) Alphabetisches Verzeichnis nach Autoren und Sachtiteln, Titel- und Stichwortregister im gleichen Alphabet (Kreuzkatalog). Getrennte Verlagsregister, einmal alphabetisch, einmal nach Verlagsnummern. Da der Verlagsort

---

* Wer sich über Bibliografien näher informieren will, sei verwiesen auf: Handbuch der bibliografischen Nachschlagewerke, 6., vollständig neubearb. Aufl. 2 Bde. (Bd. 1 über Allgemeinbibliografien; Bd. 2 über Fachbibliografien).

bei der Titelbeschreibung im Hauptteil nicht angegeben ist, muss er im Verlagsregister ermittelt werden.

(b) Schlagwortverzeichnis (seit 1978/79): Es verzeichnet die im Autorenteil aufgeführten Schriften (mit geringen Ausnahmen) nach den Schlagwörtern der deutschen Bibliothek (wie Halbjahresverzeichnis). Verlagsregister wie im ersten Teil.

2. *Kayser: Vollständiges Bücherlexikon*
Berichtszeitraum: 1750–1910.

Diese Allgemeinbibliografie (Nationalbibliografie) enthält die selbstständig erschienene Literatur, Bücher und Zeitschriften (aber keine Zeitschriftenaufsätze) Deutschlands und des deutschsprachigen Auslands. Es ist alphabetisch angelegt, mit systematischem, später mit Schlagwortregister.

3. *Deutsches Bücherverzeichnis (DBV)*
Berichtszeitraum: 1911–1950 in 5- bzw. 10-Jahresperioden.

Diese Allgemeinbibliografie (Nationalbibliografie) enthält in Deutschland erschienene deutsch- und fremdsprachige selbstständige Literatur (Monografien und Zeitschriften) sowie deutschsprachige Werke des Auslands. Es ist alphabetisch nach den »Preußischen Instruktionen« angelegt, d. h., Schriften, die unter ihren Sachtiteln verzeichnet sind, werden unter dem ersten Substantiv im Nominativ, nicht unter dem ersten Wort des Titels geordnet.

4. *Deutsche Nationalbibliographie und Bibliographie der im Ausland erschienenen deutschsprachigen Veröffentlichungen*

- Reihe E: Fünfjahresverzeichnis (DNB-FJV), (früher: Deutsche Bibliographie: Fünfjahresverzeichnis)
  Berichtszeitraum: 1945 ff.
  Inhalt: Entspricht dem DBV, im Berichtszeitraum 1945–1970 jedoch ohne Zeitschriftentitel.
  Anlage: zwei Teile
  1. Verfasser- und Sachtitelalphabet. Die Ordnung erfolgt zunächst nach den »Preußischen Instruktionen«, seit dem Berichtsjahr 1966 nach den »Regeln für die Alphabetische Katalogisierung (RAK)«, von 1981 an nach den speziellen Regeln für wissenschaftliche Bibliotheken (RAK-WB)«. Das bedeutet unter anderem, dass Sachtitelschriften unter dem ersten Wort des Titels – unter Auslassung des bestimmten bzw. unbestimmten Artikels am Anfang – zu finden sind.
  2. Schlagwort- und Stichwortregister für die thematische Suche. Vom Berichtsjahr 1986 an werden die Schriften unter Schlagwortketten nach den neuen »Regeln für den Schlagwortkatalog (RSWK)« nachgewiesen.

  Da die Schriften seit 1991 in der CD-ROM-Version der DNB enthalten sind (vgl. Abschnitt 6.3.7), wird dass FJV in der Hochschulbibliothek nach 1990 nicht weitergeführt.
- Reihe D: Halbjahresverzeichnis (DNB-HJV)
  Der Inhalt entspricht dem Fünfjahresverzeichnis, jedoch ohne Hochschulschriften, auch in der Anlage entspricht es dem FJV.

Deutsche Nationalbibliographie

und Bibliographie der im Ausland erschienenen deutschsprachigen Veröffentlichungen

Reihe E:

Monographien und Periodika – Fünfjahresverzeichnis

Früher: Deutsche Bibliographie, Fünfjahresverzeichnis · Deutsches Bücherverzeichnis

1986–1990

Erster Teil
Alphabetisches Titelverzeichnis
Band 1: A–Bayerische

Bearbeiter und Herausgeber: Die Deutsche Bibliothek*

(Deutsche Bücherei Leipzig, Deutsche Bibliothek Frankfurt a. M., Deutsches Musikarchiv Berlin)

BUCHHÄNDLER-VEREINIGUNG GMBH · FRANKFURT AM MAIN · 1992

*) Seit 1. Juli 2006 DEUTSCHE NATIONALBIBLIOTHEK genannt

- Reihe A: Wöchentliches Verzeichnis der Monografien und Periodika des Verlagsbuchhandels (DNB-WV-A)
- Reihe B: Wöchentliches Verzeichnis der Monografien und Periodika außerhalb des Verlagsbuchhandels (DNB-WV-B)
  Anlage: In beiden Verzeichnissen werden die Schriften seit 1986 in 65 Sachgruppen angezeigt, mit einem wöchentlichen gemeinsamen Verfasser-, Titel- und Schlagwortregister, das monatlich kumuliert.
- Reihe H: Hochschulschriften
  Dieses Verzeichnis erscheint seit 1972, mit Berichtsjahr 1971, monatlich.
  Inhalt: Angezeigt werden Dissertationen und Habilitationsschriften deutscher Hochschulen, ferner deutschsprachige ausländische Dissertationen und Habilitationsschriften.
  Anlage: Die Schriften werden in 65 Sachgruppen angezeigt, mit einem gemeinsamen Verfasser-, Titel-, Schlagwort- und Stichwortregister je Heft und Jahr. Seit 1986 werden die Hochschulschriften auch im Fünfjahresverzeichnis angezeigt.

Die *Deutsche Nationalbibliographie* ist inzwischen auch auf CD-ROM erhältlich, was zumal wegen der Menüsteuerung über Computer – die heute wohl in allen Bibliotheken vorzufinden sind – das Bibliografieren stark erleichtert. Als CD-ROM enthält sie alle ab 1991 neu erschienenen deutschsprachigen Veröffentlichungen, im Einzelnen: alle im Buchhandel wie auch die nicht im Buchhandel erhältlichen Titel, außerdem Hochschulschriften und Karten. Eine Aktualisierung erfolgt zweimonatlich!

Für einzelne Fachbereiche sind auch schon Informationen über maßgebliche Veröffentlichungen vor ihrem Eingang in die CD-ROM der Deutschen Nationalbibliothek erhältlich.

So werden beispielsweise Literaturdaten aus dem FIS-Bildungs-Verbund, die noch nicht auf CD-ROM gespeichert sind, Online erschließbar unter: http://www.dipf.de/lars/html/start.htm

5. *Internationale Bibliographie der Zeitschriftenliteratur (IBZ)*
Aus allen Gebieten des Wissens. Kombinierte Folge, seit 1965 fortlaufend.

Erscheinungsweise: Zweimal jährlich. In dieser allgemeinen Bibliografie der unselbstständigen Literatur werden Zeitschriften, Jahrbücher, Sammelwerke und Festschriften ausgewertet.

Zunächst wies die Bibliografie drei ab, 1977 vier Teile auf:

A-Verzeichnis der berücksichtigten Zeitschriften; jede Zeitschrift erhält eine laufende Nummer (Sigel).

B-Verzeichnis der Aufsätze nach weiten, deutschsprachigen Schlagwörtern. Die nach dem Aufsatztitel angeführte Zahl ist das Sigel der Zeitschrift, unter dem der Zeitschriftentitel im Teil A zu ermitteln ist.

C-Verfasserregister, ab 1969 Verfasserteil mit vollständigen Titelaufnahmen wie Teil B.

D-Index Systematicus: Systematisches Verzeichnis der Schlagwörter (ab Jahrgang 13, 1977). Die im Teil B benutzten Schlagwörter sind hier in 35 Sachgruppen geordnet.

Diese Bibliografie erscheint ebenfalls bereits auf CD-ROM. Als Rückblick sind auf CD-ROM alle 1989–1993 veröffentlichten Aufsätze erfaßt. Seit 1994 erfolgt halbjährlich eine Aktualisierung. Sie fasst Aufsätze aller Fachgebiete aus etwa 6000 Zeitschriften zusammen, wobei von den erfassten Fachgebieten vor allem die Geisteswissenschaften betreut werden.

6. *Zeitschriften-Datenbank (ZDB)*
Seit 1995 gibt es die ZDB auf CD-ROM. Sie verzeichnet alle in deutschen wissenschaftlichen Bibliotheken vorhandenen Zeitschriften, liefert also Hinweis auf Fundorte für bereits erkannte Beiträge. Allerdings sind gegenwärtig noch nicht alle Bibliotheken in den neuen deutschen Bundesländern berücksichtigt.

Bisher wurde diese Aufstellung als Zeitschriften-Datenbank auf Mikroficheausgabe angeboten.

Alphabetisch geordnet nach den Regeln für die alphabetische Katalogisierung (RAK). Die Bibliotheken sind mit ihren Besitzangaben nummerisch nach ihren Bibliothekssigeln aufgeführt. Diese Sigel sind mit Hilfe des *Sigelverzeichnisses* aufzulösen.

Die Zeitschriftendatenbank dient nicht der Literatursuche, sondern der Bestellung von Zeitschriften durch die Fernleihe. Die Bibliothek kann Aufsätze, die in der ZDB nachgewiesen sind, über ihre zuständige Stelle direkt bei einer in der Datenbank aufgeführten Bibliothek bestellen.

7. *Hochschulschriften/Die Deutsche Bibliothek* 1945–1994
Diese als CD-ROM erscheinende Bibliografie enthält alle Habilitationsschriften und Dissertationen deutscher Universitäten und Hochschulen. Allerdings fehlen Angaben über die seit 1971 entstandenen maßgeblichen Schriften aus der ehemaligen DDR; später erschienene sind in der *Deutschen Nationalbibliografie* miterfasst (vgl. oben!). Hier handelt es sich also bloß um eine historische Aufarbeitung.

(D) Elektronische Datenbanken

Mit Hilfe der elektronischen Datenverarbeitung können Daten wie in einem Karteisystem verwaltet werden. Solche elektronischen Karteisysteme werden Datenbanken genannt. Ein Datenbanksystem besteht aus der Datenbasis – den in Dateien abgespeicherten Informationen – sowie den Programmen für die Erfassung, Speicherung, Verknüpfung und zum Wiederauffinden der Daten. Für die wissenschaftliche Arbeit sind insbesondere

- die **bibliografischen Datenbanken**
- die **Literaturdatenbanken** und
- die **Faktendatenbanken**

von Interesse, die man zusammenfassend auch als Dokumentationssysteme bezeichnet. Der Vorteil einer elektronischen Datenbank gegenüber einem konventionellen Karteikasten liegt darin, dass der Benutzer einen beliebigen Zugriff auf die im System gespeicherten Daten hat. Außerdem ist die laufende Ergänzung der Dateien einfach, im Vergleich zu Karteikastensystemen.

Bibliografische Datenbanken
In bibliografischen Datenbanken werden die Informationen einer einzelnen Katalogkarte in ihre Elemente zerlegt und in einzelnen Datenfeldern abgespeichert. Die Gesamtheit der Felder einer solchen Titelaufnahme ergeben einen Datensatz der Datei.

Kategorien-Nummer	Inhalt	Beispiel
100	Verfasser	Baumgart, Winfried
331	Sachtitel	Bücherverzeichnis zur deutschen Geschichte
335	Zusatz zum Sachtitel	Hilfsmittel, Handbücher, Quellen
403	Auflagebezeichnung	7., durchges. u. erw. Aufl.
410	Verlagsort	München
412	Verlag	Dt. Taschenbuch-Verl.
425	Erscheinungsjahr	1988
433	Umfangsangabe	282 S.
451	Gesamttitel	dtv; 3247
540	ISBN	3-423-03247-2
544	Signatur	GG 3517
710	Schlagwörter	Deutschland/Geschichte/Bibliografie

Beispiel: Datenfelder (nach: Hacker, 1992, S. 238)

168 ff.

SUBITO: Informationen und Ausdrucke – einfach und schnell

Seit kurzem gibt es einen Dienst, mit dem man so schnell an Aufsätze herankommt wie nie zuvor: SUBITO. Gefördert vom Deutschen Bundesministerium für Bildung und Forschung erschließt SUBITO Aufsätze aus 1 Million wissenschaftlicher Zeitschriften und soll im Zugriff künftig noch stärker erweitert werden.

Mit SUBITO kann nicht nur bibliografisch recherchiert werden (Was gibt es auf dem speziellen Markt? … zum speziellen Thema?) und auch nicht nur nach Fundstellen gesucht werden (Wo finde ich die bibliografierten Aufsätze?), sondern mit SUBITO kann man sich per Internet und auf verschiedenen Wegen auch den Text besorgen, ja – ins Haus liefern lassen.

http://www.subito-doc.de

Literaturdatenbanken
Hier werden einzelne Aufsätze aus Zeitschriften bzw. einzelne Abschnitte selbstständiger Veröffentlichungen gespeichert. Der Umfang der gespeicherten Informationen umfasst in der Regel nicht nur die bibliografischen Angaben, sondern darüber hinaus auch inhaltskennzeichnende Informationen, wie

Schlagwörter, klassifikatorische Kennzeichnungen und/oder Inhaltsangaben (Abstracts), mitunter wird der gesamte Text des Dokuments gespeichert (Volltextdatenbanken).

Faktendatenbanken
Hier werden, wie in einem Nachschlagewerk, Einzelinformationen gespeichert, wie etwa chemische oder physikalische Werte, Wirtschaftsinformationen, statistische Daten, bis hin zu Zugverbindungen oder Postleitzahlen. Diese Datenbanken werden meist in sehr kurzen Abständen aktualisiert.

Online-Datenbanken
Größere Datenbanken werden in der Regel als Online-Datenbanken von entsprechenden Datenbankbetreibern (sog. *Hosts*) angeboten. Dabei besteht eine direkte Verbindung zwischen einem Terminal oder PC und dem Computer im Rechenzentrum des *Host*. Die Suche in einer Online-Datenbank erfolgt also in einem Dialog zwischen dem Benutzer und dem *Host*-Rechner. Für die Recherche in Online-Datenbanken sind Kenntnisse der Datenbankstruktur sowie der speziellen Befehlssprache notwendig. Die Höhe der Gebühren, die der Benutzer für die Suche in den Datenbanken eines *Host* zu entrichten hat, richtet sich vor allem nach der Anschaltzeit, der Arbeitszeit des Rechners und der Menge der gelieferten Nachweise. Gegenüber der Benutzung gedruckter Bibliografien und Dokumentationsdienste bietet die Online-Recherche in Datenbanken eine Reihe von Vorteilen: Reichhaltigkeit und Vollständigkeit durch Zugriff auf über 5000 laufend aktualisierte Datenbanken weltweit, genauere und gezieltere Suche durch die Möglichkeiten der elektronischen Datenverarbeitung, Arbeitsersparnis durch kürzere Suchzeiten, bequemen Ausdruck der Suchergebnisse, flexible weitere Handhabung der Suchergebnisse durch Abspeichern in eigene Dateien (down-loading) und direkte Bestellung der zitierten Originaldokumente im Anschluss an die Suche (Online-Bestellung).

CD-ROM-Datenbanken
Soweit einzelne bedeutsame Allgemeinbibliografien auf CD-ROM angeboten werden, sind sie weiter vorne und auch weiter hinten im Spezialteil mit aufgeführt.

In den letzten Jahren wird zunehmend die CD-ROM als Datenträger für große, suchintensive Datenbanken (Quellenwerke, Lexika, Wörterbücher, Statistiken, Bibliografien etc.) verwendet. Weltweit gibt es derzeit rund 2000 CD-ROM-Datenbanken. Analog der Audio-CD ist die CD-ROM eine optische Speicherplatte für maschinenlesbare Daten. Die wichtigste Eigenschaft der CD-ROM ist ihre hohe Speicherkapazität. Eine CD kann den Inhalt von 300 000 Schreibmaschinenseiten speichern. Viele Online-Datenbanken werden auch als CD-ROM-Publikation angeboten. Sie sind durch Menüsteuerung so aufbereitet, dass der Nutzer nicht über spezielle Kenntnisse der Datenbankstruktur und der Abfragesprache verfügen muss. Die CD-ROM-Datenbank wird gekauft oder über einen Lizenzvertrag benutzt. Zahl und Dauer der Recherchen wirken sich nicht auf die Kosten aus. CD-ROM-Datenbanken werden periodisch – meist

```
2.00/000001 DIMDI: -PSYNDEX /COPYRIGHT ZPID
ND     : 0047867/90-8349
AU     : Brandtstaedter Jochen;  Baltes-Goetz Bernhard;  Heil Friedrich E
CS     : Universitaet Trier ; Fachbereich I - Psychologie   ( D)
TI     : Entwicklung in Partnerschaften: Analysen zur
          Partnerschaftsqualitaet bei Ehepaaren im mittleren
          Erwachsenenalter
         Development in partner relationships: Analyses of the quality of
          marital relationships in middle-aged adults
SO     :  Zeitschrift fuer Entwicklungspsychologie und Paedagogische
          Psychologie
           1990,   22 (3), 183-206
          RN: 36   SS: 0049-8637
DT     : Journal Article
LA     : GERM
AL     : Germ; Engl
SH     : Psychosocial & Personality Development*;  Marriage & Family
SHGERM: Psychosoziale Entwicklung und Persoenlichkeitsentwicklung*;  Ehe
         und Familie
CT     : Marital Relations*;  Personality Development*;  Middle Aged;
          Individual Differences;  Marital Satisfaction;  Goals;
          Longitudinal Studies
CTGERM: Partnerbeziehungen*;
          Persoenlichkeitsentwicklung*;  Erwachsene mittleren Alters;
          Individuelle Unterschiede;  Partnerschaftliche Zufriedenheit;
          Ziele;  Laengsschnittuntersuchungen
UT     : indicators of personal development & stability of relationship
          in marital relations, 1,200 middle-aged married subjects,
          cross-sectional & longitudinal empirical study
AB     : Bedingungen und Korrelate der Qualitaet und Stabilitaet von
         Partnerschaften werden innerhalb eines
         entwicklungspsychologischen Forschungsansatzes untersucht. Fuer
         verschiedene Indikatoren der persoenlichen Entwicklung und
         Partnerschaftsqualitaet werden quersequentielle und
         korrelationsanalytische Befunde vorgelegt. Die Analysen basieren
         auf Fragebogendaten, die bei ueber 1200 verheirateten Personen
         im Altersbereich von 30 bis 60 Jahren erhoben wurden:
         laengsschnittliche Vergleiche umfassen ein Intervall von vier
         Jahren. Interindividuelle Unterschiede und differentielle
         Veraenderungen der Partnerschaftsqualitaet stehen in deutlicher
         Beziehung zur gegenseitigen Unterstuetzung von
         Entwicklungsinteressen sowie zur dyadischen Uebereinstimmung in
         Ziel- und Verhaltensorientierungen. Die Befunde werden im
         Hinblick auf verschiedene Verhaltensbereiche und Zieldimensionen
         der persoenlichen Entwicklung differenziert. -
         Zeitschrift/Jutta Rohlmann - ZPID
         Investigated developmental aspects of factors affecting the
         quality and stability of marital relationships. Cross-sectional,
         longitudinal and correlational findings are reported for
         different indicators of personal development and marital
         adjustment. The analyses are based on questionnaire data
         obtained from a sample of over 1,200 married people aged between
         30 and 60 years; longitudinal comparisons cover a four-year
         interval. Individual differences and differential changes in
         marital adjustment were found to be closely related to mutual
         support in personal development and to agreement with regard to
         goal and behavior orientation. The results are specified with
         regard to different behavioral areas and goal domains in
         personal development. - Journal/Martha Keating - ZPID
***END OF SHOW***
```

Beispiel: Literaturdatenbank (nach PSYNDEX)

jährlich bzw. halbjährlich – durch Austausch der veralteten mit einer neuen CD ergänzt und aktualisiert.

(E) Dokumentationsstellen
Es gibt zahlreiche Stellen, die spezifisches Material dokumentieren und Interessenten auch Auskunft darüber geben. Solche Dokumentationsstellen befinden sich bei Instituten an Universitäten und Hochschulen, aber es gibt auch gewerbsmäßige Auskunfteien, die – allerdings gegen Bezahlung – Überblick über maßgebliche Literatur für ein Thema geben *.

5.3 Techniken der Beschaffung von Material – wie beschafft man sich Material?

Wie man mit Experten spricht und wie man sich in Buchhandlungen die erforderliche Auskunft holt, muss wohl nicht besonders erörtert werden, zumal der Umgang mit Katalogen – wie er auch in Buchhandlungen möglich ist – am Beispiel der Bibliotheken verdeutlicht wird.

Zwei Wege vor allem sollte man kennen, um an »seine« Literatur zu gelangen:

- das *Bibliografieren* und *zugehörige Suchstrategien*
- das *Schneeball-System*.

Bevor man mit der tatsächlichen Suche nach Material beginnt, ist es wichtig, dass man sich selbst volle Klarheit über das benötigte Material geschaffen hat. Aus dem gestellten Thema sollten Schlag- und Stichworte herausgelöst worden sein, mit deren Hilfe man an entsprechenden Stellen nach passendem Material suchen kann. Man sollte die Suche also gut vorbereitet beginnen!

5.3.1 Bibliografieren: Auf der Suche nach Literatur

Sofern man genau weiß, welche Art von Literatur man sucht, reduzieren sich im Allgemeinen die möglichen Such- und Beschaffungsvorgänge auf folgende acht Suchstrategien, die mit A bis H bezeichnet sind. An den folgenden Such-Diagrammen kann man das eigene Vorgehen ausrichten **.

* Solchen gewerbsmäßigen Dokumentationsstellen und Auskunfteien die Arbeit der Literatursuche zu überlassen ist allerdings nicht Sinn des wissenschaftlichen Arbeitens, widerspricht ihm sogar ausdrücklich. Die Literatursuche ist ein wichtiges Element selbstständigen wissenschaftlichen Arbeitens.

** Die Suchstrategien wurden von Peter Didszun bearbeitet.

Ich suche		Hinweise auf Seite
A	ein Buch, dessen bibliografische Daten mir bekannt sind	77
B	ein Buch, dessen bibliografische Daten mir unbekannt sind	78
C	Bücher eines mir bekannten Autors	79
D	Bücher zu einem mir bekannten Thema	80
E	einen Zeitschriftenbeitrag, dessen bibliografische Daten mir bekannt sind	81
F	einen Zeitschriftenbeitrag, dessen bibliografische Daten mir unbekannt sind	82
G	Zeitschriftenbeiträge eines mir bekannten Verfassers	83
H	Zeitschriftenbeiträge zu einem mir bekannten Thema	84

Hinweis: Die in den nachfolgenden Ablaufdiagrammen vorgestellten Suchstrategien für Literatur, die entweder unmittelbar oder mittelbar – über das Bibliografieren – zu der gesuchten Literatur führen, sind modellhaft vereinfachend und können im tatsächlichen Einzelfall durchaus auch – je nach Gegebenheiten der Bibliothek – etwas anders verlaufen. Übung macht den Meister – auch im Auffinden von Literatur für wissenschaftliches Arbeiten!

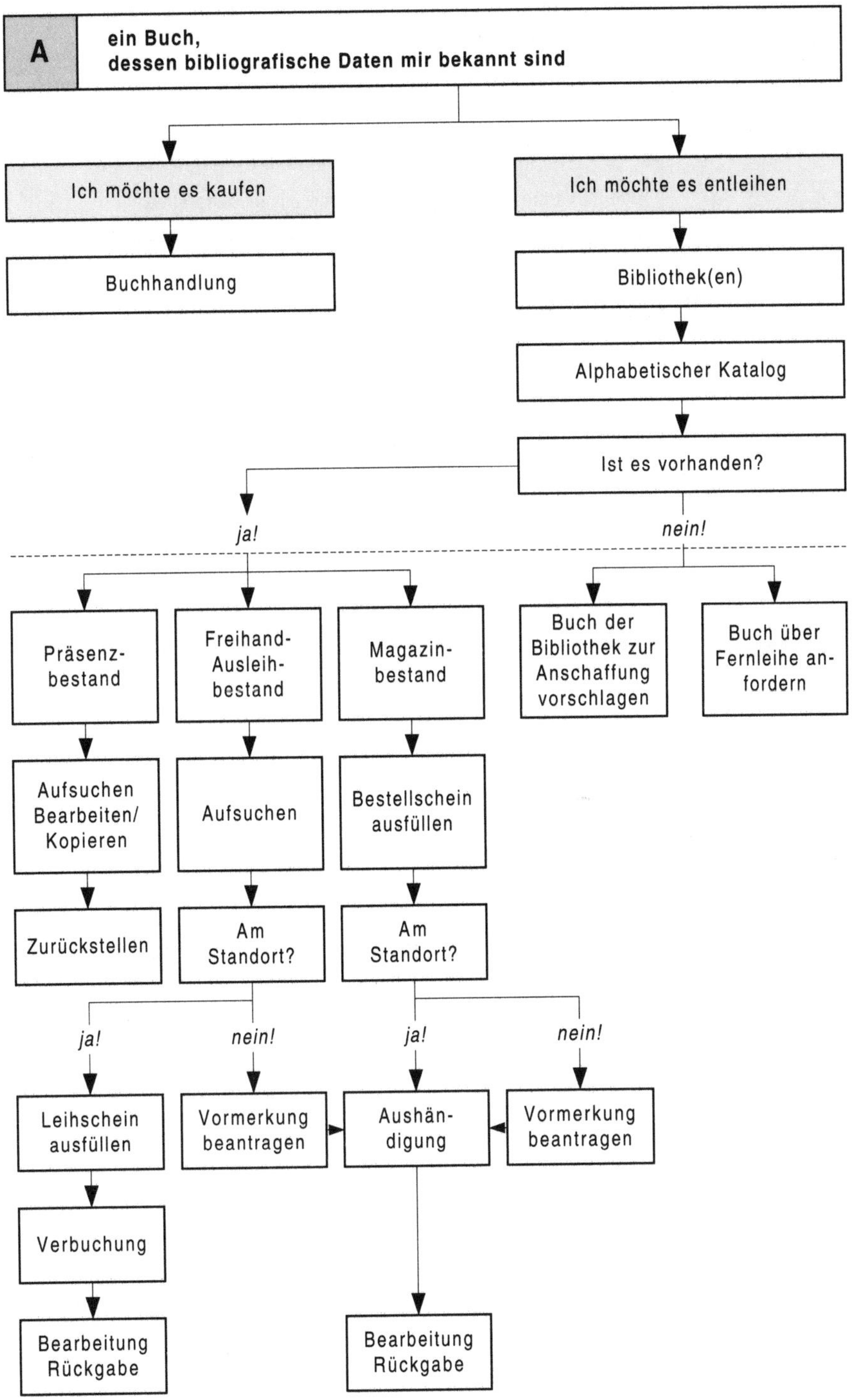
A
ein Buch,
dessen bibliografische Daten mir bekannt sind
Ich möchte es kaufen
Buchhandlung
Ich möchte es entleihen
Bibliothek(en)
Alphabetischer Katalog
Ist es vorhanden?
ja!
nein!
Präsenz-bestand
Freihand-Ausleih-bestand
Magazin-bestand
Buch der Bibliothek zur Anschaffung vorschlagen
Buch über Fernleihe an-fordern
Aufsuchen Bearbeiten/ Kopieren
Aufsuchen
Bestellschein ausfüllen
Zurückstellen
Am Standort?
Am Standort?
ja!
nein!
ja!
nein!
Leihschein ausfüllen
Vormerkung beantragen
Aushän-digung
Vormerkung beantragen
Verbuchung
Bearbeitung Rückgabe
Bearbeitung Rückgabe

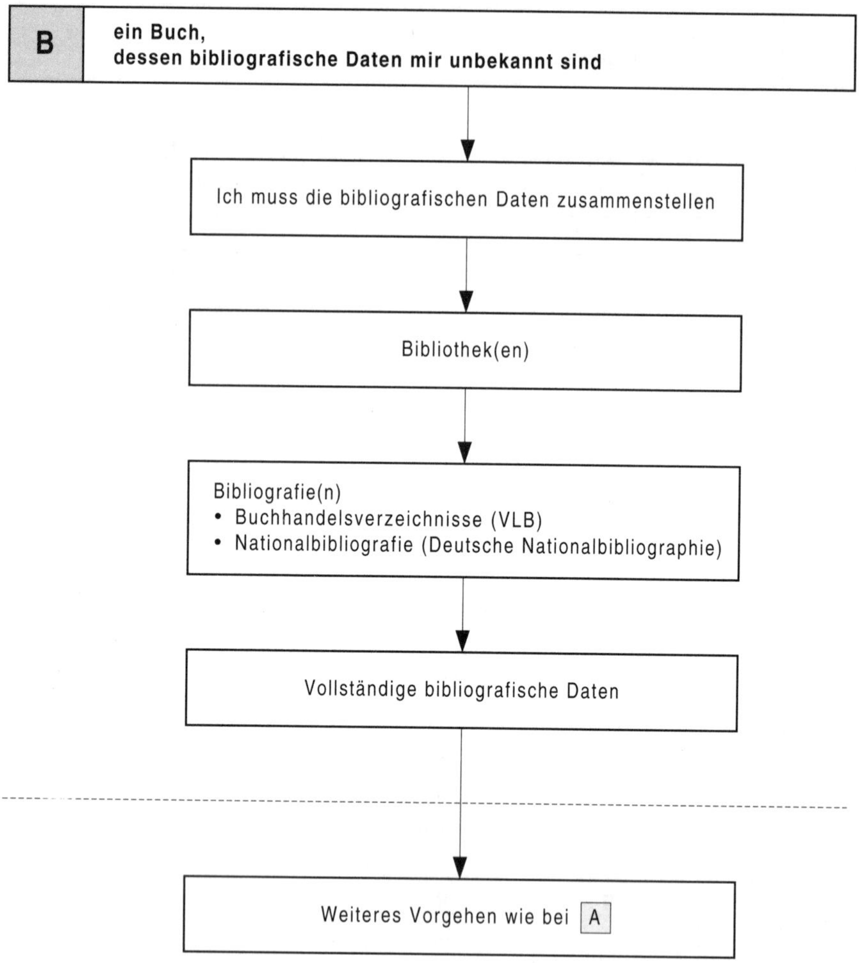
B
ein Buch,
dessen bibliografische Daten mir unbekannt sind
Ich muss die bibliografischen Daten zusammenstellen
Bibliothek(en)
Bibliografie(n)
• Buchhandelsverzeichnisse (VLB)
• Nationalbibliografie (Deutsche Nationalbibliographie)
Vollständige bibliografische Daten
Weiteres Vorgehen wie bei A

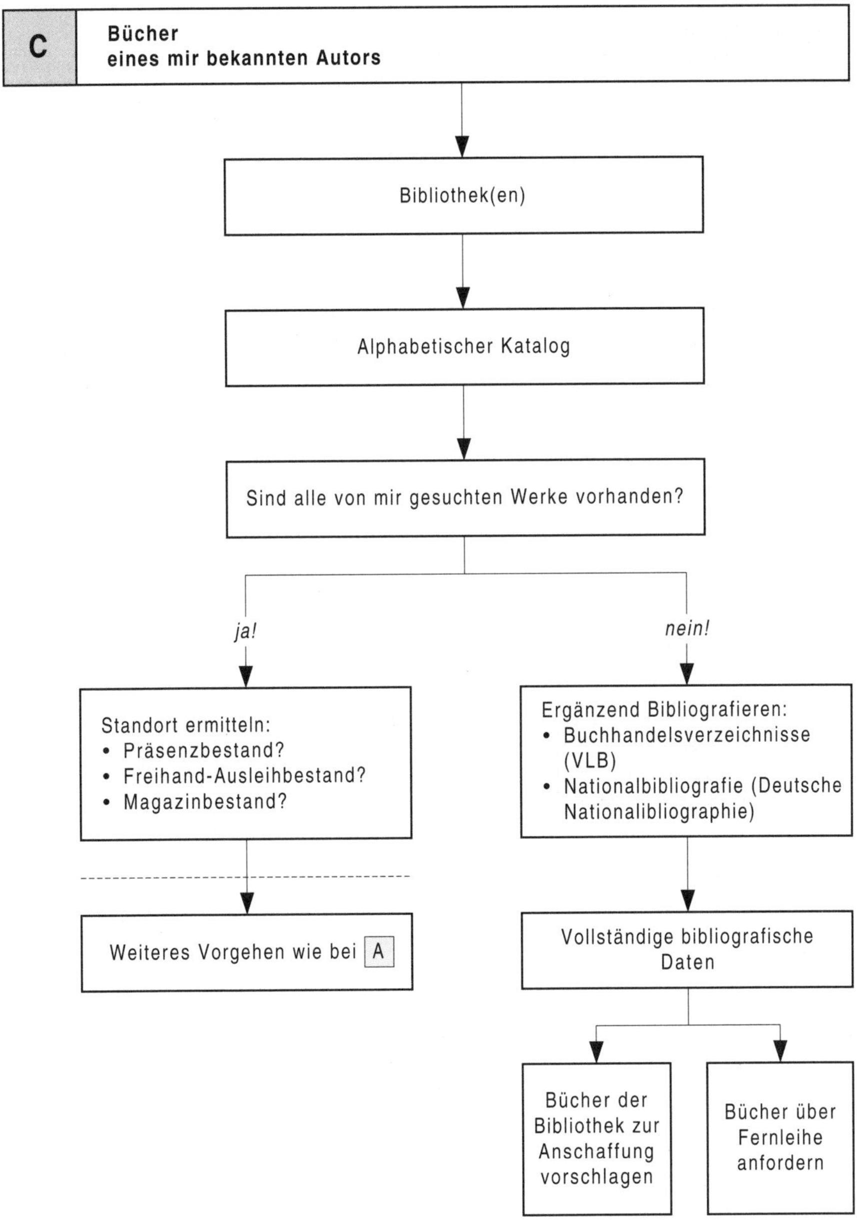
C
Bücher eines mir bekannten Autors
Bibliothek(en)
Alphabetischer Katalog
Sind alle von mir gesuchten Werke vorhanden?
ja!
nein!
Standort ermitteln:
• Präsenzbestand?
• Freihand-Ausleihbestand?
• Magazinbestand?
Weiteres Vorgehen wie bei A
Ergänzend Bibliografieren:
• Buchhandelsverzeichnisse (VLB)
• Nationalbibliografie (Deutsche Nationalibliographie)
Vollständige bibliografische Daten
Bücher der Bibliothek zur Anschaffung vorschlagen
Bücher über Fernleihe anfordern

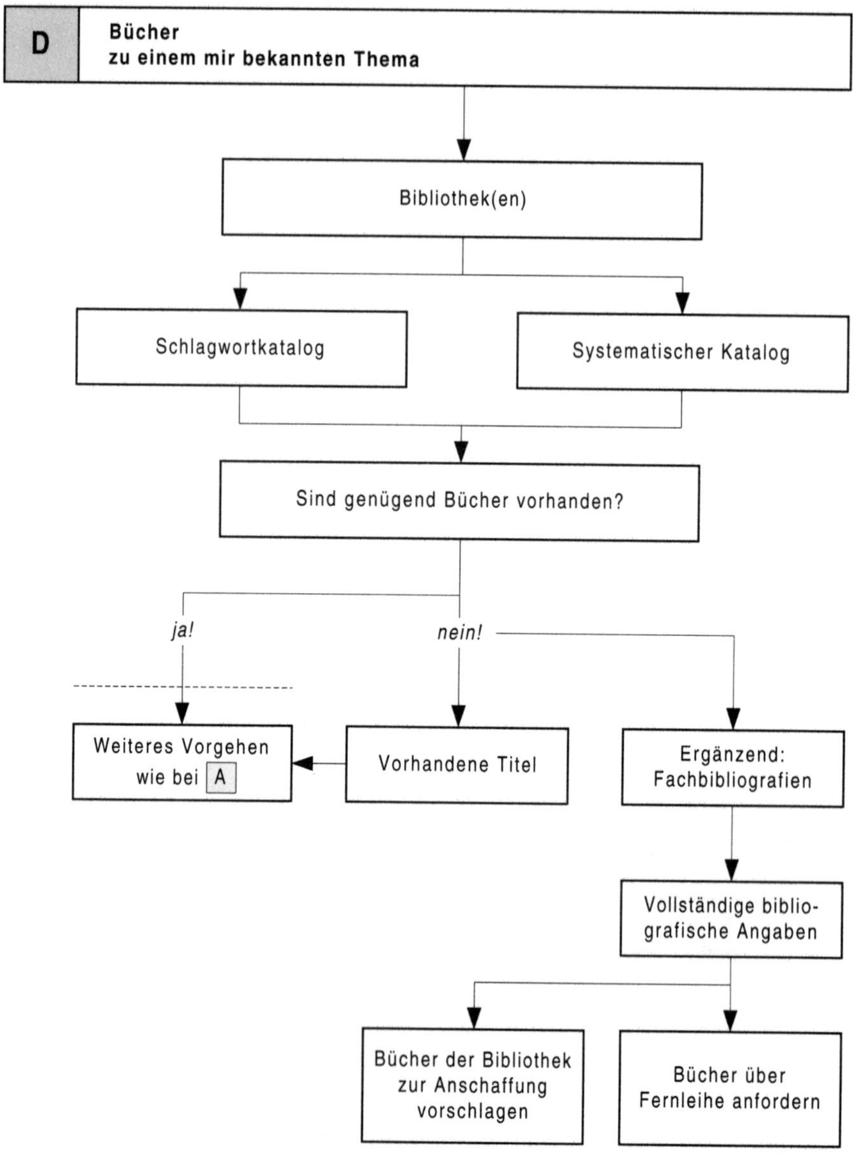
D
Bücher
zu einem mir bekannten Thema
Bibliothek(en)
Schlagwortkatalog
Systematischer Katalog
Sind genügend Bücher vorhanden?
ja!
nein!
Weiteres Vorgehen
wie bei A
Vorhandene Titel
Ergänzend:
Fachbibliografien
Vollständige biblio-
grafische Angaben
Bücher der Bibliothek
zur Anschaffung
vorschlagen
Bücher über
Fernleihe anfordern

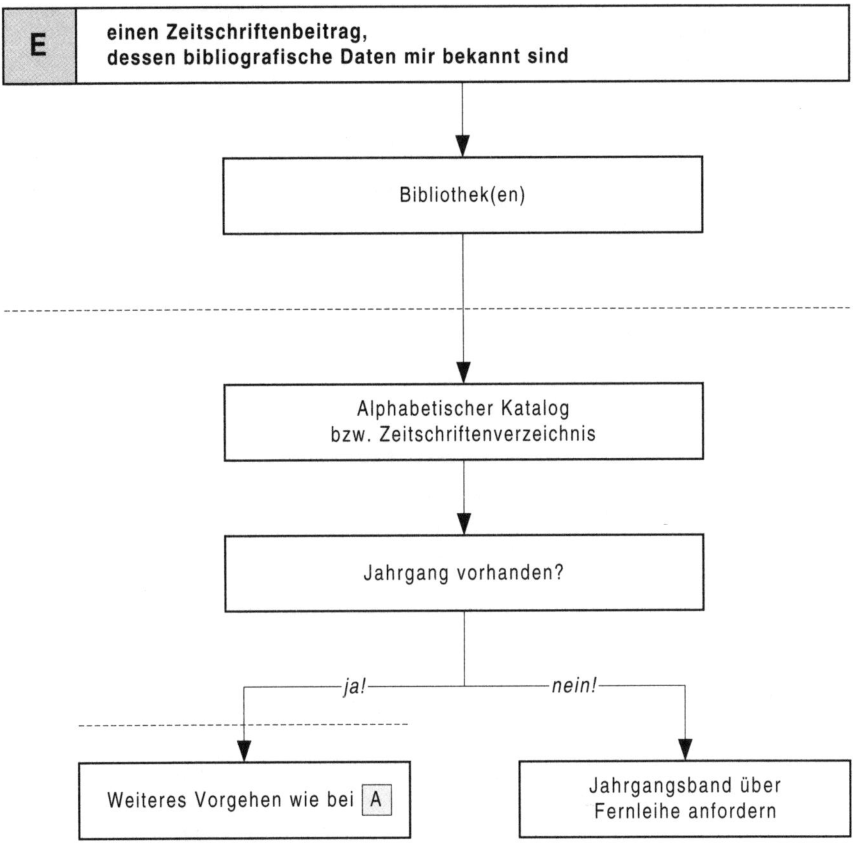
E
einen Zeitschriftenbeitrag,
dessen bibliografische Daten mir bekannt sind
Bibliothek(en)
Alphabetischer Katalog
bzw. Zeitschriftenverzeichnis
Jahrgang vorhanden?
ja!
nein!
Weiteres Vorgehen wie bei A
Jahrgangsband über
Fernleihe anfordern

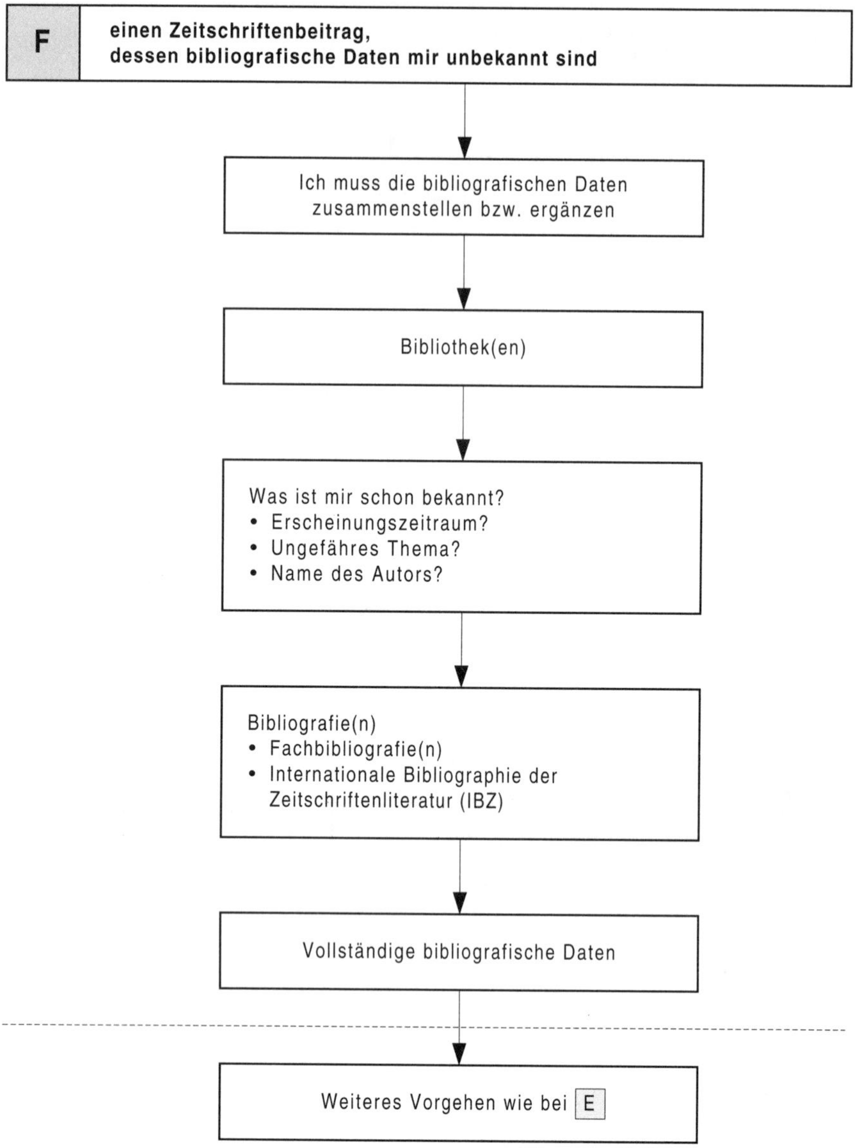
F
einen Zeitschriftenbeitrag,
dessen bibliografische Daten mir unbekannt sind
Ich muss die bibliografischen Daten zusammenstellen bzw. ergänzen
Bibliothek(en)
Was ist mir schon bekannt?
• Erscheinungszeitraum?
• Ungefähres Thema?
• Name des Autors?
Bibliografie(n)
• Fachbibliografie(n)
• Internationale Bibliographie der Zeitschriftenliteratur (IBZ)
Vollständige bibliografische Daten
Weiteres Vorgehen wie bei E

G **Zeitschriftenbeiträge eines mir bekannten Verfassers**

↓

Bibliothek(en)

↓

Vorläufige Eingrenzung der Daten:
- In welchem Zeitraum hat der Verfasser entsprechende Beiträge veröffentlicht?
- Welche Themen hat der Verfasser bearbeitet?

↓

Bibliografie(n)
- Fachbibliografie(n)
- Internationale Bibliographie der Zeitschriftenliteratur (IBZ)

↓

Vollständige bibliografische Daten

↓

Weiteres Vorgehen wie bei E

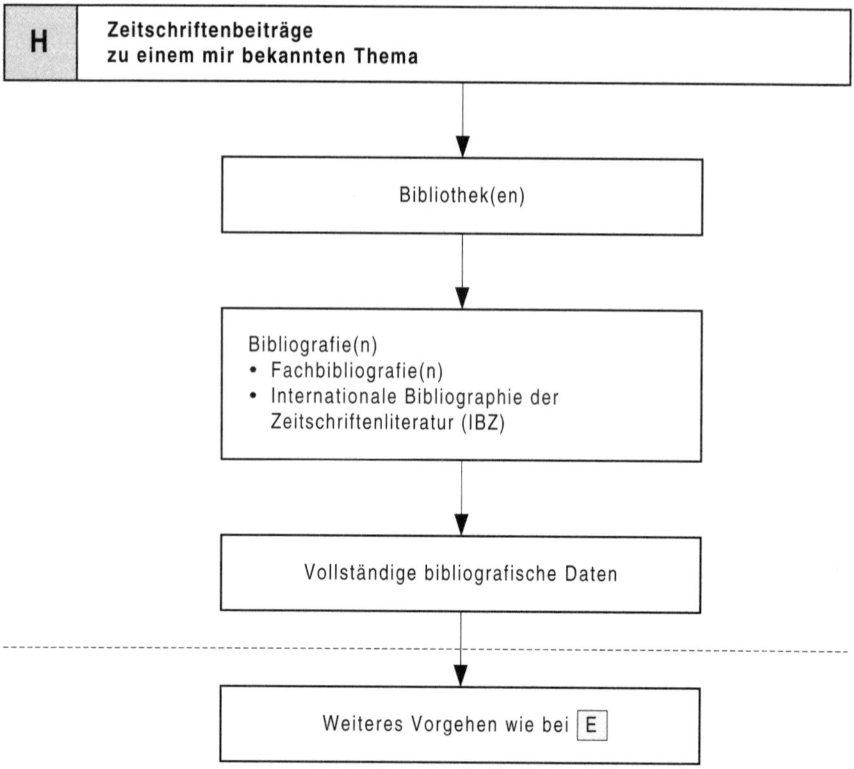

5.3.2 Schneeball-System

Beim Schneeball-System macht man sich die Sorgfältigkeit wissenschaftlichen Arbeitens anderer zunutze. Wenn man selbst für sein eigenes Thema zunächst ein einzelnes Buch oder einen Zeitschriftenartikel durcharbeitet, so kann man mit dessen Hilfe auf weitere Ziele stoßen, mit deren Hilfe oft wiederum auf weitere usw. – das Schneeball-System.

Dabei gibt es vor allem zwei Wege:

- über das *Literaturverzeichnis*
- über die *Register (Sach-, Personenregister).*

Die oft sorgfältig recherchierten und umfassend zusammengestellten Literaturverzeichnisse eines Buches geben guten Aufschluss über weitere themenbezogene Literatur. Voraussetzung ist allerdings, dass das Buch, dessen Literaturverzeichnis man sich so zunutze machen will, selbst nicht allzu alt ist und auch neuere Literatur verzeichnet.

BIBLIOGRAPHISCHE EINFÜHRUNG

1. *Zur Vorgeschichte des Ideologieproblems und der Wissenssoziologie*

1. Adler, Georg, Die Bedeutung der Illusionen für Politik und soziales Leben. Jena 1904.
2. Aiken, Henry D. (Hg.), The Age of Ideology. 7. Aufl. New York 1963.
3. d'Alembert, Jean, Einleitende Abhandlung zur Enzyklopädie. Berlin 1958.
4. Bacon, Francis, Neues Organon (Hg. A. Kirchmann). Berlin 1870.
5. Baranger, W., Le Moi et la fonction de l'idéologie. In: La Psychoanalyse. Paris 1959.
6. Barth, Hans, Fluten und Dämme. Der philosophische Gedanke in der Politik. Zürich 1943.
7. ders., Wahrheit und Ideologie. Zürich 1945. 2. Aufl. Erlenbach-Zürich-Stuttgart 1961.
8. ders., Masse und Mythos. Die Theorie der Gewalt: Georges Sorel. Hamburg 1959.
9. Bauer, Gerhard, »Geschichtlichkeit«. Wege und Irrwege eines Begriffs. Berlin 1963.
10. Birnbaum, Norbert, Ideologie. In: Die Religion in Geschichte und Gegenwart, 3. Aufl. Bd. 3. Tübingen 1959.
11. Bousquet, G. H., Grundriß der Soziologie nach Vilfredo Pareto, Karlsruhe 1926.
12. Brunner, Otto, Das Zeitalter der Ideologien: Anfang und Ende. In: Neue Wege der Sozialgeschichte. Göttingen 1956.
13. Cabanis, P. J. G., Œuvres philosophiques (Hg. Cl. Letrec u. J. Cazeneuve). Paris 1956 ff.
14. Cassirer, E., Die Philosophie der Aufklärung, Tübingen 1932.
15. Condorcet, Marie J. N. de, Esquisse d'un tableau historique des progrès de l'esprit humain, Paris 1794.
16. Cuvillier, Armand, Sociologie de la Connaissance et Ideologies Economiques. In. Cahiers Internationaux de Sociologie, Bd. 11 (1951).
17. Dempf, Alois ,Kulturphilosophie (Handbuch der Philosophie), München und Berlin 1932.
18. Destutt de Tracy, Antoine, Éléments d'Ideologie. Paris 1801 ff.

429

Wissenssoziologie bei Karl Mannheim. Zeitschrift für philosophische Forschung. Bd. 3 (1949).

277. ders., Der Ideologiebegriff und die »Philosophie der Verdächtigung«. In: Schweizer Monatshefte, Jhrg. 31, H. 7. Zürich 1951.
278. ders., Wissen und Gesellschaft. Die Probleme der Wissenssoziologie. Tübingen 1952.
279. ders., Wissenssoziologie. In: Wörterbuch der Soziologie (Hg. W. Bernsdorf u. F. Bülow). Stuttgart 1955.
280. ders., Ideologie. In: Staat und Politik (Fischer-Lexikon Bd. 2). Frankfurt a. M. 1957.
281. ders., Ideologienbildung und Ideologiekritik. In: Moderne Welt, Zeitschrift für vergleichende Geistesgeschichte und sozialwissenschaftliche Forschung, 3 (1961/62).
282. ders., Philosophie, Soziologie, Gesellschaft. Gesammelte Studien zum Ideologieproblem. Berlin 1965.
283. ders. u. Peter Furth, Wissenssoziologie. In: Handwörterbuch der Sozialwissenschaften. Bd. 12. Stuttgart-Tübingen-Göttingen 1965.
284. Mannheim, Karl, Die Strukturanalyse der Erkenntnistheorie. Diss. Heidelberg 1922.
285. ders., Beiträge zur Theorie der Weltanschauungsinterpretation. Wien 1923.
286. ders., Das Problem einer Soziologie des Wissens. In: Archiv für Sozialwissenschaft und Sozialpolitik. Bd. 53 (1925).
287. ders., Ideologische und soziologische Interpretation der geistigen Gebilde. In: Jahrbuch für Soziologie. Karlsruhe Bd. 2 (1926).
288. ders., Das konservative Denken. In: Archiv für Sozialwissenschaft und Sozialpolitik. Bd. 57 (1927).
289. ders., Das Problem der Generationen. In: Kölner Vierteljahreshefte für Soziologie, München und Leipzig 7 (1928).
290. ders., Die Bedeutung der Konkurrenz im Gebiete des Geistigen. In: Verhandlungen des 6. Deutschen Soziologentages in Zürich. Schriften der Deutschen Gesellschaft für Soziologie S. 1. Tübingen 1929.
291. ders., Ideologie und Utopie. 3. verm. Auflage. Frankfurt a. M. 1952.
292. ders., Über das Wesen und die Bedeutung des wirtschaftlichen Erfolgsstrebens. In: Archiv für Sozialwissenschaft und Sozialpolitik. Bd. 63 (1930).
293. ders., Die Gegenwartsaufgaben der Soziologie. Ihre Lehrgestalt. Tübingen 1932.
294. ders., German Sociology (1918–33). In: Politica, London 1934.

443

Literaturverzeichnis als Ansatz zur Information über weitere maßgebliche Literatur (LENK, Kurt: Ideologietheorie. Neuwied/Berlin ³1967.)

Wer Personen- und Sachregister durchblättert, stellt an der Häufung der Seitenzahlen hinter manchem angeführten Schlagwort oder Namen fest, dass der Verfasser des Werkes offensichtlich zu manchen Begriffen besonders gründliche Ausführungen gemacht hat und sich auf manche Autoren besonders häufig stützt. Solchen Häufungen kann man nachgehen. Der vielfach zitierte Autor ist möglicherweise auch für die eigene wissenschaftliche Arbeit mit seinen Schriften von Nutzen. Allerdings ist hier die Gefahr der Verengung des Blickwinkels durch den fremden Autor gegeben; man ist nicht selbst unter sachlichen Gesichtspunkten auf den neuen Verfasser und seine Veröffentlichungen gestoßen, sondern man hat sich an rein äußerlichen Merkmalen bzw. der Sichtweise eines anderen Autors orientiert.

Wenn man unter den häufig angeführten Stichwörtern nachschlägt, wird man auch auf Zitate stoßen, sodass man an Hand der Belege dieser Zitate auf weitere Autoren stößt. Die Gefahr ist hier dieselbe wie zuvor schon angedeutet.

Das Schneeball-System sollte nur dann Verwendung finden, wenn man sich überaus hilflos gegenüber einem Thema fühlt oder wenn alle anderen

Möglichkeiten aufgrund örtlicher Gegebenheiten usw. gering sind. Es ähnelt doch sehr dem Prinzip Zufall; der Schneeball kann sich auch zu einer ungewollten Lawine, in falscher Richtung, entwickeln. Zudem verführt das Schneeball-System dazu, sich nicht mehr selbst mit originärer Literatur zu befassen, sondern zu übernehmen, was andere bereits ausgewertet und aufbereitet haben, es führt dazu, bloß noch mit »Zweitzitaten« zu arbeiten.

5.4 Wer die Wahl hat, hat die Qual – muss man eigentlich alles und ganz lesen?

! Um die Antwort gleich vorwegzunehmen: Nein! **Man muss nicht alles Schriftgut lesen, das man zusammengesucht hat; und man muss nicht jede Veröffentlichung, für deren Durcharbeitung man sich entscheiden hat, auch ganz lesen.**

Es gilt, alles in Frage kommende Schriftgut, besonders Bücher, zunächst einer *Bedeutungsprüfung* zu unterziehen, bevor man sich ihm intensiv zuwendet. Eine solche Bedeutungsprüfung setzt allerdings voraus, dass man sich völlig darüber im Klaren ist, was und wonach man eigentlich sucht. Man sollte das Thema seiner wissenschaftlichen Arbeit also bereits in Fragen bzw. Thesen
50 ff. übersetzt haben (vgl. hierzu S. 50 ff.).

Die *Bedeutungsprüfung* vollzieht sich in zwei Stufen mit jeweils mehreren Schritten.

Erste Stufe

Wer aufgrund umfassender und sorgfältiger Suche zahlreiche Literatur zusammengeholt hat, prüft sie zunächst daraufhin, ob sie für ihn und seine wissenschaftliche Arbeit von Bedeutung ist. Das heißt: Er prüft, ob sie seine Fragen (mit)beantworten, die Argumentation seiner Thesen fördern oder auch auf beachtenswerte Weise widerlegen kann.

Er geht in zwei Schritten vor:

1. *Bücher sind zunächst nach ihrer Aktualität zu ordnen, d. h. nach dem Jahr ihres Erscheinens.* Es ist zu fragen, ob bereits ältere Titel dabei sind, die möglicherweise in neueren Veröffentlichungen selbst schon wieder verarbeitet worden sind. Ein *Blick auf die bibliografischen Angaben sowie ins Inhaltsverzeichnis und das Personen- und Sachregister* zeigt leicht an, ob dies der Fall ist. Veraltete Titel sollten aussortiert werden. Aber Vorsicht: Auch zeitlich unaktuelle Titel sind zu bearbeiten, wenn es sich im Hinblick auf das zu bearbeitende Thema um sogenannte »Klassiker« handelt, wenn es um eine historische Bearbeitung des Themas geht und natürlich auch, wenn der Betreuer den Titel sehr empfohlen hat.
2. Der Klappentext auf dem Schutzumschlag eines Buches oder der Text auf der 4. Umschlagseite gibt oft wertvolle Hinweise darauf, ob es sich lohnt, das Buch überhaupt zu lesen. Auch das Inhaltsverzeichnis sowie das Sachregister geben Aufschluss darüber, ob die persönlich verfolgten Stichworte im Buch behandelt werden.

Man muss Mut zum Aussortieren haben; Diskriminierung und Selektion sind ausdrücklich erwartete wissenschaftliche Fähigkeiten.

Zweite Stufe
Wer sich aufgrund der ersten Bedeutungsprüfung zur Lektüre eines Buches entschlossen hat, muss dies nun aber keinesfalls ganz, von der ersten bis zur letzten Seite lesen. Ob bzw. was er auszugsweise lesen sollte, kann er klären, indem er sich davon überzeugt, ob in dem Buch Antworten auf seine Fragen bzw. Argumente für die Diskussion seiner Thesen zu finden sind. Dazu sollte er folgende Schritte tun:

1. Er sollte das *Inhaltsverzeichnis* daraufhin durchsehen, wo seine Stichworte vor allem behandelt werden, und dann zunächst *»diagonal«*, d. h. überfliegend, die entsprechenden Kapitel, Abschnitte o. Ä. *lesen*.
2. Er sollte danach auch das *Sachregister* durchsehen, ob es die von ihm verfolgten Stichworte aufweist und dann wie unter 1. vorgehen.
3. Wichtige Aufschlüsse darüber, ob man im vorliegenden Buch möglicherweise etwas für sich findet, gibt die *Einleitung*, manchmal auch das *Vorwort*, wenn es gleichsam die Einleitung in das Thema ist. Man sollte die Einleitung daraufhin lesen, ob der Verfasser des Buches auf die spezifischen Stichworte eingeht, wo er dies tut und in welcher Weise er es tut.
4. Ebenfalls vorweg prüfend gelesen werden kann – falls vorhanden – die *»Zusammenfassung«* eines Buches (bzw. die Zusammenfassungen im Anschluss an die einzelnen Kapitel des Buches). Hier finden sich die Ergebnisse, an denen man feststellen kann, ob sie zur Beantwortung der eigenen Fragen bzw. zur Argumentation der eigenen Thesen in Frage kommen. Sollte dies der Fall sein und sollten die zusammengefassten Ergebnisse für sich nicht ausreichen, dann kann man das Buch insgesamt oder auch einzelne ausgewählte Teile intensiver nachlesen.

Wer die Bedeutung eines Buches richtig eingeschätzt hat, wer weiß, was er von einem Buch zu erwarten hat und wo er finden kann, wonach er sucht, der geht ans Lesen und Exzerpieren, er sammelt Antworten bzw. Argumente, ob in wörtlicher oder auch bloß sinngemäßer Übernahme von Aussagen des Buches. Davon ist im nächsten Kapitel ausführlicher die Rede *.

* Vgl. zum Text-Lesen Jürgen Grzesik, Text verstehen – lernen und lehren, Stuttgart 1990, bes. S. 140 ff., wo er die Operationen beim Lesen nach *vorher – beim – nachher* unterscheidet und auflistet.

6 Sammlung und Dokumentation von Material – wie bewahrt man Material auf?

Ob bereits ausgewertetes oder noch unausgewertetes Material – es muss wenigstens für die Zeit der Arbeit aufbewahrt werden und verfügbar sein. Im Grunde sollte selbstverständlich das einmal für eine wissenschaftliche Arbeit zusammengetragene Material langfristig aufbewahrt werden. Oftmals wird es im Verlauf weiterer Studien und auch späterer Tätigkeiten notwendig, auf das Material zurückzugreifen. Entsprechend sollte bereits von Anfang an die Sammlung und Aufbewahrung wissenschaftlichen Materials sorgfältig und nach bestimmten Prinzipien angelegt werden.

! **Ich empfehle Ihnen dringend, sich eingehende Gedanken über das System zu machen, nach dem Sie Ihr Material sammeln, ordnen und aufbewahren wollen!** Entscheiden Sie sich erst nach gründlicher Überlegung für eines der Systeme.

6.1 Materialsammlung

Man kann sich durchaus jemanden vorstellen, der alles Material in der originalen Präsentationsform sammelt, also Bücher, Zeitschriften usw. kauft und aufbewahrt. In der Regel ist dies aber nicht der Fall. Bereits bei der Sammlung wird im Allgemeinen das Material bearbeitet. Wichtig ist zuallererst: **Beginnen Sie eine Materialsammlung niemals ohne eine bestimmte Zielsetzung!** Werden Sie sich immer zunächst darüber klar, wofür Sie etwas sammeln, wofür Sie es verwenden wollen, welche Frage beantwortet werden soll, welche These argumentiert werden soll. Gehen Sie stets mit inhaltlich klaren Vorstellungen an die Materialsammlung heran. Es verbietet sich, hier nach Art eines Happening-Künstlers vorzugehen, der zunächst allen nur greifbaren Trödel zusammenkarrt, um dann erst später daraus etwas herzustellen. **Sammlung ist stets gezielte Auswahl, immer schon Reduktion des Materials auf das, was für die eigene Arbeit wichtig und bedeutsam ist.**

Normalerweise ist es nicht möglich (und auch nicht nötig), nun alle Bücher, Zeitschriftenjahrgänge usw. für die gesamte Arbeitszeit vollständig an einem Ort zu lagern. Die Masse wird reduziert auf zweierlei Weise: entweder durch das Fotokopieren oder durch das Exzerpieren.

(A) Bewährt und einfach: Fotokopien

Fotokopiermöglichkeiten gibt es heute fast unbegrenzt; in fast jeder Bibliothek, hinter fast jeder Straßenecke finden sich Kopiergeräte; und das hat zu einer völlig anderen Technik der Materialsammlung geführt.

Statt wie früher umfangreiches Material in seiner originalen Präsentationsform mit nach Hause zu schleppen und dort auszuwerten oder statt an Ort und Stelle tagelang über dem Material zu brüten und Auszüge daraus anzufertigen, kopiert man die benötigten Passagen und trägt sie nach Hause, um sie dort in aller Ruhe zu bearbeiten und zu verarbeiten.

Die **Vorteile** des Fotokopierens leuchten unmittelbar ein:

- Das Material kann mit nach Hause genommen und dort in aller Ruhe bearbeitet werden.
- Das Material kann verarbeitet werden, d. h., es muss nicht wieder zurückgebracht werden. Man hat es »ein für allemal« für die eigene Arbeit, man kann es buchstäblich »zerpflücken«. Es gibt auch keinerlei Sorgen mit der Einhaltung von Rückgabeterminen, Versäumniszuschlägen usw.
- Man hat das Material fehlerfrei und wortgetreu zur Verfügung; selbst schwieriges Material, z. B. fremdsprachige Texte, Formeln, Tabellen, Diagramme, liegt getreu vor.
- Diese Art der Materialsammlung erweist sich auch als verhältnismäßig preiswert, zumindest im Vergleich zur Beschaffung der Originale.
- Fotokopien lassen sich z. T. auch unmittelbar in die wissenschaftliche Arbeit einarbeiten, indem entsprechende Stücke ausgeschnitten und eingeklebt werden, zumal gegenwärtig üblicherweise die gesamte Arbeit vor der Abgabe noch einmal kopiert und dann erst geheftet bzw. gebunden abgegeben wird. Dieses Verfahren erweist sich also als überaus exakt und ökonomisch.

Nachteile des Fotokopierens sind:

- Fotokopien sind sinnvoll erst möglich, wenn die Auswahlgesichtspunkte tatsächlich eindeutig bekannt sind; andernfalls verleitet das Fotokopieren zu blindem Sammeln, was überaus unökonomisch ist.
- Es ist nicht zu leugnen, dass hierdurch die möglicherweise vorhandene Neigung unterstützt wird, statt eigener Formulierungen aufgrund eigenständiger Gedankenzüge bloß zu übernehmen und aneinanderzureihen, was von fremder Seite stammt.
- Ähnlich verleitet das Fotokopieren dazu, für illustrierende Aufgaben im Rahmen wissenschaftlicher Arbeiten – Tabellen, Skizzen, Diagramme – auf die eigene Anstrengung zu verzichten, was dazu führen kann, dass solche Qualifikationen überhaupt nicht mehr ausgebildet und entwickelt werden.

Ein Wort ist noch **zur Rechtslage beim Fotokopieren** zu sagen: Für das bloße Sammeln von Material können Fotokopien in unbegrenztem Umfang gezogen werden, sofern es sich dabei um ein Sammeln für den eigenen Bedarf, für die eigene wissenschaftliche Arbeit handelt. Fotokopien für andere Zwecke sind !

nur mit Zustimmung der urheberrechtlich Betroffenen (i. d. R. die Verlage) möglich. Gemäß »Urheberrechtsgesetz« (§ 53) aus dem Jahr 1985 dürfen Kopien für den »persönlichen Gebrauch« und »zum eigenen wissenschaftlichen Gebrauch« keineswegs ganze Bücher oder Zeitschriften, sondern bloß Teile daraus umfassen. Als Zitate können Fotokopien in wissenschaftlichen Arbeiten verwendet werden. Auch hier gibt es keine Beschränkung, sofern die Herkunft mit vollständigen bibliografischen Daten exakt angegeben wird *und* die Arbeit nicht zur – gewerbsmäßigen – Veröffentlichung vorgesehen ist. In diesem Fall müssen die Abdruckrechte ebenfalls beim Urheber (Verlag, Autor) eingeholt werden. Solche Zustimmung ist auch einzuholen, wenn das fotokopierte Material für Lehrveranstaltungen o. Ä. verwendet werden soll. Das »Bremer Urteil« besagt hierzu, dass nicht mehr als sieben Exemplare eines Werkes bzw. eines Abschnittes daraus hergestellt werden dürfen. Diese Regelung ist für wissenschaftliche Arbeiten im Rahmen von Seminaren (Referate, sog. »Papers« o. Ä.) bedeutsam.

Sofern Sie mit Fotokopien arbeiten wollen, ist es besonders wichtig, die genannten bibliografischen Daten zur Herkunft der so gesammelten Zitate jeweils auf den Blättern sorgfältig zu vermerken! Nachlässigkeit bei den Quellenvermerken auf Ihren Fotokopien kann sehr unangenehme Folgen für Ihr weiteres Arbeiten haben: das nicht genau belegte Zitat, so wertvoll es für Ihre Argumentation sein könnte, nützt Ihnen nichts, Sie können es nicht in Ihre Arbeit einbringen. Oder es geht ein zeitraubendes Suchen los …

(B) Alt und bewährt: Exzerpte

Generationen von wissenschaftlich Arbeitenden haben stunden-, ja tagelang in Bibliothekssälen gesessen und Auszüge verfertigt und auf diese Weise das Material für ihre eigene wissenschaftliche Arbeit gesammelt. Das ist ein – insgesamt gesehen – unerhörter, aber z. Z. wohl noch unvermeidbarer Aufwand.

Sofern eindeutig klar ist, auf welche Fragen Antworten gesucht werden, gleicht das Exzerpieren der Arbeit von Goldsuchern, die zwar den gesamten Sand durchwühlen und -sieben, aber nur die gesuchten Nuggets in ihrem Sieb behalten und mitnehmen. So auch hier: Beim Exzerpieren sollte man sich *auf das Wesentliche, das Gesuchte konzentrieren,* mag beim Lesen auch noch soviel Interessantes nebenbei auftauchen. Exzerpte sollten auch *von Anfang an strukturiert* werden, wobei die Ordnungsgesichtspunkte sich aus dem Zweck der Arbeit ergeben.

Vor allem zwei Möglichkeiten kommen für das Exzerpieren in Betracht:

- Man sammelt Wörtliches, Zitate u. Ä. und überträgt sie mit den genauen bibliografischen Daten ihrer Herkunft.
- Man formt bereits beim Exzerpieren im Hinblick auf die eigene Themenstellung um, was man von fremder Seite übernimmt. Auch hier fügt man die genauen bibliografischen Daten der Herkunft hinzu.

Auch hier gilt: **Notieren Sie die bibliografischen Daten Ihres Materials überaus exakt!** Oft ist es zu einem späteren Zeitpunkt nicht mehr oder nur noch schwer möglich, die Daten nachträglich zu besorgen.

Vorteile des Exzerpierens sind:

- Bereits beim Sammeln des Materials wird eine Auswertung und Konzentration auf wirklich Wichtiges und Bedeutsames vorgenommen, die Spreu vom Weizen geschieden. Dies erleichtert nicht nur die weitere Arbeit, sondern entwickelt auch Fähigkeiten wissenschaftlicher Diskrimination und Selektion, auf die letzten Endes niemand verzichten kann.

Nachteile des Exzerpierens sind:

- Man ist beim Exzerpieren an Vorgaben von außen gebunden, z. B. Öffnungszeiten von Lesesälen, relativ kurze Ausleihfristen usw.; das ist sicherlich nicht jedermanns Sache. Eine Gefahr besteht auch darin, dass man während des Exzerpierens gelegentlich bedeutsames Material übersehen kann.
- Das Exzerpieren ist recht zeitaufwendig; Stunden, ja Tage, die hierfür manchmal aufgewendet werden, könnten besser genutzt werden, besonders wenn lediglich Texte einfach abgeschrieben werden.
- Das Exzerpieren kann zur »Verzettelung« führen.

Das Festhalten exzerpierten Materials kann vorgenommen werden auf **(a)** Blättern, **(b)** Zetteln, **(c)** Karteikarten.

(a) Exzerpieren auf Blätter

Gemeint sind hier Blätter im üblichen Format DIN A4. Dabei trägt man oben auf das jeweilige Blatt die vollständigen bibliografischen Daten der Quelle des Materials ein und ergänzt diese möglichst auch um die Fundstelle (die Bibliothek, die Katalognummer usw.), um nötigenfalls leicht zum Material zurück-

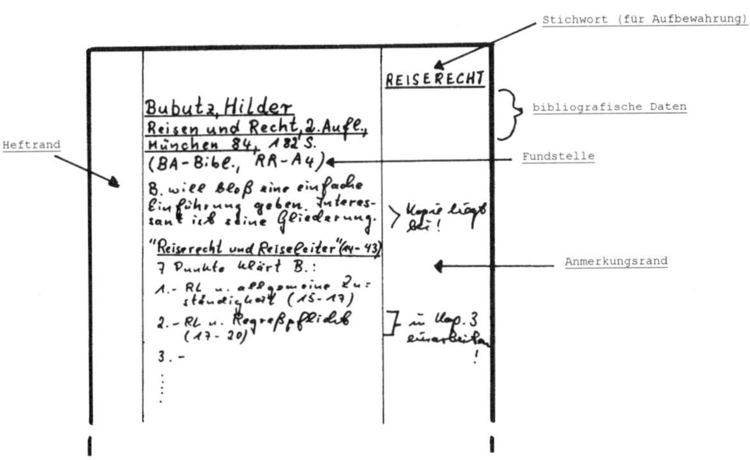

Exzerpt-Beispiel (aus Buch auf DIN-A4-Blatt)

zufinden. Das Blatt sollte links mit einem Heftrand, rechts mit einem breiteren Rand für persönliche Anmerkungen, Kommentare versehen sein. Das Blatt kann, wenn erforderlich, mit unterschiedlichen Farben beschrieben werden, um so das Material schon zu strukturieren.

(b) Exzerpieren auf Zettel

Hier ist gedacht an Zettel kleinen Formats, die man im Allgemeinen für Kurzzitate oder auch für bibliografische Daten verwendet. Zumeist sind diese Zettel Vorstufen der eigentlichen Materialsammlung; man greift später auf sie zurück, um in Bibliotheken Bücher zu bestellen o. Ä. Man kann aber auf Zettel auch Kurzzitate eintragen, sie später in beliebiger und nötiger Reihenfolge anordnen und unmittelbar mit ihnen weiterarbeiten. Die Gefahr, solche Zettelchen zu verlieren, ist verhältnismäßig groß.

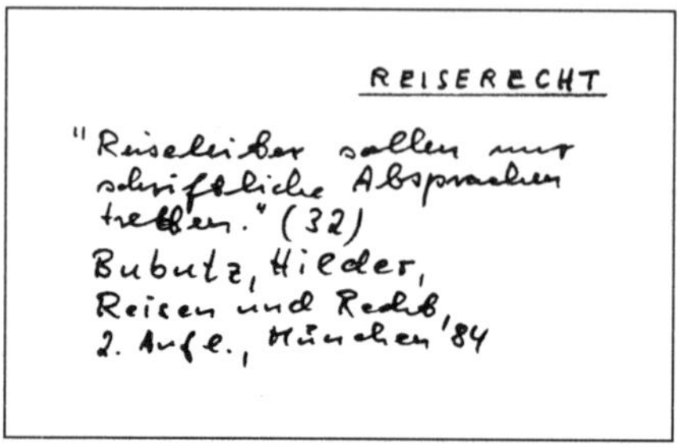

Exzerpt-Beispiel (Zitat auf Zettel)

(c) Exzerpieren auf Karteikarten

Überaus beliebt und bewährt für Exzerpte sind Karteikarten. Sie sind fest, haltbar und handlich; es gibt sie in vielen Größen, in zahlreichen Farben, mit unterschiedlichen Vorgaben (liniert, unliniert, rautiert u. Ä.), sodass schon dadurch auch zahlreiche Möglichkeiten für eine Strukturierung des gesammelten Materials vorgegeben und in Anspruch genommen werden können.

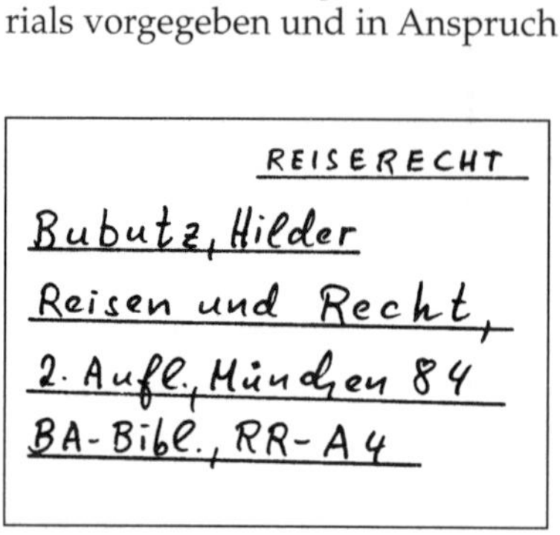

A: Titel-Sammlung

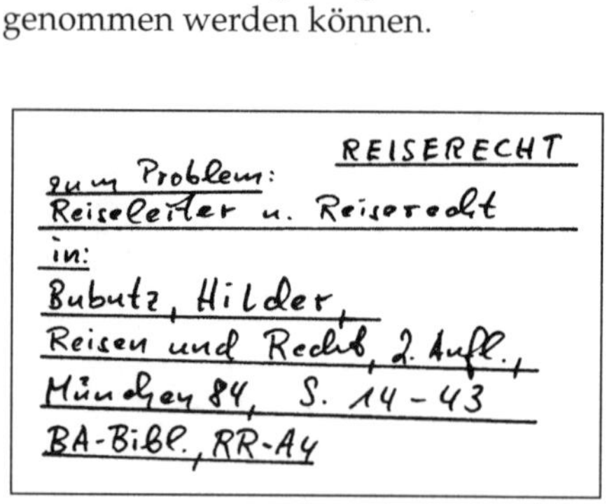

B: Materialfundstellen-Sammlung

Exzerpt-Beispiele (Sammlung bibliografischer Daten auf Zettel)

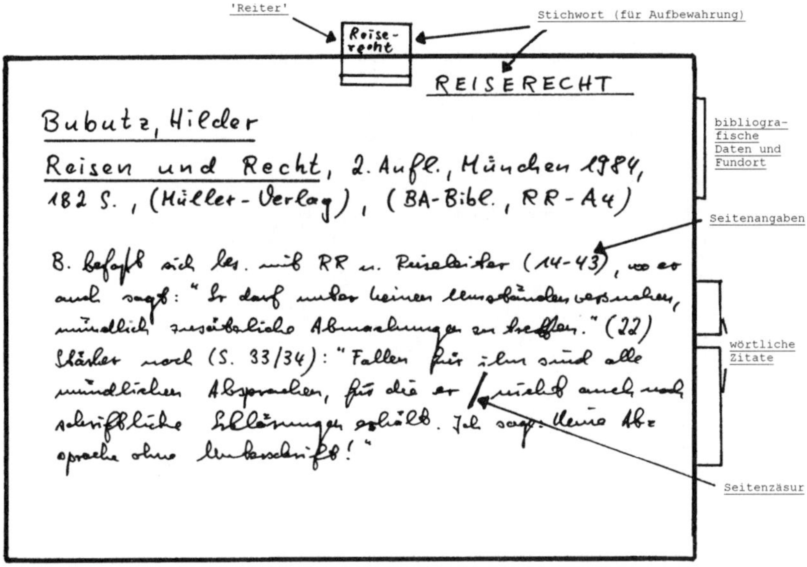

Exzerpt-Beispiel (aus Buch auf Karteikarte)

6.2 Ordnung und Aufbewahrung von Material

Hier soll sowohl von verhältnismäßig kurzfristiger als auch langfristiger Aufbewahrung und Ordnung des Materials die Rede sein. Von den vielfältigen Möglichkeiten werden vier angeführt:

- *Aktenordner*
- *Hängeregister*
- *Zettelkasten*
- *Karteikasten.*

(A) Aktenordner
Am bekanntesten ist die Ordnung und Aufbewahrung des Materials in den büroüblichen Aktenordnern im DIN-A4-Format.

Vorteile von Aktenordnern
Die Aufbewahrung erfolgt recht kompakt und übersichtlich. Sie ist wegen der stabilen Ordner auch sehr sicher. Alles was im DIN-A4-Format erscheint, kann ohne Schwierigkeiten in die Ordner eingeheftet werden. Die Ordner lassen sich in bereits vorhandene Regale einstellen.

Nachteile von Aktenordnern
Diese Art der Aufbewahrung erweist sich als ziemlich starr und unbeweglich; um an ein ganz bestimmtes Blatt heranzukommen, muss man viele andere

zunächst umblättern. Der Platzaufwand ist relativ groß. Und preiswert sind solche Ordner im Allgemeinen auch nicht, sofern stabile und zugleich auch ästhetisch erträgliche Ordner gekauft werden.

(B) Hängeregister

Hängeregister, wie sie heute in vielfältigen Formen und mit unterschiedlichen Ausstattungen angeboten werden, stellen eine Fortentwicklung der Aktenaufbewahrung dar. Grundprinzip dieser Register ist: Lose Blätter können in Hängetaschen von zumeist DIN-A4-Format eingelegt werden, und die Hängetaschen ihrerseits können in Gestelle eingehängt werden, die offen oder in Schränken aufbewahrt werden können. Die einzelnen Hängetaschen können mit Reitern versehen und somit stichwortartig geordnet werden.

Vorteile von Hängeregistern

Sie sind überaus flexibel, d. h., einerseits kann alles Material ohne weitere Verarbeitung in den Hängetaschen untergebracht werden, Fotokopien wie Exzerpte,

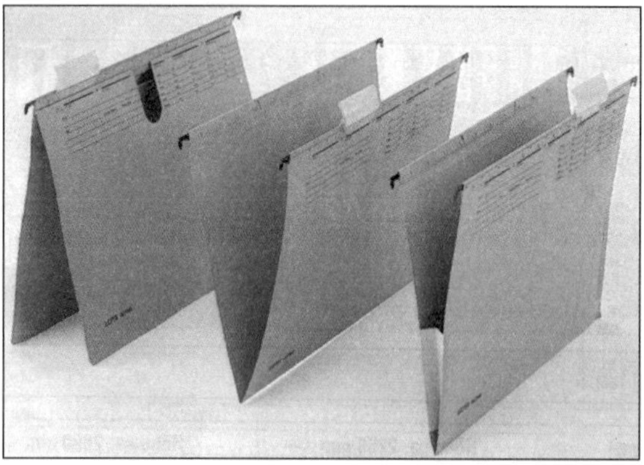

alle Formate bis hin zur DIN-A4-Größe. Das Material ist auch leicht zugänglich, man kann die Hängetaschen aus dem Gestell herausnehmen, aufklappen und jeweils die einzelnen Blätter entnehmen. Die Materialien sind auch gut zu transportieren: man nimmt die Taschen aus dem Gestell und trägt sie in der normalen Aktentasche dorthin, wo man sie braucht. Hängeregister sind leicht erweiterbar, und die einzelnen gesammelten Materialien sind jederzeit austauschbar.

Nachteile von Hängeregistern
Das System ist nicht billig und verhältnismäßig großformatig.

(C) Zettelkasten
Zettelkästen stellen die einfachste Aufbewahrungsart dar; als Kästen kommen alle Behältnisse in Frage, aber sie bieten sich bloß für einfachste Sammelzwecke an.

Vorteile von Zettelkästen
Sie sind einfach und preiswert; sie sind in der Regel transportabel und ermöglichen ein einfaches Sammeln aller in Frage kommenden Materialien.

Nachteile von Zettelkästen
Die Binnenordnung des Materials ist überaus schwierig, weil die gesammelten Zettel durcheinanderpurzeln. Erwähnt werden muss auch die große Verlustgefahr, kleine Zettel verschwinden nun mal leicht.

(D) Karteikasten
Karteikästen gibt es in vielerlei Ausführungen, preiswerte aus Pappe, bunte und verhältnismäßig preiswerte in Plastik, überaus teure aus Holz. Karteikäs-

ten sind das für wissenschaftliche Arbeiten wohl älteste Sammlungs- und Aufbewahrungssystem exzerpierten Materials.

Vorteile von Karteikästen
Karteikästen bieten viele, ja unbegrenzte Ordnungsmöglichkeiten. Sie sind ausbaubar und in jeder Hinsicht zu erweitern. Sie bieten eine sehr gute Strukturierung des gesammelten Exzerpt-Materials, wenn man – z. B. durch Reiter auf den Karten, unterschiedlich eingefärbte Karten u. Ä. – eine solche Ordnung herstellt. Karteikarten können leicht aus den Karteikästen entnommen und transportiert werden (für den Transport gibt es zusätzlich besondere kleine Kunststofftaschen).

Nachteile von Karteikästen
Wenn man stabile und zugleich schöne Karteikästen haben möchte, die in die häusliche Umgebung passen, dann erweist sich die Erstanschaffung doch als verhältnismäßig teuer. Karteikästen nehmen viel Platz ein. Vor allem aber muss alles Material zunächst auf die passenden Karteikarten übertragen werden, moderne technische Möglichkeiten für Materialsammlungen (z. B. Fotokopien) können nur begrenzt integriert werden.

6.3 Aktuell und sinnvoll: Der Einsatz des Computers*

6.3.1 Einleitung

Für die »Materialsammlung« zu einer wissenschaftlichen Arbeit ist es sinnvoll, einen Computer zu verwenden. Der Mensch (hier als Laie, im Gegensatz zum Experten) benutzt die elektronische Datenverarbeitung (EDV) als Werkzeug, um Informationen zu verarbeiten und um Sinnzusammenhänge herzustellen.

---

* Der Beitrag über den Computer-Einsatz stammt von Gerd FIEDLER, Akadem. Oberrat, Päd. Hochschule Weingarten, Leiter des Computer-Zentrums (ZfC), 1995

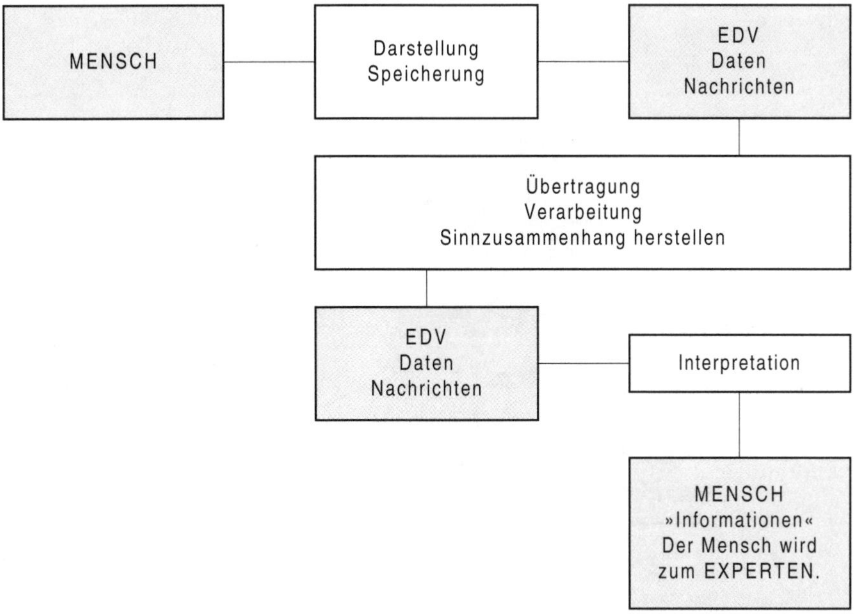

Die Tätigkeit ist: DATEN zur Verwaltung zu sammeln. Der Aufbewahrungsort ist aber kein Ordner oder Karteikasten, sondern ein Datenträger (Festplatte, Diskette). Dieser hält die Daten für den Menschen bereit. Der Mensch interpretiert die Daten und erhält Informationen, die er dann weiterverarbeitet und in Sinnzusammenhänge bringt. Die Informationen machen den Menschen zum Experten für ein ausgewähltes Gebiet, zu dem er die Daten gesammelt hat.

Die EDV dient folglich der »Denkverstärkung«.

Die Darstellungen von Informationen in einem Computer nennt man Daten oder Nachrichten.

6.3.2 Objekt Computer: Die Hard- und Software

Die hier beschriebenen Arbeiten werden mit einem Personalcomputer (PC) durchgeführt. Eine solche Einheit besteht aus folgenden Komponenten:

Eingabeeinheit – Zentraleinheit – Ausgabeeinheit

Tätigkeit:
Mensch und Maschine
EVA-Prinzip
Eingabe – **V**erarbeitung – **A**usgabe

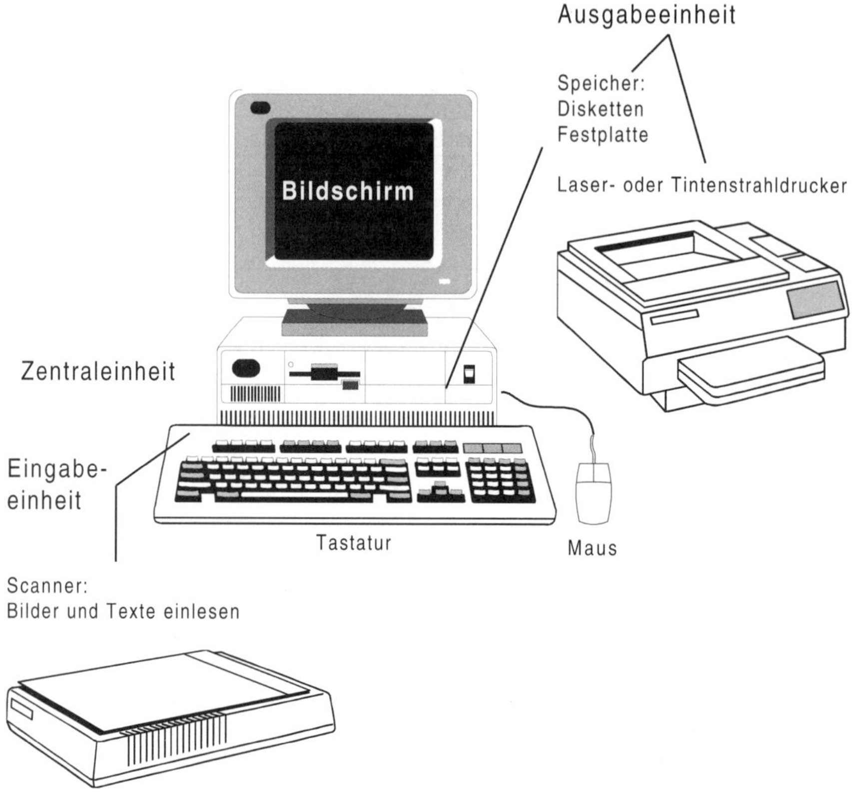

Um Datensammlungen anlegen zu können, muss die geeignete Software vorhanden sein: das Betriebssystem und Programme zur Informationsverarbeitung, -speicherung und -übertragung. Unter Software versteht man die Programmausstattung eines Computersystems. Sie besteht aus allen Programmen und den dazugehörigen Dokumentationen. Das Betriebssystem eines Computers erleichtert dem Benutzer (Laien) den Umgang mit dem PC. Gängige Betriebssysteme sind z. B.: Windows 95/98/2000, Windows NT und Mac OS (für Apple-Computer). Es nimmt ihm eine Vielzahl von mühevollen Routinetätigkeiten ab. Das Betriebssystem ermöglicht dem Anwender den Zugang zur Technik des Computers, ohne dass er sich mit dem »Innenleben« des Systems auseinandersetzen muss. Es übernimmt für den Anwender z. B. folgende Aufgaben:

- einen Datenträger (Diskette, Festplatte) für die Aufnahme von Daten vorzubereiten und für den Gebrauch der Daten zu organisieren (Diskmanagement)
- Informationen auf einen Datenträger zu transportieren
- einen Drucker in Gang zu setzen
- die Zeichen auf dem Bildschirm darzustellen
- Verbindungen zu anderen Computern aufzunehmen.

Um wissenschaftliche Arbeiten erstellen zu können, sind zwei Arten von Benutzerprogrammen (Anwenderprogramme) notwendig: ein Datenbank- und ein Textverarbeitungssystem. Es gibt zwar noch andere Programme, die in dieser verkürzten Abhandlung jedoch nicht besprochen werden.

Auf eine Informationsquelle möchte ich allerdings später kurz eingehen: das Internet.

6.3.3 Aufbau einer Datei – Datenbank

Als Beispiel zur Veranschaulichung soll eine **Literaturdatenbank** dargestellt werden. Datenbank als Verknüpfung von mehreren Dateien (früher: Sammlung in Karteikästen, Ordnern etc.).

Datei (früher: Kartei mit vielen Karteikarten)
Die Datei ist eine Sammlung von Datensätzen (Karteikarten). Die Anzahl der Datensätze ist variabel (sie ist nur abhängig vom Speicher des Computers und vom Programm, welches die Datensätze verwaltet).

Datensatz (Karteikarte)
Ein Datensatz enthält die Datenfelder der Datei. Der Aufbau der Felder ist immer gleich.

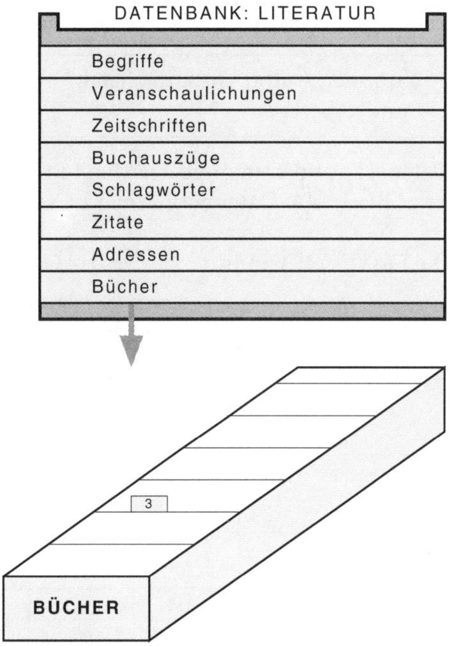

3

NUMMER	11
AUTOR	Peterßen
VORNAME	Wilhelm H.
TITEL	Wissenschaftliche(s) Arbeiten
VERLAG	Oldenbourg Schulbuchverlag, München
ERSCHEINUNGSJAHR	1999, 6. Auflage
SEITENUMFANG	184
FUNDSTELLE	privat

FELD

Das Feld ist durch seinen NAMEN definiert.
Der Feldname ist der Bezugspunkt der Feldinhalte.
Die Inhalte variieren: z. B.: Klett, Stuttgart

Zur Datei
Eine Datei ist aufgebaut wie eine Tabelle mit waagerechten Zeilen und senkrechten Spalten.

Beispiel:
Datei: BÜCHER
Der Name für die Datei wird individuell festgelegt. Hier heißt sie BÜCHER, da in ihr Daten zum Objekttyp »Bücherverzeichnis« gesammelt werden sollen. Für jedes Buch ist eine Zeile als Datensatz vorgesehen. Jeder Datensatz ist gleich aufgebaut, z. B.:
8 Datenfelder mit den *Feldnamen:*

Nummer, Autor, Vorname, Titel, Verlag, Erscheinungsjahr, Seitenumfang, Fundstelle.

Datensatz und Datenfeld werden kurz Satz und Feld genannt, den Datensatz einer BÜCHER-Datei nennt man BÜCHER-Satz.

Die DATEI: BÜCHER

Nummer	Autor	Vorname	Titel	Verlag	Ersch	Seitenumfang	Fundstelle
1	Kost Steiner Valentin	Rudi Josef Josef	Word 6.0 für Windows	Markt & Technik	1993	436	Bibliothek Weingarten
2	Klau	Peter	Das Internetadreßbuch	IWT Bonn	1995	288	privat
⋮							
5	Peterßen	Wilhelm H.	Wissenschaftliche(s) Arbeiten	Oldenbourg Schulbuchverlag München	1999	184	privat

6.3.4 Tätigkeiten bei der Verarbeitung von Dateien

Beim Umgang mit Dateien in einem Datenverarbeitungssystem werden folgende Punkte ständig wiederholt:

- Anlegen einer Datei
- Daten erfassen
- Abfragen der Daten
- Pflege der Daten
- Auswerten der Daten.

6.3.4.1 Anlegen einer Datei

Beim Anlegen einer Datei werden keine Daten gespeichert. Es wird die Struktur der Datei festgelegt. Der Name der Datei wird vergeben, z. B.: BÜCHER oder ADRESSEN. Weiter legt man die Felder an, in die der Datensatz unterteilt werden soll, und die Länge der Felder (die Anzahl der Zeichen für den Feldinhalt). Die Festlegung der Struktur muss wohl durchdacht werden. Spätere Änderungen sind immer möglich, aber nicht leicht durchzuführen. Bei Strukturänderungen muss von der angelegten Datei unbedingt eine Sicherungskopie angelegt werden. Sollte ein Fehler unterlaufen, so kann die »alte« Datei wieder aktualisiert werden.

Als Beispiel soll das Anlegen einer Adressen-Datei dargestellt werden:

- Verlag, 25 (Zeichen)
- PLZ, 5 (Zeichen)
- Ort, 30 (Zeichen)
- Straße, 20 (Zeichen)
- Telefon, 11 (Zeichen)

Ein Zeichen ist ein Buchstabe, eine Ziffer, ein Sonderzeichen oder das Leerzeichen. Sonderzeichen sind Zeichen, die nicht Buchstaben oder Ziffern sind, z. B.: +, –, /, =, !.

6.3.4.2 Erfassen von Daten

Ist die Struktur einer Datei festgelegt, so kann mit der Eingabe der Daten begonnen werden. Diese werden auf einem Datenträger (Diskette, Festplatte) gespeichert.

6.3.4.3 Abfragen der Daten

Ist die Datei angelegt, so kann mit ihr gearbeitet werden. Das Abfragen von Informationen kann sich auf alle, nur einen oder auf ausgewählte Datensätze beziehen. Der Computer lädt sie von der Diskette (Festplatte) in sein »Gedächtnis«, stellt sie am Bildschirm dar oder gibt sie an den Drucker weiter.

6.3.4.4 Pflegen einer Datei

Pflegen einer Datei heißt: Daten hinzufügen, korrigieren, löschen, sortieren und suchen. Dies sind die wesentlichen Teilaufgaben der Dateiverwaltung.

6.3.4.5 Auswerten einer Datei (von Dateien)

Die Daten werden je nach Problemstellung miteinander verknüpft.

6.3.4.6 Zusammenfassung

Das Festlegen der Dateistruktur ist im Normalfall ein einmaliger Vorgang. Die Eingabe, das abfragen, Pflegen und Auswerten der Dateiinhalte sind Wiederholungsvorgänge. Der Benutzer gibt die Inhalte ein. Der Computer und das Programm übernehmen für ihn die Speicherung, Abfrage, Verknüpfung und

Auswertung der Daten. Die Aufgabenstellung und die erforderlichen Aufgaben müssen so formuliert werden, dass sie das Datenverwaltungsprogramm versteht. Im Gegensatz zur herkömmlichen Karteiverwaltung hat der Anwender mit der Ausführung nichts mehr zu tun.

Der wesentliche Vorteil liegt neben der Geschwindigkeit der Verarbeitung in der Zuverlässigkeit beim Ändern von Daten. Mit einem Datenbanksystem kann man die Reihenfolge der Datensätze in einem Datenbestand nach mehreren und beliebigen Sortierkriterien festlegen. Bei einer Karteiverwaltung ist dies ein ungeheuer zeitaufwendiges Verfahren. Meist wird der Auswertungsbedarf stark zurückgesetzt. Beim Umgang mit einem Computer kann dies prompt und fehlerfrei durchgeführt werden. Bedingung ist allein, dass die Daten vom Benutzer richtig eingegeben wurden und das Programm beherrscht wird.

Tätigkeiten des Benutzers

Datei anlegen
Daten erfassen
Beherrschung der Befehle des Programms

Tätigkeiten des Computers und des Programms

löschen, sortieren, einfügen,
suchen, drucken, auswerten

6.3.5 Beispiel für eine Dateiverknüpfung

Die Datenbank LITERATUR enthält verschiedene Dateien: Bücher, Zeitschriften, Begriffe, Buchauszüge etc. Die Datei BÜCHER wurde bereits angelegt. Die Struktur einer weiteren Datenbankdatei, nämlich AUSZÜGE, kann folgendermaßen aussehen:
Feldname: Nummer, Inhalt
Die beiden Dateien haben ein gemeinsames Feld: Nummer.

Es muss den gleichen Feldnamen, Feldtyp und die gleiche Feldlänge aufweisen. NUMMER ist das Schlüsselfeld der beiden Dateien und dient zur Verknüpfung. Zu einem Inhalt kann man sich nun den Titel oder den Verfasser oder die Fundstelle zuordnen lassen. Umgekehrt kann zu einem Buchtitel die Inhaltsangabe zugeordnet werden.

Zwischenbemerkung
Datenbanksysteme erlauben zur Eingabe meist die Verwendung eines Textverarbeitungsprogramms. Der Texteditor bei Dateiverwaltungsprogrammen ist im Gegensatz zu Textsystemen nicht sehr komfortabel. Werden längere Texte eingegeben, so kann man den Komfort eines solchen Schreibprogramms voll ausnutzen.

Ein weiterer Vorteil ist, dass solche Texte direkt in das jeweilige Programm übernommen werden können, in dem die Arbeit geschrieben wird. Dies ist z. B. beim Einarbeiten von Zitaten oder Literaturverzeichnissen in einen Text eine enorme Arbeitserleichterung.

6.3.6 Schreiben von Arbeiten mit einem Textverarbeitungsprogramm: Es geht auch ohne Tipp-Ex

Ein Computer kann nicht nur viele Daten verarbeiten, er kann die Schreibmaschine ersetzen. Der eingegebene Text erscheint zuerst auf dem Bildschirm und nicht auf einem Blatt Papier. Alle Korrekturen, Gestaltungsarbeiten und andere Manipulationen am Text führt die entsprechende Software zunächst im Speicher des Computers durch, bevor ein einziges Blatt Papier verschwendet wird. Auf einer Diskette mit 1,4 MB lassen sich mindestens 500 Schreibmaschinenseiten Text speichern.

Mit einem Scanner und der entsprechenden Texterkennungssoftware (OCR) kann man fertige Vorlagen einlesen, die später wie selbst geschriebene Texte weiterverarbeitet werden können.

Ein paar Ausführungen zur Textverarbeitung mit dem Computer sollen dazu anregen, anfallende Arbeiten mit einer solchen Anlage durchzuführen. Im Rahmen dieser Darstellung muss auf die Vollständigkeit der Angaben verzichtet werden.

Korrekturmöglichkeiten

a) Texte werden nicht nur während der Eingabe mit einem Tastendruck korrigiert, sie können jederzeit, auch nachträglich, verbessert werden.

b) Das Einfügen von Buchstaben, Wörtern und ganzen Textpassagen kann ohne große Schwierigkeiten durchgeführt werden. Der folgende Text wird automatisch weitergeschoben. Dasselbe passiert beim Löschen. Der Text wird zurückgeschoben, sodass keine Lücke entsteht.

c) Absätze kann man von einer Stelle des Textes zu einer anderen bewegen, ohne dass Schere und Klebstoff benützt werden müssen.

d) Ein Wort, das in einem Text mehrmals falsch geschrieben wurde, kann durch ein anderes ersetzt werden. Der Text wird per Tastendruck (Befehl: »Suche und ersetze«) durchsucht und das alte durch das neue Wort ersetzt.

Die hier beschriebenen Möglichkeiten erlauben es, eine Arbeit vom Rohentwurf bis zur fertigen Reinschrift mit dem Computer zu erstellen.

Seitenumbruch

Die meisten Textprogramme zählen die Seitenzahl automatisch mit. Sie können oben oder unten auf der Seite ausgedruckt werden. Kopf- und Fußzeilen können verwendet werden. In wissenschaftlichen Texten gebraucht man in der Regel Fußnoten. Sie erklären einen Begriff oder verweisen auf Literatur. Die

Folgende Darstellung zeigt einige Gestaltungsmöglichkeiten:

linksbündig

Dieser Text wurde mit einem Textverarbeitungsprogramm geschrieben. Die Gestaltungsmöglichkeiten von Texten werden von vielen Programmen druckreif am Bildschirm dargestellt.

rechtsbündig

Dieser Text wurde mit einem Textverarbeitungsprogramm geschrieben. Die Gestaltungsmöglichkeiten von Texten werden von vielen Programmen druckreif am Bildschirm dargestellt.

zentriert

Dieser Text wurde mit einem Textverarbeitungsprogramm geschrieben. Die Gestaltungsmöglichkeiten von Texten werden von vielen Programmen druckreif am Bildschirm dargestellt.

Blocksatz

Dieser Text wurde mit einem Textverarbeitungsprogramm geschrieben. Die Gestaltungsmöglichkeiten von Texten werden von vielen Programmen druckreif am Bildschirm dargestellt.

verschiedene Schrifttypen:

Künstler Script, 14 points	a, b, c, A, B, C
Helvetica, 14 points, normal	a, b, c, A, B, C
President, 14 points, normal	a, b, c, A, B, C
PALATINO, 12 points, fett, kursiv	***a, b, c, A, B, C***

Gestaltung der Schrift

unterstrichen (normal) **fett** *kursiv*

Fußnotenverwaltung erledigt dies automatisch: auf derselben Seite oder am Ende des Textes.

Kopplung von Text- mit Datenverwaltungsprogramm

Viele Textverarbeitungsprogramme erlauben die Hereinnahme von Dateien oder Ausschnitten aus Datenbankprogrammen. Damit wird ein Optimum an Automatisierung erreicht. Zum Beispiel kann die Bücherdatei oder können Teile daraus direkt in das Literaturverzeichnis der geschriebenen Arbeit übernommen werden.

Text und Bilder

Bilder, die über einen Scanner eingelesen wurden, können an jede beliebige Stelle gesetzt werden. Wer über ein CD-ROM-Laufwerk verfügt, kann aus jedem nur denkbaren Bereich fertige Bilder erwerben.

6.3.7 Das Internet

Jede Hochschule besitzt heute einen Zugang zum Internet (in der Regel für Studenten kostenlos). Die schnellste Möglichkeit zur Beschaffung von Informationen, aus welchem Bereich auch immer, ist sicherlich dieses weltgrößte Rechnernetz. Im Internet kann man z. B.: per E-Mail Informationen austauschen und Auskünfte aus Literaturdatenbanken in Sekundenschnelle bekommen. Mit Hilfe von E-Mail können standardisierte oder multimediale Dokumente übermittelt werden. Wer ein Telefon und ein Modem besitzt, kann sich von seinem PC am häuslichen Arbeitsplatz über private Anbieter in dieses weltweite Netz einloggen.

Ein Beispiel dafür: KOALA und Bodenseedatenbank, die auf einem Computer an der Universität in Konstanz installiert sind. In dieser Datenbank sind sämtliche Titel des Süddeutschen Bibliotheksverbundes (SWB) erfasst und können am PC abgerufen werden. Suchaspekte sind: Kurztitel, Autor, Sachtitel und Zusatz zum Sachtitel, Körperschaft, Erscheinungsjahr, ISBN, Schlagwort, Nation, Signatur, Verbuchungsnummer. (Vgl. hierzu die Ausführungen zum »ONLINE-Katalog«, S. 163 ff., und über »Elektronische Datenbanken«, S. 160 ff.!) **163 ff.** **160 ff.**

6.3.8 Zusammenfassung

Die Anregungen sollen dazu dienen, dass der Einsatz des Computers nicht nur aktuell, sondern auch sinnvoll ist. Er nimmt zwar nicht die Arbeit des Lesens und Schreibens ab, ist aber ein universelles und anpassungsfähiges Werkzeug, das auch dem Computer-»Laien« beim Lösen seiner Probleme mit Hilfe von Anwendersystemen hilfreich zur Seite steht.

Hinweis

Eine zusätzliche und übersichtlich-zusammenfassende Darstellung über den Einsatz des Computers bei Ihrer wissenschaftlichen Arbeit finden Sie im *Kapitel 8* am Ende des Buches. **158 ff.**

Anmerkung und Aufmunterung

Alle in Frage kommenden Anwendungsprogramme, wie zur Textverarbeitung oder für Zeichnungen oder Datenbanken, enthalten ein Anleitungsprogramm (elektronisches Hilfesystem), das auf dem Bildschirm sichtbar wird und sicher durch die Arbeit führt. Fangen Sie einfach einmal an!

6.3.9 Literaturverzeichnis

BRENNER/GUNZENHÄUSER, Computer und Informatik in der Schule, Stuttgart 1987

CHARWAT, H. J., Lexikon der Mensch-Maschine-Kommunikation, 2. Auflage, Oldenbourg München 1994

Corel Draw 5.0, Corel Corporation 1994, Dublin, Ireland

dBASE für Windows 5.0, elektronisches Hilfesystem, Borland GmbH, Langen

DIEPOLD, Textverarbeitung mit dem Computer, Einführung in Theorie und Praxis, Essen 1986

HAJER, Hans, KOLBERG, Rainer, Internet, Der schnelle Start ins weltgrößte Rechnernetz, Haar bei München 1994

KOST, Rudi, Word 97, Haar bei München 1998

Word für Windows 97, elektronisches Hilfesystem, Microsoft, München

7 Die wissenschaftliche Arbeit: das Manuskript

7.1 Die Aufgliederung der wissenschaftlichen Arbeit

7.1.1 Ein Überblick

108

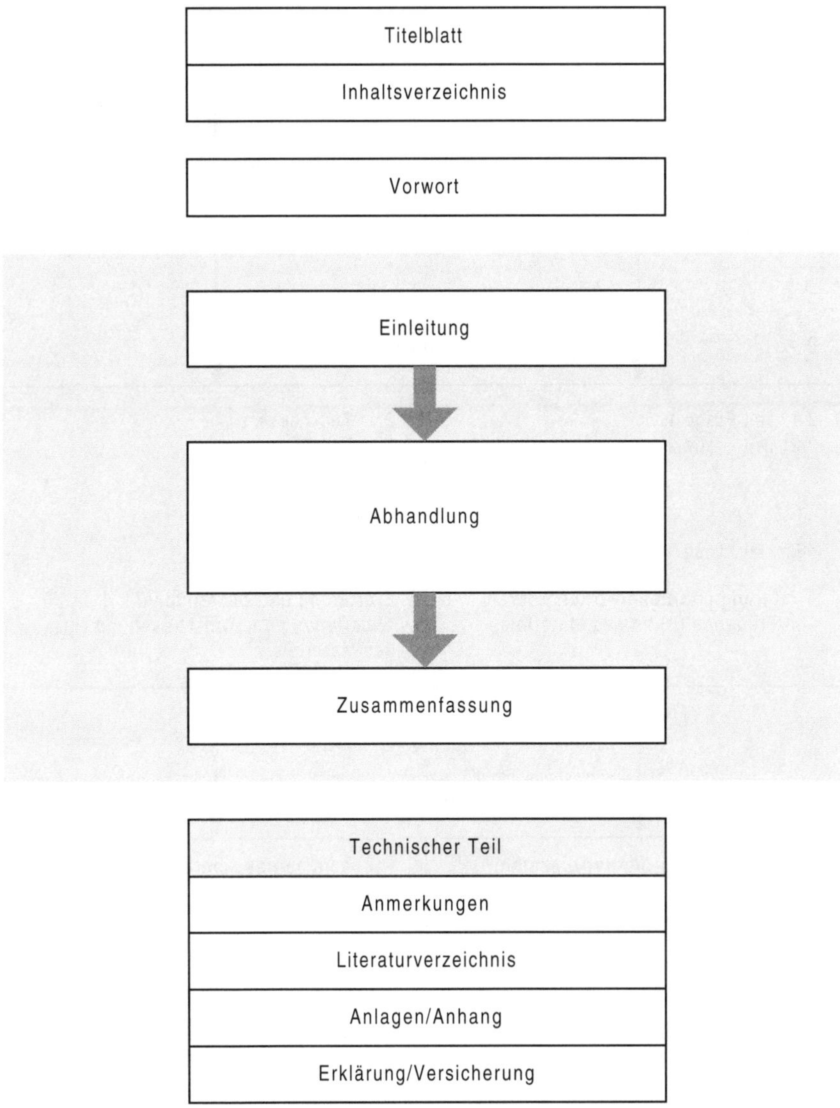

Übersicht über die Gliederung einer wissenschaftlichen Arbeit

1 **Einleitung**

- Einordnung des Themas in die aktuelle Diskussion
- Abgrenzung, Zuspitzung usw. des Themas
- Bearbeitungsweise darlegen und begründen
- Aufbereitung des Themas, so dass es »bearbeitbar« wird:

entweder	**oder**
Übersetzung/Umformung in eine (Haupt-)Frage ↓ Aufgliederung der Frage in (beantwortbare) Teil-Fragen	Übersetzung/Umformung in eine (Haupt-)These ↓ Aufgliederung der These in (argumentierbare) Teil-Thesen

2 **Abhandlung**

2.1 Teil-Frage 1 2.2 Teil-Frage 2 . . . 2.n Teil-Frage n	2.1 Teil-These 1 2.2 Teil-These 2 . . . 2.n Teil-These n
Erörterung und Beantwortung der Teil-Fragen mit Hilfe des Materials	Erörterung und Bestätigung/ Widerlegung der Teil-Thesen mit Hilfe des Materials

3 **Zusammenfassung**

• Zusammenfassung der einzelnen (Teil-)Antworten zur Beantwortung der Hauptfrage	• Zusammenfassung der Argumentationsergebnisse der (Einzel-)Thesen zur Bestätigung/ Widerlegung der Hauptthese

- Gegebenenfalls: Ausblick auf Folge-Aktivitäten, sichtbar gewordene Notwendigkeiten u. Ä.

Die drei Kern-Phasen der wissenschaftlichen Arbeit

Grob betrachtet, weist auch die wissenschaftliche Arbeit – wie alle schriftlichen Darstellungen – eine Dreigliederung auf: eine *Einleitung*, einen *Hauptteil* und einen *Schluss*. Innerhalb dieser Dreiteilung jedoch sind weitere Differenzierungen erforderlich, um den wissenschaftlichen Anforderungen an ein Manuskript zu genügen. Dabei hängt der Grad der weiteren Differenzierung von der Art der wissenschaftlichen Arbeit ab; Seminararbeiten müssen nicht so stark gegliedert sein wie Diplom- oder Examensarbeiten, zumal sich die Arbeiten auch in ihrem Umfang stark unterscheiden.

Jedenfalls ergeben sich folgende Gliederungsteile (vgl. dazu auch die vorstehende Übersichtsskizze): 107

- *Titelblatt*
- *Inhaltsverzeichnis*
- *Vorwort*
- *Einleitung*
- *Abhandlung*
- *Zusammenfassung*
- *Anmerkungen*
- *Literaturverzeichnis*
- *Anlagen/Anhang*
- *Erklärung/Versicherung.*

Auf diese Einzelteile wird im Abschnitt 7.2 detaillierter eingegangen (s. S. 114 ff.). 114 ff.

7.1.2 Gliederungsmuster

Für die konkrete inhaltliche Gestaltung einer Gliederung sind letztlich das je besondere Thema und die je besondere Bearbeitungsweise maßgebend, an ihnen sollte man sich wegen der Art und Differenzierung der Gliederung orientieren. Für die technische Gestaltung einer Gliederung haben sich im Laufe der Zeit zahlreiche und verschiedene Muster herausgebildet; sofern für eine bestimmte Arbeit nicht eines dieser Muster verbindlich vorgeschrieben wird, liegt es im Belieben des Verfassers, sich für eines zu entscheiden. Gegenwärtig scheint besonders das sog. *Dezimalsystem* beliebt (vgl. Beispiel A, S. 110). 110 Daneben aber sind auch noch andere *»gemischte Systeme«* in Gebrauch, bei denen Ziffern und Buchstaben gemeinsam und gemischt verwendet werden (vgl. Beispiel B, S. 111). 111

Generell gilt: **Ein Manuskript sollte sorgfältig gegliedert sein und dem Leser eine strukturierte – am Thema orientierte – Lektüre ermöglichen; die Gliederung sollte aber auch nicht übermäßig detailliert sein.** Wenn einzelne Abschnitte beispielsweise nur eine halbe Seite oder gar noch weniger Text beinhalten, dürfte wohl allzu stark »zergliedert« sein.

Inhalt

(A) *Beispiel für die Gliederung nach dem Dezimalsystem* (BOCK, Irmgard: Pädagogische Anthropologie der Lebensalter. München 1984)

Inhalt

(B) *Beispiel für die Gliederung nach dem gemischten System* (Holstein, Hermann: Schüler lernen selbständig. München 1984)

Übrigens: Wer A sagt, muss auch B sagen

Einen Fehler findet man recht häufig bei Gliederungen, obwohl er nach der doch wohl allgemein bekannten logischen Grundregel »Wer A sagt, muss auch B sagen« gar nicht erst vorkommen dürfte. Es wird oft ein Punkt **1 bzw. I** oder **A** bzw. **a** eingeführt, aber es fehlt dann der **Punkt 2 bzw. II** oder **B bzw. b.**

Also:
auf **3.1** muss mindestens folgen: **3.2**
auf **2.1.1, 2.1.2** muss mindestens folgen: **2.2**
auf **A a)** muss mindestens folgen: **A b)**
auf **A a) 1., A a) 2.** muss mindestens folgen: **A b)**

7.1.3 Text- und Seitengestaltung

Das Manuskript einer wissenschaftlichen Arbeit sollte auch äußerlich sauber und übersichtlich gestaltet sein. Handschriftliche Arbeiten sollten heutzutage nur noch in äußerst seltenen Ausnahmefällen abgegeben werden; in den meisten Examensvorschriften sind maschinenschriftliche Manuskripte sogar ausdrücklich vorgeschrieben.

- 23 -

2. DIE TEEZEREMONIE IM ALLTAG

Selbst der alltägliche Nachmittagstee gerät im Ostfriesenhaus zur Zeremonie, deren Zauber sich auch der Fremde nur schwerlich entziehen kann. Verrichtungen und Zutaten, Gegenstände und Worte werden Tag für Tag in gleicher oder wenigstens ähnlicher Weise wiederholt, ein traumhaft sicherer Umgang schafft Ausgeglichenheit und Ruhe.

Da zischt zunächst einmal das kochende Wasser, mit dem der leere Teetopf sorgfältig ausgespült wird, bevor in ihn die obligatorische Teemenge - für jede Tasse einen Löffel und zusätzlich noch einen für die Kanne - eingefüllt wird. Drei bis fünf Minuten lang zieht der Tee auf dem bunten Porzellan- oder dem blinkenden Messingstövchen vor sich hin, eine leise Melodie aus dem Kannenrand entweichen lassend. Hierfür hat der bekannte ostfriesische Tee- und Brauchtumsforscher VAN DER MÖHLEN bereits vor Jahrzehnten festgestellt:

> "Man glaubt sich denen verbunden, die einst vor vielen Jahrhunderten schon den durch englische Schoner aus China und Indien herbeigebrachten Tee genossen. Auch sie hörten damals schon die uralte Melodie des Teekessels, die dieser in stets anderer, aber uns auch stets vertrauter Weise aus sich heraussprudelt, uns so zum Mitsummen verlockend, uns aus unserer Verschwiegenheit zum Reden animierend. Und was wird da nicht alles geredet!"
>
> (1922, S. 45)

Man muß nun sicher nicht VAN DER MÖHLEN voll und ganz zustimmen, wenn er diesen Teil der Zeremonie so sehr romantisiert, aber ein bißchen Wahrheit liegt schon

Beispiel für eine Textseite

Übersichtlichkeit und Lesbarkeit sind leicht zu erreichen, wenn man sich an folgende Grundregeln hält:

- *Die Seiten des Manuskripts sind zu beziffern und die Seitenzahlen oben am Rand über dem Text abgehoben anzubringen.*
- *Überschriften sollten etwa sieben Zeilen unter dem oberen Rand begonnen werden; der Text ist dann noch einmal etwa drei Zeilen tiefer zu beginnen.*
- *Links lässt man einen Rand (zum Heften) von etwa 20 Anschlägen (bei der Norm von 12 Anschlägen per Maß), rechts einen Rand von gut 20 Anschlägen (für Korrekturanmerkungen usw.).*
- *Der Text wird in anderthalbzeiligem Abstand geschrieben; bei Zitaten o. Ä. kann der Zeilenabstand auf eine Zeile vermindert werden.*
- *Zitate u. Ä. können um drei Anschläge eingerückt geschrieben werden.*
- *Absätze sind durch eine zusätzliche Zeilenschaltung voneinander abzurücken.*
- *Sperrungen und andere Hervorhebungen, z. B. durch Unterstreichen, sollten sparsam verwendet werden.*

Allgemeine »Hinweise für das Maschinenschreiben« finden sich im »Duden. Rechtschreibung der deutschen Sprache« 21., völlig neu bearbeitete und erweiterte Auflage. Herausgegeben von der Dudenredaktion auf der Grundlage der neuen Rechtschreibregeln. Mannheim/Leipzig/Wien/Zürich 1996, S. 85 ff.

Aktueller Hinweis für Computer-Nutzer

Bevor Sie sich für eine eigene Gliederungsform und dementsprechende Anlage der schriftlichen Fassung Ihrer Arbeit entscheiden, informieren Sie sich darüber, ob das Schreibsystem Ihres Computers Ihnen dafür nicht schon ein Angebot in Form von Vorlagen unterbreitet.

So bietet beispielsweise WORD 7.0 eine entsprechende Vorlage für Seminararbeiten an. Sie finden diese als Beispiel im Kapitel 8.6 auf S. 176 f. 176 f.

7.1.4 Abbildungen im Text

Abbildungen können in jede wissenschaftliche Arbeit aufgenommen werden. Als Abbildung werden nicht bloß bildhafte Darstellungen, sondern auch Grafiken (vgl. S. 140 f.) oder auch gelegentlich Tabellen aufgefasst. Wichtig ist: Alle 140 f. eingearbeiteten Abbildungen werden mit einer Ziffer versehen, und zwar in Form einer fortlaufenden Nummerierung. Also: Abbildung 1 bzw. Abb. 1, Abbildung 2 bzw. Abb. 2 usw. Zusätzlich erhält auf jeden Fall auch jede Abbildung eine Unterschrift, die auf den Inhalt der Darstellung verweist.

Beispiele

Abb. 1: Kurgastaufkommen in den 80-er Jahren
Abb. 2: Statistische Entwicklung der Bettenbelegung in den 80-er Jahren
Abb. 3: Trends im Reiseverkehr nach Übersee (nach Winter)
Abb. 4: Verschuldung im Hotelgewerbe (verändert nach Hänssler)

Abb. 5: Das Landeswappen von Baden-Württemberg

Beispiel für eine Abbildung mit Abbildungsunterschrift

7.2 Die Einzelteile der wissenschaftlichen Arbeit

7.2.1 Das Titelblatt

Die Gestaltung von Titelblättern ist durch Bestimmungen in Prüfungs- und Studienordnungen oftmals verbindlich vorgeschrieben.

! **Achten Sie auf Hinweise für die Gestaltung des Titelblattes in Ihrer Prüfungs-, Studienordnung o. Ä.; unter Umständen finden Sie dort im Anhang sogar das Muster eines Titelblattes vorgegeben.**

Sollte kein verbindliches Muster vorgegeben sein, kann das Titelblatt frei gestaltet werden, sollte aber auf jeden Fall alle erforderlichen Angaben enthalten, und zwar

- *den vollständigen Namen des Verfassers*
- *das genaue und vollständige Thema der Arbeit*
- *den Zweck, die Funktion der Arbeit*
- *den/die Namen des/der Betreuer(s)/Gutachter(s)*
- *die Bezeichnung der Institution*
- *den Ort*
- *den Termin der Abgabe.*

Es wird empfohlen, solche Angaben nicht irgendwo an den oberen Rand einer Seite zu quetschen, auch wenn es sich bloß um eine kleinere Arbeit handelt (z. B. eine Seminararbeit), sondern jeweils ein eigenes Titelblatt zu gestalten. Das Titelblatt trägt keine Seitenzahl, wird aber bei der durchgehenden Paginierung mitgezählt als Seite 1. Es ist auch möglich, das Titelblatt bei der Seitenzählung unberücksichtigt zu lassen, etwa wenn das Inhaltsverzeichnis in Abhebung zum Text mit römischen Ziffern paginiert wird.

VERSUCH DER ENTWICKLUNG EINES
NEUEN FREMDENVERKEHRSKONZEPTS
FÜR DEN FREMDENVERKEHRSORT
LANGENARGEN

Diplomarbeit für die Prüfung
zum Diplom-Betriebswirt (Berufsakademie)
im Ausbildungsbereich Wirtschaft
Fachrichtung Fremdenverkehrswirtschaft
an der Berufsakademie - Staatliche Studienakademie -
Ravensburg

Name:	Schürnbrand, Sabine
Kurs:	FV / AH 2 - 1984
Betreuender Dozent:	Prof. Dr. Peterßen
Abgabedatum:	29. o2. 1988

Beispiel eines Titelblattes

7.2.2 Das Inhaltsverzeichnis

Das Inhaltsverzeichnis entspricht der Gliederung der Arbeit, enthält aber zusätzlich die Seitenzahlen und erleichtert so das Auffinden einzelner Kapitel und Abschnitte aus der Arbeit. Inhaltsverzeichnisse können nach unterschiedlichen Prinzipien gestaltet werden, sofern sie nur ihre Aufgabe erfüllen. Bereits an anderer Stelle wurden zwei Muster für die formale Gliederung wissenschaftlicher Arbeiten vorgestellt, an denen man sich orientieren kann: das *Dezimalsystem* und das *gemischte System* (s. S. 109 ff.).

109 ff.

7.2.3 Das Vorwort

Das Vorwort hat noch nichts mit dem Inhalt der wissenschaftlichen Arbeit selbst zu tun. Es kann deshalb auch fehlen. Ein Vorwort kann »vorgeschaltet« werden, um *persönlich für unbedingt notwendig erachtete Äußerungen zum Umfeld der Arbeit* zu machen.

! Persönliche Notwendigkeiten sind z. B. Dank für Unterstützung, Hilfe und Mitarbeit. Dabei kann es sich handeln um den Betrieb, in dem man Studien machen konnte, um den Experten, der einem Rede und Antwort stand, um die Sekretärin, die das Manuskript schrieb o. Ä.

Das Vorwort kann aber auch *Lesehinweise* enthalten. Wer sein Manuskript nicht nach allgemein üblichen Regeln abgefasst hat, sondern besondere Formen und Zeichen wählte (z. B. Abkürzungen), kann dem Leser hier die für ein richtiges Verständnis erforderlichen Hinweise und Erläuterungen geben. In solchen Fällen sollte eine *Legende* eingefügt werden. Die Überschrift zu diesem Teil des Manuskripts müsste dann auch vollständig *»Vorwort und Legende«* lauten. In einer übersichtlichen Darstellung müssen die verwendeten Formen, Zeichen und Abkürzungen aufgelistet und in ihrer Bedeutung geklärt werden.

7.2.4 Die Einleitung

Die Einleitung gehört zur wissenschaftlichen Arbeit. Sie ist gleichsam eine Art Schleuse, die den Leser gedanklich in die Arbeit hineinführt, die ihn konzentriert auf die zentrale Problem-/Fragestellung und zu den wesentlichen Gedankengängen hinführt.

In der Einleitung kann auf den *persönlichen Anlass der Arbeit* eingegangen werden, um sichtbar zu machen, welche wissenschaftliche bzw. sachlich-fachliche Beziehung der/die Verfasser/in zum untersuchten Problem hat, wie er/sie dazu kam, es aufzugreifen. Die Einleitung kann deutlich machen, warum er/sie sich mit gerade diesem Thema befasst hat.

In der Einleitung wird das *Thema zugespitzt*, wird vorab erläutert, wie man den thematischen Spielraum – den jedes Arbeitsthema bietet – nutzen will. Es ist aufzuzeigen, wie man diesen Spielraum einengen will und warum man eine solche Einengung für notwendig und möglich hält. Mit anderen Worten: Der *Verfasser legitimiert hier seine Bearbeitung des Themas.*

Zugleich erfolgt eine *Einordnung des Themas in den aktuellen Diskussionsstand,* sodass erkennbar wird, dass man das Thema nicht deshalb eingegrenzt hat, weil man mehr nicht schaffen kann/will, sondern weil die Begrenzung sachlich geboten bzw. gerechtfertigt ist: man gibt zu erkennen, dass man sehr wohl über das gesamte Thema und sein Umfeld Bescheid weiß, man befasst sich aber aus guten Gründen ausdrücklich nur mit dem dargelegten Ausschnitt. Hier kann auch der *Grundstock für die spätere Einordnung und Auswertung der Ergebnisse gelegt* werden, die man in der Zusammenfassung vorzunehmen hat.

Neben der inhaltlichen erfolgt in der Einleitung auch die formale, die methodologische Legitimation. Hier ist *darzulegen, welche Methode, welches Verfahren und welche Techniken man für die Bearbeitung des Themas nutzen will;* und hier ist die Wahl dieser Methode, des Verfahrens und der Techniken zu *rechtfertigen,* als erfolgversprechend für die Bearbeitung gerade dieses Themas auszuweisen.

Sofern dies nicht immanent schon bei der Rechtfertigung der inhaltlichen Zuspitzung und der Methodenwahl geschehen ist, kann in der Einleitung noch die *schrittweise vorgesehene Bearbeitung des Themas dargestellt und erläutert* werden. Wenn das Thema erst einmal »auf den Punkt gebracht« worden ist, dann muss erläutert werden, welche Einzelschritte man für notwendig erachtet, um das Thema hinreichend zu bearbeiten. Wird man in Frageform vorgehen? Wird man mit Thesen arbeiten? (Zu den grundsätzlichen Bearbeitungsweisen siehe das Kapitel »Der Umgang mit dem Thema«, S. 150 ff.). 150 ff.

Nach der Lektüre der Einleitung muss der Leser wissen,
- warum ein bestimmtes Thema bearbeitet wird;
- wie das Thema aufgefasst wird, was daran für wesentlich und bearbeitenswert gehalten wird und warum;
- wie das Thema bearbeitet werden soll, mit welchen Verfahren und warum mit gerade diesen Verfahren, in welcher Schrittfolge und warum gerade in dieser Schrittfolge.

Der Leser muss also genau wissen, was ihn nun erwartet, wenn er die Arbeit weiterliest.

Es hat sich als sehr zweckmäßig erwiesen, gerade die Einleitung nach der Fertigstellung des gesamten Manuskripts – also unmittelbar vor der Erstellung der Reinschrift – noch einmal zu überprüfen und ggf. zu überarbeiten. !

7.2.5 Die Abhandlung

Die Abhandlung stellt den Kern der wissenschaftlichen Arbeit dar. Obwohl viele Autoren noch beim Schreiben selbst mancherlei Einfälle haben und neuartige Gedanken einbringen, sollte in der Regel der problemlösende Gedankengang abgeschlossen sein, sodass es nur noch auf die Darstellung ankommt. Dargestellt werden muss im Abhandlungsteil die gedanklich bereits schrittweise vollzogene Lösung des Problems. Das Thema muss hier vollständig und abschließend erörtert werden. Der Leser muss durch die Abhandlung endgültige Antworten auf die Fragen bzw. Bestätigungen/Widerlegungen der aufgestellten Thesen erfahren.

Für die Darstellung gilt, was für sprachliche Darstellungen ganz allgemein
36 ff. gilt und hier im Besonderen schon an anderer Stelle angeführt wurde (s. S. 36 ff.
47 f. und S. 47 f.). Einige Hinweise seien noch ergänzend hinzugefügt:

- Die Aufgliederung der Abhandlung sollte so erfolgen, dass *die einzelnen Abschnitte weder zu kurz noch zu lang* geraten. Die jeweiligen Teil-Fragen/Teil-Thesen sollten hinreichend erörtert werden, aber die Erörterung sollte nicht über das vom Thema her gesetzte Maß hinausschweifen.
- Die Darstellung sollte sich *auf die wesentlichen Probleme beschränken,* wie sie in der Einleitung bereits herausgearbeitet und vorgestellt wurden. Assoziative Gedankengänge sollten allenfalls in Fußnoten bzw. in den Anmerkungen kurz wiedergegeben werden.
- *Widersprüche sind auf jeden Fall zu vermeiden.* Die Darstellung muss den sach- und sprachlogischen Regeln entsprechen.
- *Wiederholungen sollten vermieden werden,* wenn nicht die Redundanz – als notwendiges/zweckmäßiges Darstellungsmittel begründet – Verwendung findet.
- Wenn auch Wiederholungen zu vermeiden sind, so sollten *die einzelnen Teile und Abschnitte der Abhandlung dennoch miteinander verklammert* werden. Sie sollten nicht bloß wie Perlen aneinander gereiht werden, sondern wie Glieder einer Kette ineinander greifen. Dies bedeutet, dass jeder größere Abschnitt mit einer kurzen Zusammenfassung der angestellten Erörterungen abgeschlossen und auf den nächstfolgenden verwiesen wird.
- *Man sollte so schreiben, wie man spricht; man sollte nicht so schreiben, wie man spricht. Beide Aussagen haben ihre Berechtigung.* Wissenschaftliche Arbeiten erfordern zwar die Verwendung bestimmter Fachausdrücke, machen aber keinesfalls einen eigenen wissenschaftlichen »Jargon« erforderlich. Die allgemeine Hoch- und Schriftsprache reicht für wissenschaftliche Darstellungen vollkommen aus. Jedes Bemühen um »hochgestochene«, mit Fremdwörtern gespickte usw. Sprache verbietet sich. Es verbietet sich aber auch, in der ausschweifenden und langatmigen Art zu schreiben, in der man oft spricht. *Wissenschaftliche Knappheit und Präzision mit natürlicher Sprache zu verbinden* sollte angestrebt werden.
- Den Leser einer Abhandlung am stärksten fesseln dürfte jener Autor, dem es gelingt, ihn seine *Gedankengänge mit- bzw. nachvollziehen zu lassen.* Obwohl die Abhandlung Darstellung der Ergebnisse eines umfassenden Denkprozesses ist, ist es dennoch oftmals möglich, die *Darstellung genetisch, prozesshaft*

anzulegen, sodass der Leser gleichsam den Gedankengang Schritt für Schritt mitvollziehen kann.

- Wissenschaftliche Abhandlungen sollten *keineswegs bloß Aneinanderreihungen von Zitaten* sein. Zitate – ob wörtlich oder sinngemäß – sind nur das Material, mit dem man eigene Gedankengänge anreichert, an dem man eigene Gedankengänge orientiert usw. Zitate sind übernommenes Gedankengut, das man zur Beantwortung der aufgestellten Fragen bzw. zur Argumentation der aufgestellten Thesen herangezogen hat. Keine wissenschaftliche Arbeit kann auf die Übernahme fremden Gedankenguts verzichten, weist mithin auch immer Zitate auf, aber diese sollten so sparsam wie möglich in die Abhandlung eingearbeitet werden. Es ist falsch, wenn manche Autoren meinen, die wissenschaftliche Arbeit bestehe allein darin, möglichst viele Zitate durch möglichst wenige eigene Formulierungen miteinander zu verbinden.

7.2.6 Die Zusammenfassung

Die Zusammenfassung darf tatsächlich nicht mehr sein als die sehr knappe Wiedergabe dessen, was in der Abhandlung erörtert bzw. dargestellt wurde; neue Gedanken können hier nicht mehr in die Arbeit eingebracht werden.

In der Zusammenfassung gilt es den Ertrag des wissenschaftlichen Arbeitens zu sichern, handhabbar zu machen, was die Abhandlung erbracht hat. Das bedeutet, die fassbaren Ergebnisse der Abhandlung in einer kompakten Weise zusammenzufassen, sodass sie weiterhin wirken können. Je nach Art der wissenschaftlichen Arbeit sollen die Ergebnisse in besonderer Weise weiterwirken, beispielsweise soll die Zusammenfassung einer Seminararbeit wahrscheinlich eine Diskussion im Seminar auslösen, die Zusammenfassung der Ergebnisse in einer Dissertation hingegen soll deren unmittelbaren Eingang in den wissenschaftlichen Erkenntnisfortschritt und die disziplinäre Diskussion ermöglichen. Von der Art der Arbeit hängt mithin auch die sprachliche Form der Zusammenfassung ab.

Die Zusammenfassung sollte die knappe, aber präzise Antwort auf die Kernfrage des Themas geben bzw. die Bestätigung oder Widerlegung der aufgestellten Hauptthese anzeigen.

Zuweilen bietet es sich an, am Ende der Zusammenfassung, ohne bereits neue Gedanken aufzunehmen und zu erörtern, auf mögliche weitere Problemerörterungen u. Ä. hinzuweisen, die aufgrund des Arbeitsergebnisses sichtbar werden. Eine Zusammenfassung kann also auch einen *»Ausblick«* auf künftige mögliche oder notwendige wissenschaftliche Arbeiten oder andere Folgeaktivitäten geben.

7.2.7 Die Anmerkungen

Im Anmerkungsteil der wissenschaftlichen Arbeit werden einerseits die exakten Quellenangaben, andererseits zusätzliche Bemerkungen zusammengefasst. Was die Quellenangaben betrifft, so wird in Abschnitt 7.3.4 »Zitieren im Manu-
146 ff. skript« (s. S. 146 ff.) ausführlich darauf eingegangen und an Beispielen veranschaulicht, wie solche Anmerkungen technisch gestaltet werden können.

»Zusätzliche Bemerkungen« meint hier all das, was ein Autor gern in geraffter Weise anführen möchte, was ihm aber nicht in den Fluss des Textes seiner Abhandlung hineinzugehören scheint und dort stören könnte. Bei solchen Anmerkungen kann es sich beispielsweise um *kurze Meinungsäußerungen des Autors* handeln, die den Gedankenfluss der Arbeit störend unterbrechen würden, auf die er aber nicht gern verzichten möchte.

Beispiel

> Was die traditionelle Teezeremonie in Ostfriesland anbelangt, so muss aus eigener Erfahrung leider auch darauf hingewiesen werden, dass hinter verschlossenen Türen auch hier der Teebeutel stark auf dem Vormarsch ist.

Es kann sich auch um *zusätzliche Literaturangaben* handeln, zu der zitierten Quelle hinzukommend, um *Korrekturen am übernommenen Zitat* o. Ä.

Beispiel

> MEIER 1954, S. 117. MEIER verwechselt hier übrigens die Herkunftslage Assam mit Darjeeling. Vgl. zu den Herkunftslagen auch BOOMGARDEN, Klaas: Die Herkunft des ostfriesischen Tees. Emden 1921, sowie KRUITHOFF, Albert: Auf die Mischung kommt es an – Tee aus Ceylon und Indonesien. Leer 1965.

Anmerkungen sollten *knapp und präzise* gehalten werden; sie können platzsparend abgefasst sein, d. h., es können die gebräuchlichen *Abkürzungen* verwendet werden, und der *Zeilenabstand kann eng bemessen* sein.

7.2.8 Das Literaturverzeichnis

Das Literaturverzeichnis sollte in bibliografischer Vollständigkeit alle für die Arbeit benutzten Werke wiedergeben. Dabei sind zwei Ordnungsgesichtspunkte maßgebend: Zum einen erfolgt die Anordnung auf *alphabetische Art und Weise,* wobei in der Regel der *Verfassername* maßgeblich ist; zum anderen wird nach *Erscheinungsterminen* geordnet. Wo mehrere Werke eines Autors verwendet wurden, werden sie nach dem Jahr ihrer Veröffentlichung angeordnet. Sollten mehrere Werke eines Autors im selben Jahr erschienen sein, so müssen sie zusätzlich durch kleine Buchstaben (a, b, c ...) unterschieden werden, damit sie im Anmerkungsteil korrekt aufgeführt werden können.

Im folgenden Kapitel über »Zitate und Zitieren« finden sich verschiedene 153
Beispiele hierfür (vgl. S. 153 und 155). 155

7.2.9 Die Anlagen/der Anhang

Gelegentlich gehören Anlagen und Anhang zu einer wissenschaftlichen Arbeit. Wenn beispielsweise mit Fragebögen gearbeitet wurde, so sollten Muster solcher Fragebögen der Arbeit im Anlagenteil beigefügt werden. Wenn qualifizierte Daten erhoben wurden, so können diese ebenfalls zum besseren Vergleich und zur möglichen Weiterarbeit im Anlagenteil aufgeführt werden. Und wenn beispielsweise Gesetzestexte ausgewertet wurden, ist es manchmal angebracht, die Originaltexte vor Augen zu führen. Auch Illustrationen, Zeitungsausschnitte, Textauszüge usw. können den Anlagenteil bilden.

Der Teil Anlagen/Anhang sollte allerdings nicht zu üppig werden, er sollte auf das Notwendigste beschränkt bleiben.

7.2.10 Die Erklärung/Versicherung

In manchen Prüfungs- und Studienordnungen wird vom Verfasser einer wissenschaftlichen Arbeit ausdrücklich eine Erklärung darüber verlangt, dass er die Arbeit selbstständig verfasst und alle benutzten Hilfsmittel vollständig angegeben hat.
Beispiel: »Die Arbeit hat als Anhang die Versicherung zu enthalten, daß sie vom Bewerber selbständig gefertigt wurde, daß die Quellen einer Entlehnung kenntlich gemacht wurden und daß außer den genannten keine weiteren Hilfsmittel verwendet worden sind.«

(Verordnung des Ministeriums für Wissenschaft und Kunst über die Erste Staatsprüfung für das Lehramt an Grund- und Hauptschulen in Baden-Württemberg, vom 28. November 1979, § 11, Abs. 5)

Vergewissern Sie sich vor Abgabe einer wissenschaftlichen Arbeit, ob die von Ihnen zu beachtende Prüfungs- oder Studienordnung Bestimmungen über solche Erklärungen/Versicherungen enthält. Übernehmen Sie diese gegebenenfalls wörtlich, und unterschreiben Sie sie, und zwar in jedem Exemplar der von Ihnen abgegebenen Arbeit, original.

7.3 Zitate und Zitieren

7.3.1 Sinn und Funktion des Zitierens – warum wird zitiert?

Zitate mit aller Sorgfalt zu sammeln und bei der schriftlichen Abfassung einer wissenschaftlichen Arbeit mit höchster Genauigkeit und größter Vollständigkeit zu zitieren – das ist ein mühseliges und aufwendiges Geschäft. Wer nicht einsieht, dass der Aufwand und die Mühe tatsächlich notwendig sind, nimmt diese Aufgabe allzu leicht zu leicht. Warum also zitieren?

Zitieren verhilft wissenschaftlichen Arbeiten zur erforderlichen *Objektivität.* Objektivität meint hier: Die in wissenschaftlichen Arbeiten gemachten Aussagen sind für jeden, der sich mit ihnen befasst, nachvollziehbar und überprüfbar, indem er den vom Verfasser verfolgten Gedankengang von Anfang bis Ende selbst nachverfolgen kann. Und dazu gehört nun einmal, dass alle von dritter Seite übernommenen Gedanken und alle von anderen entlehnten Aussagen zunächst auch als übernommen und entlehnt gekennzeichnet werden, darüber hinaus aber auch noch die Stellen angegeben werden, woher sie stammen. Derartige »Quellenangaben« erlauben dem Leser den Rückgang zur Quelle, von wo aus er dann noch einmal den Gedankengang des Verfassers nachvollziehen kann.

Damit dies auch wirklich geschehen kann, sind bestimmte Regeln für das Zitieren aufgestellt worden, die von allen einzuhalten sind und sorgfältig befolgt werden müssen. Sie werden in den folgenden Abschnitten vorgestellt und erläutert.

Zitieren verschafft aber auch die für wissenschaftliches Arbeiten erforderliche *Kontinuität.* Wissenschaftliches Arbeiten zeichnet sich u. a. auch dadurch aus, dass nicht immer wieder jede einzelne Untersuchung, jeder einzelne Gedankengang gleichsam am »Nullpunkt« ansetzen muss; vielmehr bauen wissenschaftliche Untersuchungen und Gedankengänge aufeinander auf, setzen fort, was von anderen begonnen wurde, treiben die Erkenntnis Schritt für Schritt voran. Wissenschaftliches Arbeiten ist ein Prozess steten Erkenntnisfortschritts. Jeder, der daran teilhat, ist in diesen Prozess eingeordnet und muss sich den im Laufe der Zeit dafür entwickelten Regeln unterordnen und sie befolgen. Indem zitiert wird, erhält der Leser – möglicherweise jemand, der auf der Basis der gerade gelesenen wissenschaftlichen Arbeit am selben oder einem ähnlichen Problem weiterarbeiten will – die Möglichkeit, sich die bereits geleistete Arbeit des Autors zunutze zu machen; er muss nicht selbst auch noch einmal nach den in Frage kommenden Quellen und den dort erhältlichen themenspezifischen Aussagen u. Ä. suchen, sondern findet solche Quellenangaben bereits korrekt und vollständig vor. Er kann sich an den bereits entwickelten und veröffentlichten Gedankengang anschließen und ihn fortsetzen, sodass ein Kontinuum wissenschaftlicher Bearbeitung der betreffenden Problematik geschaffen wird.

Zitieren ist schließlich auch Ausdruck *intellektueller Redlichkeit.* Wer nicht genau kenntlich macht, was er von anderer Seite übernommen hat, »schmückt sich mit fremden Federn«, gibt als Eigenleistung aus, was doch nur entlehnt wurde. Es muss dabei gar nicht immer ein bewusster »geistiger Diebstahl« vorliegen, auch aus Nachlässigkeit und Oberflächlichkeit entstehen »Plagiate«. Was übernommen wird, muss als übernommen ausgewiesen werden. Darin liegt keineswegs eine Minderung der eigenen wissenschaftlichen Leistung; der Quellennachweis ist essenzielles Element allen wissenschaftlichen Arbeitens.

! **Wenn Sie einmal zu verzweifeln drohen, weil Sie zitieren müssen, Ihnen aber die erforderlichen Daten dafür nicht mehr zur Hand sind – sei es, weil sie die Materialsammlung zu »großzügig« und ohne die Quellenangaben vornahmen, oder sei es, weil Ihnen Unterlagen verloren gingen etc. –, dann führen Sie sich bitte vor Augen, dass es ohne genauen und vollständigen Nachweis wirklich nicht geht, dass gerade auch das korrekte Zitieren, der korrekte Quellennachweis Ihre Arbeit als wissenschaftliche Arbeit ausweist!** Woher wollen Sie wissen, dass auf Ihre Arbeit niemand mehr zurückgreifen wird? Vielleicht werden Sie selbst später an Ihre erste eine weitere Arbeit anschließen wollen, ein bestimmtes praktisches Problem lösen wollen o. Ä.!

Versäumnisse beim Zitieren können im Nachhinein niemals mehr ausgeglichen werden.

7.3.2 Vom Umfang des Zitierens – was wird zitiert?

7.3.2.1 Grundregeln

Grundsätzlich gilt, dass jeder in den eigenen Gedankengang übernommene Gedanke, dass jede in die eigene Abhandlung übernommene Aussage auszuweisen und zu kennzeichnen ist. Davon gibt es **keine** Ausnahme. Zitate sind als solche deutlich und korrekt kenntlich zu machen; ihre Herkunft ist eindeutig und vollständig zu belegen.

Grundregel

In die eigene wissenschaftliche Arbeit übernommene und eingearbeitete Zitate sind kenntlich zu machen!

Es spielt keine Rolle, ob ein Zitat wortgetreu übernommen wird oder ob es bloß sinngemäß einen fremden Gedanken o. Ä. wiedergibt (unterschiedlich ist lediglich die Technik der Kennzeichnung). Solche Kennzeichnung ist Ausdruck »intellektueller Redlichkeit«; »fremde Federn« werden auch als »fremde Federn« ausgegeben, man schmückt sich nicht stillschweigend mit ihnen. Um auch dem wissenschaftlichen Postulat nach »Objektivität« (im Sinne allgemeiner Überprüfung der Ausführungen) zu genügen, muss die Kennzeichnung, das Zitieren, zwei weiteren Forderungen entsprechen:

- der Forderung nach *Genauigkeit* und *Zutreffenheit*
- der Forderung nach *Vollständigkeit.*

Regel A

Zitiert werden muss genau und zutreffend!

Übernommene Gedanken, Aussagen, Formulierungen o. Ä. müssen vor allem *unverändert* und *getreu* wiedergegeben werden. Dies bedeutet vor allem: Übernahmen dürfen nicht inhaltlich »gebeugt« werden, d. h., sie dürfen nicht aus Gründen der Einpassung in die eigene Gedankenführung, Beweisführung usw. »zurechtgebogen«, verändert, verfälscht werden. Eine solche Verfälschung kann schon aus kleinen äußeren Unkorrektheiten folgen (vgl. das Beispiel unten). Schlimmer aber ist es, wenn eine Sinnentstellung bewusst vorgenommen wird, damit das Zitat »in den eigenen Kram passt«.

Beispiel: Zeugnis für eine Hausangestellte

Original: »Fleißig und ehrlich war sie nicht, klagen können wir über sie.« Verfälschtes Zitat: »Fleißig und ehrlich war sie, nicht klagen können wir über sie.«

Im Grunde genommen bedeutet die Pflicht zu wortgetreuer Zitierung, dass Fehler im Original - etwa Schreibfehler - zunächst auch mit übernommen werden, um dann erst, in einer besonderen Anmerkung, richtig gestellt zu werden; oder man weist in einer Fußnote darauf hin, dass im Original ein Fehler enthalten war, den man im Zitat bereits korrigiert hat. Bei offensichtlichen Fehlern - Rechtschreibung, Grammatik (Vorsicht: *Vielleicht hat der Autor doch recht und will etwas ganz anders sagen, als Sie herauslesen!*), Zeichensetzung usw. - ist aber m. E. solche Pedanterie nun doch nicht nötig.* So heißt es z. B. in einem berühmten Aufsatz über Didaktik im Original: *»in betimmter Absicht«;* das muss man nicht erst so, sondern kann es gleich als *»in bestimmter Absicht«* zitieren (vgl. HEIMANN, Paul: Didaktik als Theorie und Lehre. In: Die Deutsche Schule, 54. Jg. 1962, H. 9, S. 415).

Wörtliche Zitate aus Texten früherer Jahrhunderte mit ihren doch recht häufigen Abweichungen in Rechtschreibung, Zeichensetzung und Grammatik dürfen natürlich nicht »stillschweigend« nach den jeweils aktuellen heutigen »Duden«-Regeln »korrigiert« werden.

Zitate weisen häufig Veränderungen, Verkürzungen, Auslassungen und Ausweitungen auf und werden bloß sinngemäß, nicht aber wortgetreu wiedergegeben. Ist das nun unzulässig? Ja, wenn nicht auf derartige Eingriffe hingewiesen wird. Nein, wenn solche Eingriffe zugegeben und deutlich kenntlich gemacht werden, sodass der Leser ersieht, wer was wo und wie verändert, verkürzt, ausgelassen, ausgeweitet oder bloß sinngemäß übernommen hat. Die Art des Zitierens muss diese Auskünfte geben.

---

* Was die neue Rechtschreibung betrifft, so sollte man die alte Form der Rechtschreibung in Zitaten übernehmen und keineswegs eine Übertragung in die neue Form vornehmen!

Beispiele

Veränderungen

Original:	Viel zu viele Industrieunternehmen und private Haushalte lassen ihr Wasser ungeklärt und ungefiltert in den Bodensee laufen. Ich fordere: Es ist niemand gestattet, sein gesamtes Waschabwasser ungeklärt und ungefiltert in den See zu leiten! Nur so werden wir unseren Heimatsee auf Dauer retten können.
Zitat:	Hierin schließe ich mich der Meinung von WERNER an, der im Zusammenhang mit der Erörterung des Problems der Eutrophierung des Bodensees verlangt, dass »niemand(em) gestattet (werden darf), sein gesamtes Waschabwasser *ungeklärt* (Hervorhebung durch W. H. P.) und ungefiltert in den See zu leiten«[1].
Zitieren:	Hier ist die Veränderung gekennzeichnet a) durch Klammerzeichen, b) durch den Zusatz, dass die Hervorhebung durch den Verfasser der wissenschaftlichen Arbeit vorgenommen wurde.

Verkürzungen

Original:	Wenn auch in der politischen und wissenschaftlichen Diskussion seit der zweiten Hälfte der 60er Jahre der liberaldemokratische Grundkonsens stärker problematisiert worden ist als vorher und an den Rändern des politischen Meinungs- und Organisationsspektrums auch in Frage gestellt oder gar offen aufgekündigt wird, so verfügt das politische System in der breiten Zustimmung der Bevölkerung nach wie vor über eine solide Legitimationsgrundlage.
Zitat:	Auch bei JENKNER findet sich die Meinung, dass das »politische System« der Bundesrepublik immer noch »breite Zustimmung der Bevölkerung« hat, wenn auch – wie er sagt – die »Ränder des politischen Meinungs- und Organisationsspektrums« den liberaldemokratischen Grundkonsens stärker hinterfragt haben[1]. [1] JENKNER, Siegfried: Die Schule in der freiheitlichen demokratischen Grundordnung der Bundesrepublik. Hannover 1980, S. 50 (grammatikalisch leicht verändert)
Zitieren:	Hier wird durch ausdrücklichen Hinweis die – geringfügige – Veränderung angezeigt.

Auslassungen

Original:	Niemand kann sich dem sich stets anbahnenden informellen Beziehungsgeflecht in einer Arbeitsgruppe entziehen. Auch wer selber kaum intensive Beziehungen zu seinen Arbeitskollegen aufnimmt, profitiert von den Leistungsvorteilen der guten Gruppenbeziehungen.
Zitat:	Wichtig erscheint mir vor allem, auf die Tatsache hinzuweisen, dass wohl niemand »sich dem … informellen Beziehungsgeflecht … entziehen« kann[1].
	1 HEINRICH, Egon: Teamwork am Band. In: Rationalisierung im Betrieb. Hrsg. v. J. BARRES. Berlin 1955, S. 14
Zitieren:	Hier sind die ausgelassenen Stellen durch drei Punkte (…) angezeigt.

Ausweitungen

Original:	Jugendliche brauchen Spielraum. Eltern dürfen ihre jugendlichen Kinder nicht zu sehr beaufsichtigen. Gerade der lange Zügel bindet – so paradox das manchem klingen mag – die Kinder viel enger an Eltern und Elternhaus als jede noch so straffe Führung.
Zitat:	So stelle ich nach Erörterung der vorliegenden Literatur fest, dass »Jugendliche (W. P.: großen) … Spielraum« brauchen, worauf auch KERSTIENS hinweist[1].
	1 KERSTIENS, Franz: Jugend und Spielraum. Hannover 1976, S. 78
Zitieren:	Hier ist die vom Verfasser vorgenommene Ergänzung durch eine Klammer gekennzeichnet und zusätzlich noch als vom Verfasser eingebracht (W. P. = Wilhelm PETERSSEN) ausgewiesen worden (Initialen).

Sinngemäße Übernahme

Original:	Der sogenannte ›Kindchen‹-Effekt wird in der täglichen Werbung überaus häufig beansprucht, um in Käufern positive Einstellungen zum Produkt auszulösen und so das gewünschte Kaufverhalten zu steuern. Er findet sich bei der Werbung z. B. für Zwiebäcke (das rundliche Gesicht des kleinen Kindes), für Socken (das kleine Küken mit seinen weichen Flaumfedern) usw.
Zitat:	Wenn man bedenkt, wie sehr heute offensichtlich der so genannte »Kindchen«-Effekt für die Werbung ausgenutzt wird[1], versteht man die Bilder in unseren Märkten wohl eher.
	1 Vgl. KINDCHEN, Theodor: Werbung mit Psychologie. 2., verb. Aufl. Köln 1984

Zitieren:	Hier wird nicht wörtlich aus dem Original zitiert; in der Fußnote bzw. Anmerkung wird aber zusammen mit einem vorangestellten »vgl.« die genaue Herkunft eines Gedankengangs o. Ä. klargestellt.

Regel B

Zitiert werden muss vollständig!

Die Angaben über die Herkunft des Zitats müssen **vollständig** sein, damit jeder Interessent das Zitat im Kontext des Originals überprüfen bzw. die Entlehnungsstelle genau und schnell auffinden kann. Quellenangaben müssen Auskunft darüber geben,

- von wem die Aussage, Formulierung o. Ä. stammt
- wo sie gemacht worden ist
- wann sie gemacht wurde

mit einem Wort: Die Quellenangaben müssen *bibliografisch vollständig* sein.

In der Regel bedeutet dies, dass folgende Angaben zu machen sind:

- (sämtliche) Verfasser bzw. Herausgeber mit vollem Namen und Vornamen
- korrekter, vollständiger Teil der Veröffentlichung, aus der zitiert wird,
- ggf. Art der Veröffentlichung (z. B. »unveröff. Ms.« oder »Diss.«)
- Ort des Erscheinens der Veröffentlichung,
- Erscheinungsjahr(-monat) der Veröffentlichung,
- Seitenangabe(n)

(vgl. hierzu die Erläuterungen im Einzelnen auf S. 123 ff.). 123 ff.

7.3.2.2 Zweitzitate

Streng genommen dürfte es Zweitzitate in wissenschaftlichen Veröffentlichungen gar nicht geben, da jeder wissenschaftlich Arbeitende zur exakten Überprüfung seiner Daten verpflichtet ist und Daten sind letzten Endes auch Aussagen, die man – gleichsam aus zweiter Hand – übernimmt. Da viele wissenschaftliche Arbeiten aber gar keine Forschungsarbeiten verlangen, sondern lediglich den Nachweis, dass man fähig ist, Probleme unter Rückgriff auf wissenschaftlich gewonnene Erkenntnisse und durch Verwendung wissenschaftlicher Verfahren zu lösen, können m. E. Zweitzitate durchaus zugestanden werden. Dies vor allem auch, weil in den meisten Fällen nur eine sehr begrenzte Zeit für die Abfassung solcher Arbeiten eingeräumt wird, die ein Verfolgen von Zweitzitaten bis zu ihrer ursprünglichen Quelle gar nicht zulässt.

Beispiel (fiktiv)

Text, aus dem übernommen wird
MÜLLER, Friedhelm:
Das Bier – Ein Getränk, das Freundschaft schafft.
Ravensburg 1988
Hier heißt es auf S. 22:
Wer auch heute noch, nachdem viele Jahre intensiv und – gelegentlich auch erbittert – umfassend über dass deutsche Gebot der Reinheit für Bier-Getränke argumentiert worden ist, dies Gebot für überholt erklärt, stellt sich außerhalb alles unausgesprochenen Konsenses. Hier gebe ich voll und ganz der Auffassung von SIGRID recht, die behauptet: »Deutsches Bier war stets rein, ist stets rein und bleibt stets rein!«[1] Wo kämen wir hin, wenn wir solcher Grundeinsicht nicht mehr entsprechen wollten!?

[1] SIGRID, H.: Rechtliche und ökonomische Probleme des Reinheitsgebotes. München 1987, S. 135

Text der wissenschaftlichen Arbeit
Wenn ich mich nun der Frage zuwende, ob das deutsche Reinheitsgebot für Bier noch aktuell ist, möchte ich gleich anfangs meine Meinung deutlich dadurch zum Ausdruck bringen, dass ich mich auf SIGRID beziehe, die in ihrer rechtlichen und wirtschaftlichen Untersuchung zum Ergebnis kommt: »Deutsches Bier war stets rein, ist stets rein und bleibt stets rein!« Es kann gar keine anders lautende Schlussfolgerung geben als diese.

[1] SIGRID, H.: Rechtliche und ökonomische Probleme des Reinheitsgebotes. München 1987, S. 135. Zit. nach: MÜLLER, F.: Das Bier – Ein Getränk, das Freundschaft schafft. Ravensburg 1988, S. 22

Warum so genau? Warum dieser Aufwand? Warum zwei Literaturangaben? Nun, wer die grundsätzlichen Ausführungen über Ansprüche an wissenschaftliches Arbeiten in diesem Buch gelesen hat, sollte sich diese Fragen eigentlich selber beantworten können:

- Da ist zunächst einmal die erwartete »intellektuelle Redlichkeit«, die es gebietet, alle Gedanken, die man von fremder Seite übernommen hat, auch als übernommen auszuweisen, also kein Plagiat zu begehen (vgl. S. 21).
- Da ist weiterhin die »intersubjektive Überprüfbarkeit«, der Grundsatz der »Objektivität«, der die genaue Quellenangabe nötig macht, damit der Gedankengang von jedermann auch tatsächlich verfolgt werden kann (vgl. S. 25).
- Da ist letzten Endes ein Klugheits-Grund. Wer garantiert denn, dass das Zitat, das man aus zweiter Hand übernimmt, auch dort richtig und sinn-

entsprechend wiedergegeben wird? Möglicherweise weist es Fehler, Sinnentstellungen u. Ä. auf. Weist man nun auf die Tatsache des *Zweit*zitates hin, so kann man nicht für die Fehler verantwortlich gemacht werden.

Oder

> *Text der wissenschaftlichen Arbeit*
> Wer könnte nicht MÜLLER darin zustimmen, dass »sich innerhalb alles unausgesprochenen Konsenses« stellt, wer dem Reinheitsgebot widerspricht, denn wie er »behauptet: ›Deutsches Bier war stets rein, ist stets rein und bleibt stets rein!‹«[1]. Darin ist ihm nur noch voll zuzustimmen.
>
> ---
>
> [1] MÜLLER, F.: Das Bier – Ein Getränk, das Freundschaft schafft. Ravensburg, S. 22, wo er sich auch auf SIGRID beruft: SIGRID, H.: Rechtliche und ökonomische Probleme des Reinheitsgebotes. München 1987, S. 135
>
> **Hier:** Das Zweitzitat, – das Zitat im Zitat –, wird durch einfache Zeichen kenntlich gemacht!

7.3.2.3 Fundstellen für bibliografische Daten

Wo aber findet man alle notwendigen Angaben für den korrekten Quellennachweis? Wo befinden sich die bibliografischen Daten in Publikationen, wie sie für unsere wissenschaftlichen Arbeiten in Betracht kommen?

Bei ordentlichen *Büchern* ist das kein Problem; jedes Buch enthält alle für uns wichtigen Angaben in der Regel übersichtlich geordnet auf dem Haupttitel und der folgenden Seite (vgl. die Abb. S. 130). Der Quellennachweis für 130
unser »Beispielbuch« müsste in der wissenschaftlichen Arbeit lauten:

> EICKHORST, Annegret: Selbsttätigkeit im Unterricht. Grundlagen und Anregungen. 1. Aufl. München 1998

In zahlreichen Büchern ist die so genannte CIP-Einheitsaufnahme der Deutschen Bibliothek abgedruckt (Rückseite des Haupttitels, s. Abb.). Hier sind die erforderlichen bibliografischen Angaben auch zu finden, allerdings in einer anderen Form, als dies in wissenschaftlichen Arbeiten üblich ist.

Bei ordentlichen *Zeitschriften* gibt es wie bei den Büchern keine Probleme beim Auffinden der bibliografischen Angaben. Sie befinden sich in der Regel auf einer der ersten Seiten (vgl. Abb. S. 131). Hier gilt – wie bei den Büchern –, dass 131
die Angaben auf der ersten Umschlagseite häufig nicht vollständig/korrekt im Sinne unseres Quellennachweises sind.

Hier würde in der wissenschaftlichen Arbeit zitiert werden:

> MILLER-KIPP, Gisela: Vom Theorieanspruch der Friedenserziehung. Neue Ansätze in einer alten Diskussion. In: Zeitschrift für Pädagogik, 30. Jg. 1984, H. 5 (Okt.), S. 609 ff.

Annegret Eickhorst

Selbsttätigkeit im Unterricht

Grundlagen und Anregungen

Oldenbourg

Haupttitel

Die Deutsche Bibliothek – CIP-Einheitsaufnahme

Eickhorst, Annegret:
Selbsttätigkeit im Unterricht : Grundlagen und Anregungen /
Annegret Eickhorst. – 1. Aufl. –
München : Oldenbourg, 1998
(EGS-Texte)
ISBN 3-486-02440-X

© 1998 by R. Oldenbourg GmbH, München
Das Werk und seine Teile sind urheberrechtlich geschützt. Jede Verwendung in anderen als den gesetzlichen Fällen bedarf deshalb der vorherigen schriftlichen Einwilligung des Verlages.

1. Auflage 1998 02 01 00 99 98 R

Lektorat: Rainer Paetsch
Herstellung: Christa Neukirchinger
Umschlaggestaltung: Gorbach GmbH, Buchendorf
Umschlagkonzeption: Mendell & Oberer, München
Satz: satz & repro Grieb, München
Druck- und Bindearbeiten: Wagner GmbH, Nördlingen

ISBN 3-486-**02440**-X

Seite 4 mit CIP-Kurztitelaufnahme der Deutschen Bibliothek und Impressum mit Copyright-Vermerk

Schwieriger wird es bei »*nicht-ordentlichen*« *Veröffentlichungen,* z. B. bei Papieren des so genannten »grauen« Markts, also bei in Ausbildungsinstitutionen kursierenden Skripten, Veranstaltungsnachschriften, Raubdrucken, Fotokopien, eigenen Aufzeichnungen usw. Sofern man für seine wissenschaftliche Arbeit auf diese Materialien zurückgreift, muss man sie auch benennen. Dann sind die Quellennachweise entweder den vorhandenen Angaben in den Papieren selbst zu entnehmen oder vom Verfasser der wissenschaftlichen Arbeit selbst so genau wie möglich zusammenzustellen.

Beispiele

PETERSSEN, Wilhelm: Ausländische Schüler in deutschen Schulen. Vorlesung PH Weingarten, WS 1984/85. Persönliche Mitschrift des Verf.
PETERSSEN, Wilhelm: Anschaulicher Unterricht. Skript zum Hauptseminar PH Weingarten, SS 1984
(N. N.): Studieren ohne Zwänge. Flugblatt zu »Utopia«. Weingarten, WS 1984/85 (Dez.)
HENNERSDORF, Silke: Gedächtnisprotokoll eines Gesprächs v. 12.12.84. Emden-Borssum

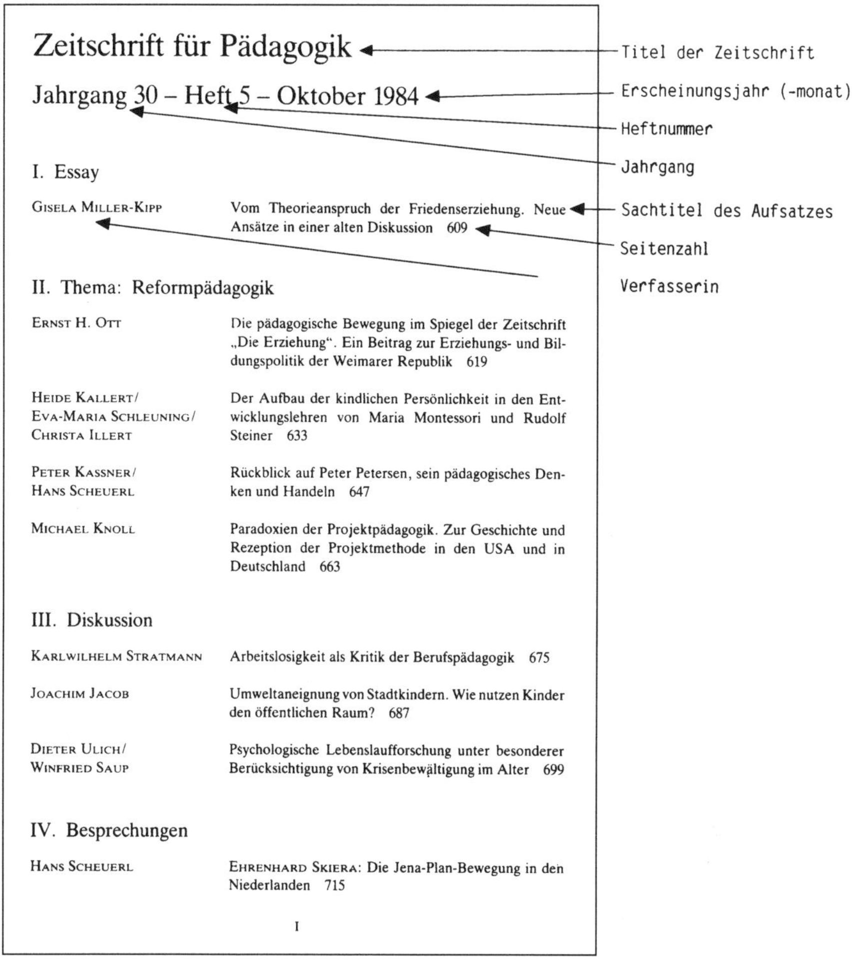
Zeitschrift für Pädagogik

Jahrgang 30 – Heft 5 – Oktober 1984

I. Essay

Gisela Miller-Kipp	Vom Theorieanspruch der Friedenserziehung. Neue Ansätze in einer alten Diskussion 609

II. Thema: Reformpädagogik

Ernst H. Ott	Die pädagogische Bewegung im Spiegel der Zeitschrift „Die Erziehung". Ein Beitrag zur Erziehungs- und Bildungspolitik der Weimarer Republik 619
Heide Kallert/ Eva-Maria Schleuning/ Christa Illert	Der Aufbau der kindlichen Persönlichkeit in den Entwicklungslehren von Maria Montessori und Rudolf Steiner 633
Peter Kassner/ Hans Scheuerl	Rückblick auf Peter Petersen, sein pädagogisches Denken und Handeln 647
Michael Knoll	Paradoxien der Projektpädagogik. Zur Geschichte und Rezeption der Projektmethode in den USA und in Deutschland 663

III. Diskussion

Karlwilhelm Stratmann	Arbeitslosigkeit als Kritik der Berufspädagogik 675
Joachim Jacob	Umweltaneignung von Stadtkindern. Wie nutzen Kinder den öffentlichen Raum? 687
Dieter Ulich/ Winfried Saup	Psychologische Lebenslaufforschung unter besonderer Berücksichtigung von Krisenbewältigung im Alter 699

IV. Besprechungen

Hans Scheuerl	Ehrenhard Skiera: Die Jena-Plan-Bewegung in den Niederlanden 715

I

Bibliografische Angaben in einer Zeitschrift

7.3.3 Die Technik des Zitierens – wie wird zitiert?

7.3.3.1 Unterschiedliche Quellen – unterschiedliche Zitierweisen

Die Art des Zitierens richtet sich im Allgemeinen nach der Quelle, aus der das Zitat übernommen wird. Da wir bereits mehrere »Quellen« unterschieden haben, müssen entsprechend viele Zitattechniken unterschieden werden. Je nach Herkunft kann zitiert werden aus

(A) Büchern (Monografien);
(B) Beiträgen, die sich in Büchern oder Sammelwerken, Handbüchern, Lexika, Nachschlagewerken o. Ä., befinden;

(C) Beiträgen in Zeitschriften oder vergleichbaren periodisch erscheinenden Veröffentlichungen;
(D) Schriften des so genannten »grauen« Marktes;
(E) wissenschaftlichen Arbeiten (Dissertationen, Diplomarbeiten, Hausarbeiten u. Ä.), die nicht in Buch- oder Zeitschriftenform veröffentlicht sind;
(F) Online-Recherchen (E-Mail, Internet)
(G) Protokollen, eigenen Aufzeichnungen u. Ä.
(H) Wenn Tabellen, Grafiken u. Ä. übernommen werden, sind selbstverständlich auch genaue Quellenverweise nötig.

Im Folgenden wird auf die unterschiedlichen Formen des Quellennachweises gesondert eingegangen, und zwar werden zunächst jeweils die erforderlichen bibliografischen Daten für den Quellennachweis aufgelistet, danach Beispiele angeführt. *Achtung:* Es handelt sich um fiktive Beispiele!

A Wenn aus einem Buch zitiert wird

Notwendige Angaben
1. Nachname(n) des Verfassers/der Verfasser
2. Vorname(n) des Verfassers/der Verfasser (u. U. abgekürzt)
3. Titel des Buches (Untertitel sollte auch angegeben werden)
4. Auflage des Buches
5. Ort(e) des Erscheinens
6. Jahr des Erscheinens (der jeweiligen Auflage)
7. evtl. zusätzlich
   - Verlag (in der Regel nur bei fremdsprachigen Veröffentlichungen)
   - Serien-/Reihentitel
   - Übersetzer/Bearbeiter
   - Titel und Erscheinungsjahr der Originalausgabe (bei fremdsprachigen Veröffentlichungen)
8. Seite des Zitats

Beispiele zu (A)

Diese Beispiele können verdeutlichen, was MÜLLER-MÜNSTERKERN meint, wenn er von der »Pflicht des Reiseveranstalters zu rückhaltloser Information der Reiseteilnehmer« spricht[1].

[1] MÜLLER-MÜNSTERKERN, Friedrich: Das allgemeine Reiserecht, 7., verb. u. erw. Aufl. München 1984, S. 72

Bei GLAUGER fand ich den Hinweis, dass es bei einer Reisegruppe immer auch »überaus schwierige Teilnehmer« gibt[1]. Mit REGER bin ich aber auch der Meinung, dass man daraus nun keineswegs schließen darf, stets und immer »Ärger mit mindestens einigen Reiseteilnehmern zu haben«[2].

[1] Glauger, Eduard: Erhebungen über die Zusammensetzung von Reisegruppen (Reisen, Reisende, Reiseveranstalter, Bd. 12). Stuttgart 1985, S. 14

[2] Reger, Franz: Reisen bildet immer noch. Bad Wimpfen 1983, S. 37

Auch Meyer und Ingwersen vertreten die Auffassung, dass man Reiseteilnehmer unter allen Umständen »stets und vollständig über alle bevorstehenden Schwierigkeiten zu informieren hat«[1].

[1] Meyer, Ernst/Ingwersen, Otto: Aktuelles Reiserecht. München/Berlin/Stuttgart 1985, S. 3

Niemand klärt diese Frage so sorgfältig wie Reimann. Er untersucht sie unter drei verschiedenen Aspekten: dem des »Reiserechts heute«, dem der »Berechtigung des Reiseteilnehmers auf vollständige Information« sowie dem des »Regreßanspruchs bei unvollständiger Information«[1].

[1] Reimann, Bernhard: Die Informationspflicht des Reiseveranstalters – Eine Untersuchung tatsächlichen Verhaltens bei Flugreiseunternehmern. Weinheim/Basel 1983, S. 22 ff.

B Wenn aus einem Buchbeitrag/Sammelwerk zitiert wird

Notwendige Angaben

1. Nachname(n) des Verfassers/der Verfasser
2. Vorname(n) des Verfassers/der Verfasser (u. U. abgekürzt)
3. Titel des Beitrags
4. Titel des Buches/Sammelwerks (Untertitel ggf. auch angeben)
5. Herausgeber des Buches/Sammelwerks (Nachnamen und Vornamen)
6. Auflage des Buches/Sammelwerks
7. Ort(e) des Erscheinens
8. Jahr des Erscheinens (der jeweiligen Auflage)
9. evtl. zusätzlich
   - Verlag (bei fremdsprachigen Publikationen)
   - Serien-/Reihentitel
10. Seitenumfang des Beitrags
11. Seite des Zitats

Beispiele zu (B)

Körner hat dies gut dargestellt, indem er das »Käuferverhalten als immer auch von den Präsentationsreizen abhängig« beschreibt[1].

[1] KÖRNER, Heinz: Zur Steuerung des Käuferverhaltens in Großmärkten. In: SCHWARTZ, Friedrich (Hrsg.): Der Großmarkt – Funktion, Struktur, Gestaltung. Berlin/Hamburg 1982, S. 314–380, S. 316

Wer das Kaufverhalten steuern will, muss vor allem der Präsentation der Ware sein besonderes Augenmerk widmen, da das »Käuferverhalten ... immer auch von den Präsentationsreizen abhängig ist«, wie KÖRNER meint[1]. Wie präsentiert werden kann, erörtert in seinem berühmten Werk besonders ALBERS, der dabei zwölf unterschiedliche Präsentationsgrundformen beschreibt[2].

[1] KÖRNER, Heinz: Zur Steuerung des Käuferverhaltens in Großmärkten. In: SCHWARTZ, Friedrich (Hrsg.): Der Großmarkt. Berlin/Hamburg 1982, S. 314–380, S. 316

[2] ALBERS, Wilhelm: Die gute Präsentation der Ware. In: GÖTERS, Erwin (Hrsg.): Markt und Käufer. Zürich 1979, S. 213

Ich schließe mich hier ganz der Auffassung von BABEL und BECHSTEIN an, die behaupten, dass »keine Warenpräsentation so effektvoll ist wie die Vorführung ihrer Verwendungsmöglichkeiten unter Ernstbedingungen«[1].

[1] BABEL, Egon/BECHSTEIN, Peter: Vorführung von Waren in Supermärkten. In: KÖNIG, Fritz (Hrsg.): Supermarkt und Käuferwerbung. Berlin ^{4}1985, S. 415–429, S. 416

Wer Käufer werben will, muss heute zu unkonventionellen Mitteln greifen, muss bereit sein, wie ZUFMANN fordert, »den Weg des Üblichen zugunsten origineller Maßnahmen zu verlassen«[1].

[1] ZUFMANN, Heiner: Mut zur Originalität. In: HEINEMANN, Franz/KÖNIG, Fritz (Hrsg.): Markt und Werbung. Königstein/Taunus ^{2}1984, S. 222–264, S. 223

C Wenn aus einem Zeitschriftenartikel zitiert wird

Notwendige Angaben

1. Nachnamen(n) des Verfassers/der Verfasser
2. Vorname(n) des Verfassers/der Verfasser (u. U. abgekürzt)
3. Titel des Aufsatzes (u. U. Untertitel)
4. Titel der Zeitschrift
5. Jahrgang der Zeitschrift
6. Erscheinungsjahr der Zeitschrift
7. Heftnummer der Zeitschrift (im Erscheinungsjahr; abgekürzt: H. bzw. Nr.)

8. Seitenumfang des Beitrags
9. Seite des Zitats

Beispiele zu (C)

Stadthotels müssen ihre Gäste auf andere Weise ansprechen; sie müssen vor allem auf ihre zentrale Lage in der Stadt u. Ä. aufmerksam machen, sie müssen »den Verkehrsvorteil, der aus ihrer zentralen Lage resultiert, herausstellen«, wie HERBERS ausführt[1].

[1] HERBERS, Johann: Die besondere Bedeutung der zentralen Lage von Stadthotels und ihre Bedeutung für die Werbung von Gästen. In: Hotels und Gaststätten, 3. Jg. 1984, H. 6, S. 22–28, S. 27

Wer in seinem Restaurant auch heute noch mehr Wert auf große Portionen statt auf wertkostartige Speisengestaltung legt, darf sich nicht wundern, wenn der von BEIERSDORF als »Gast-Schwund-Effekt« bezeichnete Vorgang einsetzt[1]. Ohne besondere Ankündigung lässt der Besuch nach, manchmal sogar – wie CAPSEL schreibt – »plötzlich, über Nacht gleichsam, bleiben die Gäste aus«[2].

[1] BEIERSDORF, Peter: Quantität versus Qualität. In: Speisen im Restaurant. Fachzeitschrift des Verbandes deutscher Restaurantbesitzer, 67. Jg. 1984, Nr. 2, S. 65–71, S. 66
[2] CAPSEL, Oskar: Gästewerbung für Restaurants. In: Speisen im Restaurant, 67. Jg. 1984, H. 2, S. 73–79, S. 74

In einer Umfrage haben BESUDEN und SPROCKHOFF festgestellt, dass nichts einen Gast offenbar so sehr beeindruckt wie »die persönliche Begrüßung mit Namen und – sofern vorhanden – auch Titel bereits bei Betreten des Restaurants.«[1]

[1] BESUDEN, Heinrich/SPROCKHOFF, Dieter: Gäste begrüßen – ein alter Zopf? Bericht über eine empirische Untersuchung. In: Der Oberkellner. Verbandszeitung des Hotel- und Gaststättengewerbes, 33. Jg. 1983, Nr. 17 (Okt.), S. 8–28, S. 11

Wo sich Hotels zu sog. »Ketten« zusammengefunden haben, bietet es sich an, dem Vorschlag von HASLER zu folgen: »Bereits im Hotel, das er gerade verläßt, sollte der Gast aus einer ausliegenden Speisekarte ersehen können, welche regionalen Besonderheiten ihm das Hotel bietet, zu dem er gerade aufbricht.«[1]

[1] HASLER, Herbert: Werbemaßnahmen in Kettenhotels. In: Das Schloßhotel, 3. Jg. 1984, H. 3, S. 23–29, S. 24

D Wenn aus »grauen Papieren« u. Ä. zitiert wird

Notwendige Angaben

1. Nachname(n) des Verfassers/der Verfasser (ggf. Kürzel bzw. N. N. = Name unbekannt)
2. Vorname(n) des Verfassers/der Verfasser (u. U. abgekürzt)
3. Titel des Beitrages
4. Titel der Flugschrift/des »Papiers« o. Ä. (bei Zeitungen auch Ausgabe)
5. Erscheinungsort (falls unbekannt: o. O. = ohne Ort)
6. Erscheinungsjahr (ggf. Nummer und genaues Erscheinungsdatum; falls unbekannt: o. J. = ohne Jahresangabe)
7. Seite des Zitats

Beispiele zu (D)

Sollten Studenten tatsächlich wieder für eine »verfasste Studentenschaft« eintreten? Hake verlangt dies uneingeschränkt: »Es kann für uns nur eine Rückkehr zur verfaßten Studentenschaft geben. Dafür müssen wir uns jetzt bei der Gesetzesnovellierung voll einsetzen.«[1]

[1] Hake, Hans: Wir wollen die verfaßte Studentenschaft zurück!!! In: Wahlplattform der SEK-Studentengruppe an der Universität Hannover. Hannover, 17.11.1983, S. 2

Vor allem die GEW-Studentengruppen sprachen sich gegen die Erweiterung der sog. Drittmittelregelungen aus. So heißt es z. B.: »Die vorgesehenen Änderungen öffnen die Universitäten für Industrie und Wirtschaft und gewähren diesen künftig großen Einfluß auf akademische Entscheidungen.«[1]

[1] (N. N.): Zur Drittmittel-Regelung. In: Flugblatt der GEW-Studentengruppe anläßlich der Novellierung des HRG. Universität Dortmund, 17.11.1983, S. 3

Die Einschränkung studentischer Teilnahmerechte an akademischen Entscheidungen darf nicht einfach hingenommen werden. Darauf verweist auch das Motto »Kein Schritt weiter!«, unter dem in der Diskussion gefordert wird, dass »jeder Student sich weigern sollte, auch nur einen Schritt von der bisher schon restriktiven Teilnahmeregelung zurückzuweichen«[1].

[1] (N. N.): Kein Schritt weiter! In: Aushang der Studentengemeinde der Pädagogischen Hochschule. o. O., o. J. (Weingarten 1983)

Fachleute sehen offensichtlich eine Gefahr für die Autonomie der Hochschule, ihrer Gremien sowie ihrer Angehörigen in Forschungsentscheidungen, wenn die neue Drittmittel-Regelung greift. Vor allem die Frage, wer die Verwertung von Forschungsergebnissen kontrollieren wird, wird von den Experten als besonderer Prüfstein für die Anerkennung der Neuregelung betrachtet[1].

[1] Mitschrift aus dem Seminar »Forschungslogik III«. Universität Hamburg, Fachbereich Soziologie. Sommersemester 1984

E Wenn aus einer wissenschaftlichen Arbeit zitiert wird

Notwendige Angaben

1. Nachname(n) des Verfassers/der Verfasser
2. Vorname(n) des Verfassers/der Verfasser
3. Titel des Werkes, ggf. auch vollständiger Untertitel
4. Art der Arbeit (Habilitationsschrift/Dissertation/Diplomarbeit/Wissenschaftliche Hausarbeit/Seminararbeit/Referat o. Ä.)
5. Hochschulort
6. Jahr der Anerkennung der Arbeit
7. Seite des Zitats

Beispiele zu (E)

Auch Baur kommt zu derselben Einsicht und verlangt: »Um Biologieunterricht als wirksamen Beitrag zur Erhaltung, Sicherung und Wiederherstellung der menschlichen Lebensgrundlagen gestalten zu können, erscheinen weitere Untersuchungen als dringend geboten.«[1]

[1] Baur, Werner: Zur Veränderung von Einstellungen durch Unterricht – Eine empirische Untersuchung zur spezifischen Wirkung von Medien im Biologieunterricht. Paed. Diss. Weingarten 1985, S. 247

Ich möchte mich hierin Neumaier anschließen, wenn er folgert, dass größere Literaturgebilde »sich stets als Häufungen von gleichartigen oder verschiedenen Einzelteilen, die ein gesprächshaft-offener Plauderhintergrund rahmenartig absorbiert und zusammenhält,« entpuppen[1].

[1] Neumaier, Herbert: Der Konversationston in der frühen Biedermeierzeit 1815–1830. Phil. Diss. München 1972, S. 409

Über Baumwolle schreibt SCHAUPP, dass ihre »Reißfestigkeit ... infolge des Quelldrucks in nassem Zustand höher als im trockenen« sei und dass das »Wärmerückhalteverhalten erhöht werden« kann durch entsprechende Verarbeitung[1].

---

[1] SCHAUPP, Beate: Anschaulicher Unterricht in textilem Werken am Beispiel der gebräuchlichsten Naturfasern – Gewinnung und Eigenschaften. Wissenschaftliche Hausarbeit zur I. Staatsprüfung für das Lehramt an Grund- und Hauptschulen in Baden-Württemberg. Weingarten 1985, S. 12 u. S. 13

Wenn Standortforschung von Hotels betrieben wird, so ist »zwischen einer einmaligen Standortanalyse und einer laufenden Standortbewertung zu unterscheiden«, wie STEIGER formuliert[1].

---

[1] STEIGER, Daniela: Stadthotel. Strukturmöglichkeiten des Hoteltyps Stadthotel und ausgewählte Personalprobleme. Wissenschaftliche Hausarbeit. Berufsakademie Ravensburg 1985, S. 2

F Wenn aus Online-Recherchen (E-Mail, Internet) zitiert wird

Notwendige Angaben
Hierfür gilt, wie generell, dass alle Quellenangaben aufgeführt werden, die es dem Leser gestatten, die übernommene Aussage – wörtlich oder bloß sinngemäß – aufzusuchen und ggf. zu überprüfen. Wichtig: In der Regel sind dreifache Angaben erforderlich: erstens – über die bibliografischen Daten der Veröffentlichung; zweitens – über den besonderen Fundort der Veröffentlichung im Internet (Zugangsadresse); drittens – über den genauen Zeitpunkt des Abrufs aus dem Internet.

Beispiel

REINMANN-ROTHMEIER, G. & MANDL, H., Wissen und Handeln. Eine theoretische Standortbestimmung, München 1996, Ludwig-Maximilians-Universität, Forschungsbericht Nr. 70, Institut für Pädagogische Psychologie und Empirische Pädagogik, Lehrstuhl für Empirische Pädagogik und Pädagogische Psychologie, unter:
http://infix.emp.paed.unimuenchen.ds/lsmandl/forschbe/lit70.htm

BLEUEL, Jens, Beispiel für eine E-Mail, unter:
bleuel@mzdmza.zdv.uni-mainz.de

Beachten:

Erstens – Bei der Angabe der Internet-Daten kommt es noch mehr auf die Genauigkeit jedes einzelnen Zeichens an als üblich, um den Zugang tatsächlich zu erreichen!

Zweitens – In der Regel werden Internet-Veröffentlichungen ebenso wie deren Daten relativ schnell überarbeitet und verändert, deshalb besser immer das Datum des vorgenommenen Abrufs mit angeben!

G Wenn aus Beobachtungs-/Gesprächsprotokollen zitiert wird

Notwendige Angaben

1. Name des Protokollanten/Aufzeichners u. Ä.
2. Name des Gesprächspartners
3. Ort der Aufzeichnung
4. Zeitpunkt der Aufzeichnung
5. Evtl. Art der Aufzeichnung

Beispiele zu (G)

Zu Beginn der Unterrichtsstunde (Biologie im 5. Schj.) stellte der Lehrer auf einem großen Tisch vor der Klasse folgende Gegenstände nacheinander schweigend auf:

- Terrarium mit Kröten
- Präparierte (konservierte) Kröten
- Bild von zwei Kröten
- Korkplatte mit aufgespannter aufgeschnittener Kröte[1].

---

1 Von mir protokollierte Unterrichtsstunde an der Kuppelnauschule Ravensburg. Lehrerin Machs. 29.2.1984, 8.20–9.05 Uhr

Der Inhaber eines großen Stadthotels meinte hierzu im Gespräch mit dem Verfasser: »Es kommt heute darauf an, dem Gast ein in jeder Hinsicht attraktives Angebot zu machen. Und dabei spielt, wie ich meine, besonders der Umgang des Personals mit dem Gast in allen Bereichen eine große Rolle; deshalb halte ich regelmäßig so eine Art Fortbildungsgespräche mit meinen Mitarbeitern ab.«[1]

---

1 Das Gespräch fand am 29.2.1984 in London statt, Gesprächspartner war Herr Meichsner, Inhaber des Hotels Chambers. Das Gespräch wurde von mir auf Tonband aufgezeichnet.

Typisch scheint mir die Auffassung zu sein, wie sie u. a. auch Reisende innerhalb einer Busreisegruppe äußerten: »Wir erwarten, dass der Reiseleiter immer für uns da ist, dass er sich aber nicht von selber immer aufdrängt.«[1] Ähnlich äußerte sich – von der anderen Seite her – ein Reiseleiter: »Ich dränge mich nicht auf, stehe aber ständig gleichsam unter Strom, um da zu sein, wenn man mich braucht und mich ruft.«[2]

---

1 Interview der Reisegruppe nach Paris. Veranstalter: Strauß-Reisen. Tettnang, am 29.2.1984 bei Reiseantritt. Gedächtnisaufzeichnungen des Verfassers.

2 Äußerung von Helmut Stotz, Vertreter einer Reiseagentur auf Mallorca, am 29.2.1984. Nach Steno-Notizen des Verfassers.

Am alltäglichen Kundenverhalten merkt man überaus schnell, ob die Art der Warenpräsentation »ankommt«. So hörte ich beispielsweise folgende spontane Äußerungen von Kunden: »Das haut hin.« – »Das ist aber mal originell.« – »Da schmeckt einem das Rauchfleisch gleich besser.«[1]

---

1 Im Karga-Markt Kempten, 29.2.1984; Gedächtnisprotokoll des Verfassers.

H Wenn Tabellen, Grafiken u. Ä. übernommen werden

Es versteht sich von selbst, dass auch bei übernommenen Tabellen, Grafiken u. Ä. auf die Tatsache der Übernahme hinzuweisen ist und dass die Quellenverweise so genau wie üblich zu sein haben. Fragen zu diesem Komplex richten sich zumeist bloß auf die technische Regelung des Zitierens, wenn solche Tabellen, Grafiken u. Ä. durch Fotokopieren übertragen und in die eigene Arbeit eingebaut werden. Es liegt auf der Hand, dass fotokopierte Übernahme die denkbar genaueste ist und dass sie sich daher auch immer mehr durchsetzt.

Beispiel zu (H)

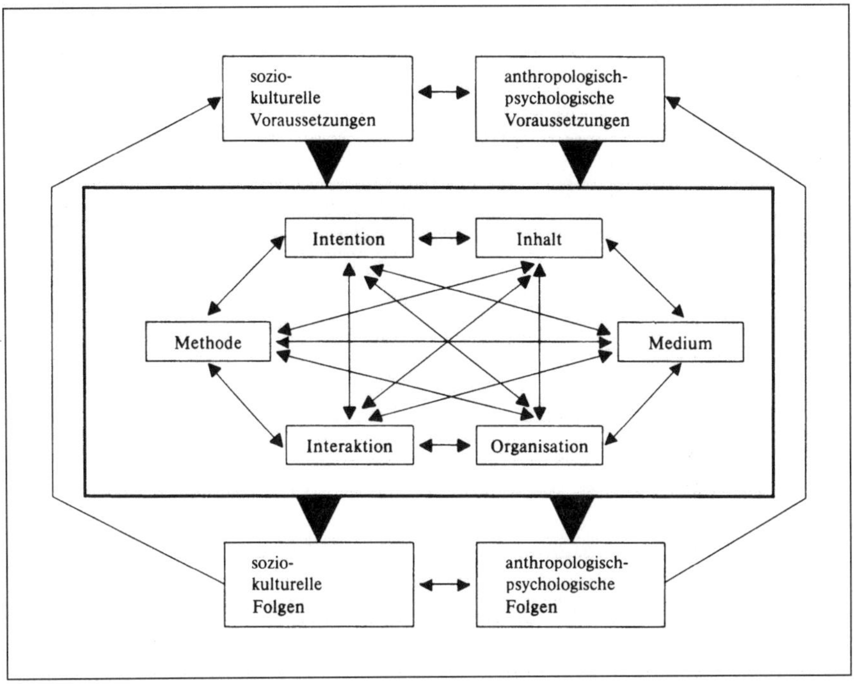

Abb. 5: Erweitertes Strukturmodell des Lehrens und Lernens (nach PETERSSEN*)* *

7.3.3.2 Erleichterungen und Abkürzungen

Zitieren ist ein mühseliges und umständliches Geschäft, zumal in jedem einzelnen Fall Genauigkeit und Vollständigkeit der bibliografischen Angaben gefordert wird. Im Laufe der Zeit wurden verschiedene Erleichterungen für das Zitieren erdacht und allgemein eingeführt. Dabei handelt es sich vor allem um Möglichkeiten zu *Abkürzungen,* besonders bei Wiederholungen. Die gebräuchlichsten dieser Abkürzungen sollen im Folgenden aufgeführt und durch Beispiele erläutert werden.

(A) Wenn aus ein und derselben Veröffentlichung (Buch, Aufsatz o. Ä.) fortlaufend Zitate übernommen werden,

dann müssen keineswegs immer wieder die vollständigen Quellenangaben wiederholt werden, sondern es genügt ein *»ebd.«* (= ebenda) mit der entsprechenden Seitenangabe.

* PETERSSEN, Wilhelm H.: Didaktik als Strukturtheorie des Lehrens und Lernens. Ratingen/Kastellaun/Düsseldorf 1973, S. 77.

Beispiel zu (A)

Mir stellte sich die Frage, ob der Ideologiebegriff tatsächlich so eindeutig verwendet wird, wie das aus den Beobachtungen hervorzugehen scheint. Um dies zu klären, griff ich vor allem auf das Standardwerk der Ideologietheorie zurück, auf »Ideologie und Ideologietheorie« von Fritz KIEDAISCH[1]. Dort fand ich gleich in der Einleitung die Aussage: »Von einem einheitlichen Sprachgebrauch hinsichtlich des Ideologiebegriffs im deutschen Sprachraum kann keinesfalls die Rede sein.«[2] Und KIEDAISCH versucht auch, zu erklären, wie es zu solcher Uneinheitlichkeit gekommen sein kann. Außer der Aufzählung von möglichen Quellen des Begriffs in den Werken einzelner Autoren[3] stellt KIEDAISCH folgende Theorie darüber auf: ...

1 KIEDAISCH, Fritz: Ideologie und Ideologietheorie. Hirschlatt 1982
2 ebd., S. 7
3 vgl. ebd., bes. S. 112 ff.

(B) Wenn aus ein und derselben Veröffentlichung (Buch, Aufsatz o. Ä.) häufiger, allerdings nicht fortlaufend zitiert wird,

dann müssen ebenfalls keineswegs immer wieder die vollständigen Angaben wiederholt werden, sondern es genügt die Abkürzung »*a. a. O.*« (= am angegebenen Ort), zusammen mit dem Nachnamen des zitierten Autors und der betreffenden Seitenzahl.

Beispiel zu (B)

FRIEDRICHS hat zweifellos Recht, wenn er behauptet: »Bali ist von Europa zu weit entfernt, um als allgemeines Reiseziel in Frage zu kommen.«[1] Europäer wollen ihre sowieso schon recht kurze Ferienzeit nicht auch noch mit langen Reisezeiten verkürzen. Aber spricht nicht dennoch manches dafür, auch Bali für Europäer zu erschließen? So fragt auch BUCKSCH[2]. Er hat sich in mehrjähriger Durchforschung aller Literatur über Bali zu der Auffassung durchgerungen, dass die Schönheit und der Reiz dieser tropischen Insel für die lange Anreise »mehr als bloß quantitativ entschädigen«[3]. Man muss seine Auffassung mit der von FRIEDRICHS in Vergleich stellen, vor allem im Hinblick auf dessen Aussage, dass für Europäer andere tropische Inseln möglicherweise besser erschlossen werden könnten[4].

1 FRIEDRICHS, Hans: Bali – Insel für Europäer? Berlin 1984, S. 30
2 BUCKSCH, Manfred: Bali in zeitgenössischen Darstellungen. Eine literaturkritische Analyse. Friedrichshafen 1981, S. 41
3 ebd., S. 34
4 FRIEDRICHS a. a. O., bes. S. 45

(C) Wenn aus verschiedenen Werken ein und desselben Autors zitiert wird, dann muss nicht immer wieder dessen voller Name aufgeführt werden, sondern es genügt die Abkürzung »*ders.*«/»*dies.*« (= derselbe/dieselbe), sofern die Zitate unmittelbar aufeinander folgen.

Beispiel zu (C)

> Bei DORTENMANN findet sich die erstaunliche Aussage, dass Zahnärzte eigentlich zu gut bezahlt würden »für das, was sie tatsächlich tun«[1]. Dies hatte er auch in früheren Jahren schon als seine ganz persönliche Meinung wiederholt geäußert[2]. Ganz anders sieht VOGEL diese Frage; sie hält die Zahnarzthonorare für »soeben ausreichend«[3]. Als »geradezu unverschämt« bezeichnet sie alle anderslautenden Kommentare[4].
>
> ---
>
> 1 DORTENMANN, Alexander: Zahnarzthonorare und -leistungen. In: Journal für Zahnmedizin, 3. Jg. 1984, H. 6, S. 14
>
> 2 ders.: Honorare? In: Berufsethos der Zahnärzte. Hrsg. v. B. MUNDER. Berlin 1971, bes. S. 45 ff.
>
> 3 VOGEL, Brigitte: ... außerordentlich hoch? In: Zahnärzte, 44. Jg. 1985, H. 8, S. 17
>
> 4 dies.: ... zu niedrig! In: Zahnärzte, 44. Jg. 1985, H. 3, S. 14

(D) Weitere Möglichkeiten, sich das Zitiergeschäft durch Abkürzungen zu erleichtern, sind schon in die Bespiele für unterschiedliche Zitierweisen eingegangen und dort aufgeführt. Die wichtigsten werden hier noch einmal vorgestellt.

> »*Hrsg.*«/»*hrsg. v.*« (= Herausgeber/herausgegeben von)
>
> **Beispiel**
>
> 1 LECHNER, Martin (Hrsg.): Biologie und Mensch. Weingarten 1985
>
> 2 Biologie und Mensch, hrsg. v. M. LECHNER. Weingarten 1985

> »*Verf.*«/»*verf. v.*« (= Verfasser/verfasst von)
>
> **Beispiel**
>
> 1 Streitschrift für ein freies Schlafen auf öffentlichen Plätzen. Flugblatt, verf. v. O. SCHLÄFER. Ravensburg 1984
>
> 2 SCHLÄFER, Otto (Verf.): Streitschrift für ein freies Schlafen auf öffentlichen Plätzen. Flugblatt. Ravensburg 1984

»Aufl.« (= Auflage)

Beispiel

1 BLICKER, Fritz: Physik für alle. 3. Aufl. Ottobrunn 1982

Weithin üblich ist es, die Auflagenziffer als *Hochzahl vor das Erscheinungsjahr* zu stellen, sofern keine ergänzenden Angaben zu dieser Auflage gemacht werden: BLICKER, Fritz: Physik für alle. Ottobrunn ^{3}1982

»überarb.« (= überarbeitete)
»unveränd.« (= unveränderte)
»erw.« (= erweiterte)
»erg.« (= ergänzte)
»durchges.« (= durchgesehene)
»rev.« (= revidierte)

Beispiele

1 VETTER, Heiner: Zahn und Zahnarzt. 2., überarb. Aufl., Köln 1983

2 SCHMIDT, Eberhard: Plastik und Skulptur aus Granit. 2., unveränd. Aufl. Goslar 1982

3 BIRKEL, Elke: Stricken für die Familie. Ein Ratgeber für alle Frauen. 3., rev. u. erw. Aufl. Unterankenreute 1985

4 KNEISSLE, Walter: Arbeitsvermittlung unter aktuellen Gesichtspunkten. Ein Handbuch. 2., durchges. u. erg. Aufl. Hamburg 1984

»Ausg.« (Ausgabe)

Beispiel

1 WALDVOGEL, Rolf: Schule und Schulpolitik. In: Die Schwäbische Zeitung, Ravensburger Ausg., vom 29.2.1984

»Jg.« (= Jahrgang)

Beispiel

1 OSKAR, Werner: Fische sterben an Chemie. In: Umweltschutz aktuell, 3. Jg. 1984, Nr. 4, S. 22 ff.

»H.«/»Nr.« (Heft/Nummer)

Beispiel

1 DORTENMANN, Bärbel: Einkaufen vor acht – ein Tip für Verbraucher. In: Zeitschrift für rationellen Einkauf, 7. Jg. 1985, Nr. 2, S. 18

Zeitungs-, Zeitschriften- und Reihentitel können im Quellennachweis abgekürzt werden.

Allerdings sollte auf derartige Abkürzungen in einem *Verzeichnis der Abkürzungen* – eingeordnet vor der eigentlichen Abhandlung oder vor dem Literaturverzeichnis – hingewiesen werden.

> **Beispiele**
> ZfP: Zeitschrift für Pädagogik
> FAZ: Frankfurter Allgemeine Zeitung
> BeitrAB: Beiträge zur Arbeitsmarkt- und Berufsforschung

Übliche Abkürzungen, wie sie allgemein im Deutschen verwendet werden, können auch beim Zitieren verwendet werden, z. B.:
vgl. statt »vergleiche«
S. statt »Seite«
f. statt »folgende« [Seite] = Falls ein Zitat sich in der Quelle über zwei Seiten erstreckt.
ff. statt »folgende« [Seiten] = Falls ein Zitat sich in der Quelle über mehrere Seiten erstreckt.
u. ö. statt »und öfter« = Falls ein zitierter Gedanke mehrfach in der Quelle wiederkehrt. Statt »u. ö.« kann es auch heißen »passim« (lat.).
u. a./et al. statt »und andere« = Falls mehr als drei Verfasser/Herausgeber zu nennen wären, kann derart abgekürzt werden, dass nur der im Quellenwerk zuerst genannte Verfasser ausgeschrieben wird und daran »u. a.« bzw. »et al.« gehängt wird.

> **Beispiel**
> 1 FUCHS, Werner, u. a. (Hrsg.): Lexikon der Soziologie. 2., verb. u. erw. Aufl. Opladen 1978
>
> *statt*
>
> 1 FUCHS, Werner/KLIMA, Rolf/LAUTMANN, Rüdiger/RAMMSTEDT, Otthein/WEINHOLD, Hanns (Hrsg.): Lexikon der Soziologie …
>
> **Übrigens:** Bei dem im letzten Beispiel genannten Werk finden wir das Kuriosum, dass die Titelangabe nicht eindeutig ist: Während es auf der 1. und auf der 4. Umschlagseite sowie auf dem Buchrücken und im Vorwort zur 2. Auflage (ebd., S. 12) »Lexikon **zur** Soziologie« heißt, wird das Werk auf der Titelseite (Haupttitel) als »Lexikon **der** Soziologie« bezeichnet. Obwohl die Herausgeber des Werkes in ihrem Vorwort (ebd., S. 11) ausdrücklich für den Titel »LEXIKON ZUR SOZIOLOGIE« plädieren, muss es wohl korrekterweise als »Lexikon *der* Soziologie« bibliografiert werden …

7.3.4 Zitieren im Manuskript – wo wird zitiert?

Spätestens bei der Reinschrift des Manuskripts der wissenschaftlichen Arbeit stellt sich jedem Verfasser die Frage, wo und wie er die Quellenangaben im Text unterbringen soll. Im Laufe der Zeit haben sich dafür vor allem drei Formen herausgebildet und bewährt:

(A) Zitieren durch Fußnoten
Dabei werden alle Zitate usw. auf jeder Seite neu fortlaufend durchnummeriert. Entsprechend dieser Nummerierung im laufenden Text werden auch die Quellenangaben – abgesetzt – jeweils unten auf derselben Seite nacheinander aufgeführt. Als Variante ist auch eine fortlaufende Nummerierung aller Zitate und Quellennachweise möglich.

(B) Zitieren am Kapitel- oder Arbeitsende
Die durchgehende Nummerierung der Zitate usw. erfolgt hier entweder kapitelweise oder für die gesamte Abhandlung. Und entsprechend erscheinen die Quellenangaben dann beziffert und aufgelistet am Ende eines jeden Kapitels oder kapitelweise zusammengefasst bzw. durchgehend aufgelistet am Ende der Arbeit, unmittelbar im Anschluss an die Abhandlung, noch vor der Literaturliste und dem möglichen Anhang.

(C) Zitieren im Text
Hier werden die erforderlichen Quellenangaben im Text unmittelbar anschließend an das Zitat selbst gebracht (in Klammern). Eine Variante ist der Verzicht auf vollständige Angaben im Text: Hier werden dann im allgemeinen bloß der Name des Verfassers, das Erscheinungsjahr der Veröffentlichung sowie die Seite der Entlehnung des Zitats angegeben. In diesem Fall muss die wissenschaftliche Arbeit dann am Schluss ein Literaturverzeichnis mit allen, vollständigen bibliografischen Angaben enthalten. Eine weitere Variante dieser Zitierweise ist die Verschlüsselung der Literaturangaben; dabei werden alle in der Literaturliste aufgeführten Titel der Reihe nach mit einer Ziffer versehen, im Text taucht (in Klammern) dann nur noch die entsprechende Ziffer, ergänzt um die Seitenzahl, auf.

Diese drei Grundformen des Quellennachweises werden im Folgenden dargestellt, und zwar zunächst jeweils durch ein Beispiel; eine »Pro und Contra«-Argumentation schließt sich jeweils an.

Zu beachten ist, dass innerhalb einer Arbeit die Form des Zitierens selbstverständlich nicht variiert werden darf. Bei unterschiedlichen Arbeiten können selbstverständlich jeweils unterschiedliche Formen des Quellennachweises gewählt werden.

(A) Zitieren durch Fußnoten

10

I. STRUKTURBEGRIFF UND STRUKTURTHEORIE

'Struktur' ist einer jener Begriffe, die gegenwärtig in vielfältiger Weise verwendet werden. Er ist weitgehend zum Schlagwort geworden und hat an begrifflicher Schärfe verloren. Abgeleitet aus dem lateinischen "structura" - für: "Zusammenfügung, Bau, Ordnung" [1] - wird er heute vor allem gebraucht, um das Bau- und Ordnungsprinzip eines Tatbestandes auszudrücken. In dieser gebräuchlichen Fassung bleibt er zu allgemein, als daß er geeignet wäre, didaktische Sachverhalte präzise genug zu bezeichnen und einen Kernbegriff der Didaktik zu bilden. Um einen maßgeblichen Strukturbegriff für die Didaktik zu entwickeln, kann aber auf Ansätze zurückgegriffen werden, die den Strukturbegriff bereits für die wissenschaftliche Terminologie zu präzisieren versucht haben. Eine wesentliche Rolle spielte er als Grundbegriff in der "geisteswissenschaftlichen" Psychologie Wilhelm Diltheys und in der "genetischen Ganzheitspsychologie" der zweiten 'Leipziger Schule' [2]. In beiden psychologischen Richtungen wurde der Strukturbegriff definitorisch abgegrenzt und jeweils zur Grundlage einer besonderen "Strukturtheorie" gemacht [3]. Im folgenden sollen zunächst die wichtigsten formalen Elemente des Strukturbegriffs und der Strukturtheorie, wie sie bei Dilthey und in der zweiten Leipziger Schule verstanden wurden, dargestellt und anschließend in ihrer klärenden Bedeutung für die Didaktik untersucht werden.

Im Rahmen seiner Erwägungen zu den von ihm begründe-

---

1 J. Dolch, Grundbegriffe der pädagogischen Fachsprache, 5. verb. Aufl., München 1965, S. 118. Vgl. auch E. Wasserzieher, Woher?, 12. verb. Aufl., bes. v. P. Herthum, Bonn 1950, S. 374.

2 Vgl. W. Dilthey, Ideen über eine beschreibende und zergliedernde Psychologie, (1894), in: Gesammelte Schriften, Bd. V, Leipzig u. Berlin 1924, S. 139 - 240. Diese Abhandlung wurde zuerst veröffentlicht in den Sitzungsberichten der Berliner Akademie der Wissenschaften 1894, S. 1309 - 1407, als Mitteilung v. 22. Febr. u. 7. Juni 1894. F. Krueger, Der Strukturbegriff in der Psychologie, in: Zur Philosophie und Psychologie der Ganzheit, hrsg. v. E. Heuß, Berlin - Göttingen - Heidelberg 1953, S. 125 - 145. Zunächst erschien der Aufsatz unter demselben Titel als: Sonderdruck aus dem Bericht über den VIII. Kongreß für experimentelle Psychologie in Leipzig (1923), Jena 1924.

3 Von der Strukturtheorie als dem "Kern" der Diltheyschen "Revolution der allgemeinen Wissenschafts- und Handlungstheorie" spricht P. Krausser, Kritik der endlichen Vernunft, Frankfurt a.M. 1968, S. 210 bzw. Untertitel. Für die 2. Leipziger Schule spricht bes. Wellek von Strukturtheorie; vgl. A. Wellek, Das Problem des seelischen Seins. Die Strukturtheorie Felix Kruegers: Deutung und Kritik, 2. verb. u. erw. Aufl., Meisenheim u. Wien 1953.

(a) *Auf jeder Seite werden die Zitate usw. sowie die Quellennachweise/Fußnoten* jeweils neu *durchnummeriert.*

11

ten Geisteswissenschaften erkennt Dilthey, daß der S t r u k t u r begriff besonders gut geeignet ist, seine Vorstellungen über die Grundlagen und Grundprobleme einer geisteswissenschaftlich orientierten Psychologie zu bezeichnen. Er verwendet ihn erstmals 1894 in seinem Entwurf zu einer "beschreibenden und zergliedernden Psychologie" [4]. Dilthey will mit dem Strukturbegriff vor allem zwei nach seiner Auffassung entscheidende Tatbestände ausdrücken: daß erstens alle Momente des Seelenlebens einen gegliederten Z u s a m m e n - h a n g bilden und daß zweitens das Seelenleben in einem ständigen E n t w i c k l u n g s p r o z e ß steht.

Die Verwendung des Strukturbegriffs bei Dilthey als eine Kategorie, die den 'Zusammenhang' eines Sachverhaltes bezeichnet, läßt sich am besten an dem von ihm angenommenen Unterschied zwischen den Gegenständen der Natur- und Geisteswissenschaften aufzeigen. Nach seinen Worten "unterscheiden sich zunächst von den Naturwissenschaften die Geisteswissenschaften dadurch, daß jene zu ihrem Gegenstande Tatsachen haben, welche ... einzeln gegeben auftreten, wogegen sie in diesen ... als ein lebendiger Zusammenhang originaliter auftreten" [5]. Dieser Voraussetzung seiner Auffassung von Geisteswissenschaft entspricht die zeitgenössische Psychologie nicht. Die Psychologie des 19. Jahrhunderts ist eine 'Elementenpsychologie', der es, wie Hofstätter sagt, "um die Auffindung und Analyse der Elemente des bewußten Seelenlebens" geht [6]. Sie betrachtet die "Erscheinungen des Seelenlebens" - wie die der Natur - als 'einzeln gegebene' Elemente und sieht ihre Aufgabe darin, wie es Dilthey formuliert, alle Erscheinungen "einem Kausalzusammenhang vermittels einer begrenzten Anzahl von eindeutig bestimmten Elementen unter(zu)ordnen" [7]. Eine solche Psychologie ist nicht in der Lage, den Zusammenhang der Gegenstände von Geisteswissenschaften zu deuten und auf seinen Ursprung zurückzuführen. Bei den Gegenständen der Geisteswissenschaften handelt es

4 Vgl. Anm. 2 dieses Kapitels. Vgl. auch G. Misch, Vorbericht des Herausgebers, in: W. Dilthey, Gesammelte Schriften, a.a.O., S. LXX.

5 Dilthey, a.a.O., S. 143.

6 P. R. Hofstätter, Gestalt- und Ganzheitspsychologie, in: Psychologie, (Fischer-Lexikon), hrsg. v. Hofstätter, Frankfurt a.M. 1957, S. 143.

7 Dilthey, a.a.O., S. 139.

(b) *Die Zitate usw. sowie die Quellennachweise/Fußnoten werden* fortlaufend *durchnummeriert.*

Pro und Contra

Pro

- Die Quellenangaben erfolgen nahe dort, wo auch die Zitate sind.
- Die Quellenangaben sind wegen ihrer unmittelbaren Zuordnung zu den Zitaten leicht zu lesen.
- Die Fehlerquellen hinsichtlich der Korrektheit, Vollständigkeit und richtigen Zuordnung von Zitat und Quellenangabe sind wegen der Nähe ziemlich gering.
- Die Quellenangaben stören den Lesefluss nicht, da sie trotz der nahen Zuordnung deutlich abgesetzt sind und auch übergangen werden können, wenn man nur den Text der Abhandlung selbst lesen möchte.
- Besonders günstig wirkt sich diese Zitierweise beim Kopieren aus, weil man mit einer Kopie immer zugleich den Text und die Quellen erfasst. Das ist sowohl kostengünstig als auch arbeitsökonomisch: der Quellennachweis geht nicht verloren.

Contra

- Für den Maschinenschreiber ergeben sich bezüglich der richtigen Raumausnutzung (Wie viele Zeilen muss ich unten auf der Seite unbedingt frei lassen?) große Schwierigkeiten, auch im Zeitalter elektronischer Schreibmaschinen.
- Oft weisen so gestaltete Seiten nur wenig Text und viele Quellenangaben und Anmerkungen auf. Dadurch wird der Lesefluss oft gestört.
- Um nicht zuviel Platz für die Quellenangaben aufzuwenden, verzichtet man oft auf vollständige oder zusätzlich wünschenswerte Angaben.
- Wenn einmal Angaben vergessen wurden, können sie später wegen des fehlenden Platzes kaum noch ergänzt werden.

(B) Zitieren am Kapitel- oder Arbeitsende

11

ten Geisteswissenschaften erkennt Dilthey, daß der S t r u k t u r begriff besonders gut geeignet ist, seine Vorstellungen über die Grundlagen und Grundprobleme einer geisteswissenschaftlich orientierten Psychologie zu bezeichnen. Er verwendet ihn erstmals 1894 in seinem Entwurf zu einer "beschreibenden und zergliedernden Psychologie" [4]. Dilthey will mit dem Strukturbegriff vor allem zwei nach seiner Auffassung entscheidende Tatbestände ausdrücken: daß erstens alle Momente des Seelenlebens einen gegliederten Z u s a m m e n - h a n g bilden und daß zweitens das Seelenleben in einem ständigen E n t w i c k l u n g s p r o z e ß steht.

Die Verwendung des Strukturbegriffs bei Dilthey als eine Kategorie, die den 'Zusammenhang' eines Sachverhaltes bezeichnet, läßt sich am besten an dem von ihm angenommenen Unterschied zwischen den Gegenständen der Natur- und Geisteswissenschaften aufzeigen. Nach seinen Worten "unterscheiden sich zunächst von den Naturwissenschaften die Geisteswissenschaften dadurch, daß jene zu ihrem Gegenstande Tatsachen haben, welche ... einzeln gegeben auftreten, wogegen sie in diesen ... als ein lebendiger Zusammenhang originaliter auftreten" [5]. Dieser Voraussetzung seiner Auffassung von Geisteswissenschaft entspricht die zeitgenössische Psychologie nicht. Die Psychologie des 19. Jahrhunderts ist eine 'Elementenpsychologie', der es, wie Hofstätter sagt, "um die Auffindung und Analyse der Elemente des bewußten Seelenlebens" geht [6]. Sie betrachtet die "Erscheinungen des Seelenlebens" - wie die der Natur - als 'einzeln gegebene' Elemente und sieht ihre Aufgabe darin, wie es Dilthey formuliert, alle Erscheinungen "einem Kausalzusammenhang vermittels einer begrenzten Anzahl von eindeutig bestimmten Elementen unter(zu)ordnen" [7]. Eine solche Psychologie ist nicht in der Lage, den Zusammenhang der Gegenstände von Geisteswissenschaften zu deuten und auf seinen Ursprung zurückzuführen. Bei den Gegenständen der Geisteswissenschaften handelt es

Der Text

216

4 Vgl. Anm. 2 dieses Kapitels. Vgl. auch G. Misch, Vorbericht des Herausgebers, in: W. Dilthey, Gesammelte Schriften, a.a.O., S. LXX.

5 Dilthey, a.a.O., S. 143.

6 P. R. Hofstätter, Gestalt- und Ganzheitspsychologie, in: Psychologie, (Fischer-Lexikon), hrsg. v. Hofstätter, Frankfurt a.M. 1957, S. 143.

7 Dilthey, a.a.O., S. 139.

8 Lotz, Geisteswissenschaften, in: Philosophisches Wörterbuch, hrsg. v. W. Brugger, 13. überarb. u. erw. Aufl., Freiburg 1967, S. 123.

9 Dilthey, a.a.O., S. 148.

10 Ebenda, S. 148 bzw. S. 143/144 bzw. S. 213.

11 Ebenda, S. 152. Vgl. auch die Interpretation des Diltheyschen Verständnisses der Wissenschaften bei J. Habermas, Erkenntnis und Interesse, Frankfurt a.M. 1968, S. 178 ff, bes. S. 182 ff.

12 Dilthey, a.a.O., S. 152 bzw. S. 211 u. S. 212. Der Auffassung Diltheys über den Zusammenhang des Seelenlebens liegt die aristotelische These vom Primat des Ganzen vor seinen Teilen zugrunde.

13 Misch, a.a.O., S. LXXI, bzw. Dilthey, a.a.O., S. 212.

14 Dilthey, a.a.O., S. 216.

15 Ebenda, S. 217.

16 Ebenda, S. 211.

17 Krausser, a.a.O., S. 210.

18 Dilthey, a.a.O., S. 200. Vgl. auch ders., Das Wesen der Philosophie, in: ebenda, S. 373.

19 Vgl. ebenda, S. 218, u. Krausser, a.a.O., S. 210. Dieser Gedanke von einer durchgehenden Struktur wird von der 2. Leipziger Schule präziser herausgestellt.

20 Krausser, a.a.O., S. 210.

21 Ebenda, S. 212.

22 Vgl. dazu u.a. die Ablehnung Diltheys von "Kasernenbauten radikaler Doktrinen" im Bereich der Pädagogik; Dilthey, Pädagogik, Geschichte und Grundlinien des Systems, in: Gesammelte Schriften, Bd. IX, Leipzig u. Berlin 1934, S. 180. Vgl. auch ders., Über die Möglichkeit einer allgemeingültigen pädagogischen Wissenschaft, Berlin - Langensalza - Leipzig o. J.

23 Dilthey, Ideen über eine beschreibende und zergliedernde Psychologie, a.a.O., S. 148; vgl. auch S. 145.

24 Ebenda, S. 173; vgl. auch ders., Die Entstehung der Hermeneutik, (1900), in: Gesammelte Schriften, Bd. V, a.a.O., S. 317 ff. Zum Problem der Hermeneutik vgl. auch E. Betti, Die Hermeneutik als allgemeine Methodik der Geisteswissenschaften, Tübingen 1962.

D e r b o l a v , Josef, Die Situation der Pädagogik in der Gegenwart. In: Jahrbuch des "Orff-Institut an der Akademie 'Mozarteum' Salzburg" 1963, Mainz 1964, S. 21 - 36

D e r b o l a v , Josef / R o t h , Heinrich (Hrsg.), Psychologie und Pädagogik, Heidelberg 1959

D i l t h e y , Wilhelm, Gesammelte Schriften, Bd. 5, Leipzig u. Berlin 1924.
Darin: - Ideen über eine beschreibende und zergliedernde Psychologie, S. 139 - 240;
- Die Entstehung der Hermeneutik, S. 317 - 338;
- Das Wesen der Psychologie, S. 339 - 416

D i l t h e y , Wilhelm, Pädagogik, Geschichte und Grundlinien des Systems. In: Gesammelte Schriften, Bd. 9, Leipzig u. Berlin 1934

D i l t h e y , Wilhelm, Grundlinien eines Systems der Pädagogik. In: Gesammelte Schriften, Bd. 9, Leipzig u. Berlin 1934

D i l t h e y , Wilhelm, Über die Möglichkeit einer allgemeingültigen pädagogischen Wissenschaft, Berlin - Langensalza - Leipzig o. J.

D o h m e n , G. / M a u r e r , F. (Hrsg.), Unterricht - Aufbau und Kritik, München 1968

D o l c h , Josef, Grundbegriffe der pädagogischen Fachsprache, 5. verb. Aufl., München 1965

D o l c h , Josef, Lehrplan des Abendlandes, 2. Aufl., Ratingen 1965

D r e c h s l e r , Julius, Bildungstheorie und Prinzipienlehre der Didaktik, Heidelberg 1967

D u r k h e i m , Emile, Die Methode der Soziologie, neue verb. Aufl., hrsg. v. R. König, Neuwied 1960

E b e l , W., Lehr- und Erziehungskunst, Ahlen 1950

E g g e r s d o r f e r , F. X., Bildungslehre (Didaktik). In: Lexikon der Pädagogik, ltd. Hrsg. J. Spieler, Bd. 1, Breisgau 1930, Sp. 371 - 374

E h r e n f e l s , Christian von, Über Gestaltqualitäten. In: Vierteljahresschrift für wissenschaftliche Philosophie, XIV, 3, 1890

E i g l e r , Gunther, Didaktische Modelle und die Frage nach einem gemäßen Lernbegriff - ein Beitrag zum Problem eines programmierten Unterrichts. In: Die Deutsche Schule, 56. Jg. 1964, S. 313 - 324

E l z e r , Hans-Michael, Betrachtungen über die anthropologische Seite der Didaktik. In: Pädagogische und didaktische Reflexionen. Festschrift für Martin Rang, hrsg. v. H.-M. Elzer u. H. Scheuerl, Frankfurt a.M., Berlin, Bonn, München 1966, S. 32 - 46

Pro und Contra

Pro

- Für den Schreiber ist dies eine leichte und zeitsparende Zitierweise; er kann den Text flüssig schreiben, die Anmerkungsziffern setzen und später erst die Quellenangaben anfügen.
- Fehler können später relativ leicht korrigiert, Auslassungen relativ leicht ergänzt werden, da nicht der Text, sondern bloß einzelne Ziffern und der Anmerkungstext verändert werden müssen.
- Der Lesefluss des Lesers wird optisch durch nichts (als kleine Ziffern) gestört.
- Es gibt keine Begrenzung für Anmerkungen und Quellenangaben, sie können so umfangreich und vollständig sein, wie es nötig ist.
- Diese Zitierweise ist platzsparend, da die Anmerkungen später mit einer raumsparenden Schrifttype verfasst werden können.
- Der Gedankenfluss des Verfassers wird beim Schreiben nicht durch technische Erfordernisse gestört.

Contra

- Für den an Quellenangaben interessierten Leser – z. B. Gutachter – ist eine solche Arbeit schwer lesbar: Er muss immer wieder in den Anmerkungsteil umschlagen, sein Lesefluss wird ständig unterbrochen.
- Beim Erstellen des Manuskripts kann – »im Eifer des Gefechts« – die vom Textteil getrennte Sammlung der Anmerkungen/Quellenangaben leichter verloren gehen oder unvollständig bleiben (z. B. fehlende Angaben im Literaturverzeichnis, weil abgekürzte Angaben im Quellennachweis übersehen wurden u. Ä.).
- Falls die Quellennachweise durchgehend nummeriert werden (von Anfang bis Ende der gesamten Arbeit), führt jede nachträglich notwendige Änderung (Streichung von Anmerkungen, Hinzufügung neuer Anmerkungen/Quellennachweise usw.) zu Schwierigkeiten.
- Wenn aus einer so angelegten Arbeit Teile kopiert werden sollen, müssen nicht nur die betreffenden Seiten des Quellennachweises, sondern ggf. auch das gesamte Literaturverzeichnis mitkopiert werden.

(C) Zitieren im Text

(a) Quellennachweis im Text ist abgekürzt (Verfasser, Erscheinungsjahr, Seite).

I. STRUKTURBEGRIFF UND STRUKTURTHEORIE

'Struktur' ist einer jener Begriffe, die gegenwärtig in vielfältiger Weise verwendet werden. Er ist weitgehend zum Schlagwort geworden und hat an begrifflicher Schärfe verloren. Abgeleitet aus dem lateinischen "s t r u c t u r a" - für: "Zusammenfügung, Bau, Ordnung" (DOLCH, 1965, S. 118. Vgl. auch WASSERZIEHER, 195o) - wird er heute vor allem gebraucht, um das Bau- und Ordnungsprinzip eines Tatbestandes auszudrücken. In dieser gebräuchlichen Fassung bleibt er zu allgemein, als daß er geeignet wäre, didaktische Sachverhalte präzise genug zu bezeichnen und einen Kernbegriff der Didaktik zu bilden. Um einen maßgeblichen Strukturbegriff für die Didaktik zu entwickeln, kann aber auf Ansätze zurückgegriffen werden, die den Strukturbegriff bereits für die wissenschaftliche Terminologie zu präzisieren versucht haben. Eine wesentliche Rolle spielte er als Grundbegriff in der "geisteswissenschaftlichen" Psychologie Wilhelm Diltheys und in der "genetischen Ganzheitspsychologie" der zweiten 'Leipziger Schule' (vgl. DILTHEY, 1924, S. 139 ff; KRUEGER, 1953, S. 125 ff; ders., 1924, erstmals erschienen 1923 in Leipzig).

In beiden psychologischen Richtungen wurde der Strukturbegriff definitorisch abgegrenzt und jeweils zur Grundlage einer besonderen "Strukturtheorie" gemacht (vgl. KRAUSSER, 1968, bes. S. 21o bzw. den Untertitel; WELLEK, 1953). Im folgenden sollen zunächst die wichtigsten formalen Elemente des Strukturbegriffs und der Strukturtheorie, wie sie bei Dilthey und in der zweiten Leipziger Schule verstanden wurden, dargestellt und anschließend in ihrer klärenden Bedeutung für die Didaktik untersucht werden.

1.) Strukturbegriff und Strukturtheorie in der geisteswissenschaftlichen Psychologie Diltheys und in der Ganzheitspsychologie der zweiten 'Leipziger Schule'

Im Rahmen seiner Erwägungen zu den von ihm begründeten Geisteswissenschaften erkennt Dilthey, daß der S t r u k t u r begriff besonders gut geeignet ist, seine Vorstellungen über die Grundlagen und Grundprobleme einer geisteswissenschaftlich orientierten

Der Text (Auszug)

274

D e r b o l a v , Josef, Die Situation der Pädagogik in der Gegenwart. In: Jahrbuch des "Orff-Institut an der Akademie 'Mozarteum' Salzburg" 1963, Mainz 1964, S. 21 - 36

D e r b o l a v , Josef / R o t h , Heinrich (Hrsg.), Psychologie und Pädagogik, Heidelberg 1959

D i l t h e y , Wilhelm, Gesammelte Schriften, Bd. 5, Leipzig u. Berlin 1924.
Darin: - Ideen über eine beschreibende und zergliedernde Psychologie, S. 139 - 240;
- Die Entstehung der Hermeneutik, S. 317 - 338;
- Das Wesen der Psychologie, S. 339 - 416

zitiert

D i l t h e y , Wilhelm, Pädagogik, Geschichte und Grundlinien des Systems. In: Gesammelte Schriften, Bd. 9, Leipzig u. Berlin 1934

D i l t h e y , Wilhelm, Grundlinien eines Systems der Pädagogik. In: Gesammelte Schriften, Bd. 9, Leipzig u. Berlin 1934

D i l t h e y , Wilhelm, Über die Möglichkeit einer allgemeingültigen pädagogischen Wissenschaft, Berlin - Langensalza - Leipzig o. J.

D o h m e n , G. / M a u r e r , F. (Hrsg.), Unterricht - Aufbau und Kritik, München 1968

D o l c h , Josef, Grundbegriffe der pädagogischen Fachsprache, 5. verb. Aufl., München 1965, a

zitiert

D o l c h , Josef, Lehrplan des Abendlandes, 2. Aufl., Ratingen 1965, b

D r e c h s l e r , Julius, Bildungstheorie und Prinzipienlehre der Didaktik, Heidelberg 1967

D u r k h e i m , Emile, Die Methode der Soziologie, neue verb. Aufl., hrsg. v. R. König, Neuwied 1960

E b e l , W., Lehr- und Erziehungskunst, Ahlen 1950

E g g e r s d o r f e r , F. X., Bildungslehre (Didaktik). In: Lexikon der Pädagogik, ltd. Hrsg. J. Spieler, Bd. 1, Breisgau 1930, Sp. 371 - 374

E h r e n f e l s , Christian von, Über Gestaltqualitäten. In: Vierteljahresschrift für wissenschaftliche Philosophie, XIV, 3, 1890

E i g l e r , Gunther, Didaktische Modelle und die Frage nach einem gemäßen Lernbegriff - ein Beitrag zum Problem eines programmierten Unterrichts. In: Die Deutsche Schule, 56. Jg. 1964, S. 313 - 324

E l z e r , Hans-Michael, Betrachtungen über die anthropologische Seite der Didaktik. In: Pädagogische und didaktische Reflexionen. Festschrift für Martin Rang, hrsg. v. H.-M. Elzer u. H. Scheuerl, Frankfurt a.M., Berlin, Bonn, München 1966, S. 32 - 46

Das Literaturverzeichnis (Auszug)

.... Abgeleitet aus dem lateinischen "structura" - für: "Zusammenfügung, Bau, Ordnung" (45, 118) - wird er heute vor allem gebraucht, um das Bau- und Ordnungsprinzip eines Tatbestandes auszudrücken.

....

....

Eine wesentliche Rolle spielte er als Grundbegriff in der "geisteswissenschaftlichen" Psychologie WILHELM DILTHEYs und in der "genetischen Ganzheitspsychologie" der zweiten 'Leipziger Schule' (vgl. 4o, 139 ff). ....

4o DILTHEY, WILHELM, Gesammelte Schriften, Bd. 5, Leipzig u. Berlin 1924,
darin:-Ideen über eine beschreibende und zergliedernde Psychologie, S.139-24o;
-Die Entstehung der Hermeneutik, S.317-24o
-Das Wesen der Psychologie, S.339-416

....

....

45 DOLCH, JOSEF, Grundbegriffe der pädagogischen Fachsprache, 5. verb. Aufl., München 1965

(b) Der Quellennachweis im Text ist verschlüsselt (Kennziffer für den Titel im Literaturverzeichnis, Seite).

Pro und Contra

Pro

- Diese Form des Quellennachweises ist im Vergleich zu den anderen hier vorgestellten die platzsparendste, sofern Abkürzungen u. Ä. verwendet werden.
- Der abgekürzte Quellennachweis im fortlaufenden Text erlaubt bei der maschinengeschriebenen Reinschrift eine relativ flüssige Abwicklung.
- Nachträgliche Veränderungen (Streichung oder Hinzufügung von Quellennachweisen) sind vergleichsweise unproblematisch.
- Der Lesefluss wird kaum gestört, andererseits erfährt der Leser unmittelbar beim Zitat, von wem es stammt (Form [a]). Das ständige Hin- und Herblättern in der Arbeit entfällt vielfach.
- Diese Zitierweise bietet dem Leser nach dem »Schneeball-System gute und rationelle Erschließungsmöglichkeiten.

Contra

- Falls zahlreiche Quellenangaben im Zusammenhang mit einem Zitat notwendig sind, wird der Lesefluss gestört.
- Zusätzliche Anmerkungen müssen entweder als Fußnoten auf der betreffenden Seite unten untergebracht werden oder aber in einem eigenen Anmerkungsteil am Kapitel- oder Arbeitsende.
- Der abgekürzte Quellennachweis in verschlüsselter Form (b) ist nichtssagend bzw. zwingt jedesmal wieder zum Hin- und Herblättern in der Arbeit.
- Nachträgliche Änderungen/Korrekturen bei verschlüsselten Literaturangaben führen zu hohem Arbeitsaufwand, zu Ungenauigkeiten, Fehlern.
- Kopien sind umständlich, weil immer zwei Seiten abgelichtet werden müssen.

8 Wenn mit dem Computer gearbeitet wird

CD-ROM und Online

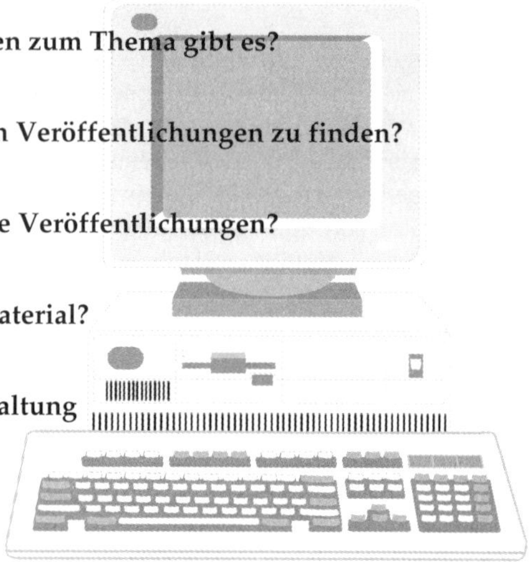

8.1 **Titel-Suche**
Welche Veröffentlichungen zum Thema gibt es?

8.2 **Fundstellen-Suche**
Wo sind die maßgeblichen Veröffentlichungen zu finden?

8.3 **Material-Beschaffung**
Wie beschafft man sich die Veröffentlichungen?

8.4 **Material-Sammlung**
Wie dokumentiert man Material?

8.5 **Material-Ordnung**
Dateien und Dateienverwaltung

8.6 **Text-Verfassen**
Textprogramme

8.7 **Quellen-Angaben**
Zitate und Zitieren aus Online und CD-ROM

Die folgenden Hinweise setzen zwar erste Umgangskenntnisse mit dem Computer voraus, richten sich aber an den Beginner beim Surfen im Internet nach Arbeitsmaterial und bei der weiteren Verarbeitung des Materials. Es werden bloß erste und unmittelbar anwendbare Informationen gegeben, die jedem Einzelnen die Möglichkeit gewähren sollen, seine wissenschaftliche Arbeit mit Computer-Hilfe anzugehen.

CD-ROM und Online

Für wissenschaftliches Arbeiten ist der Computer inzwischen weitaus mehr als bloße Hilfe für Sammeln und geordnetes Speichern von Material und für die Textabfassung. Seit das Multi-Media-Konzept auch für Arbeiten am häuslichen Computer wirksam werden kann, wird dadurch wissenschaftliches Arbeiten in vielfacher Hinsicht erleichtert, ja sogar in mancher Hinsicht wirkungsvoller. Voraussetzung ist zum einen eine aktuelle technische Ausstattung (Hardware), also ein Computer, der zumindest über genügend Speicherkapazität im Arbeitsbereich wie auf der Festplatte sowie über ein CD-ROM-Laufwerk verfügt und der die notwendige Verbindung (Modem) zum Telefonnetz hat. Weitere Voraussetzungen sind die erforderlichen Programme u. Ä. (Software), die den Online-Anschluss und den Internet-Zugang ermöglichen.

Computer – Ausstattung für Internet – Surfer

Anlagen-Komponenten	**Mindestqualität**
Prozessor	Pentium (oder vergleichbar), 166 MHz
Arbeitsspeicher	16 MByte RAM (besser: mehr)
Festplatte	1,2 GByte (besser: mehr!)
Grafikkarte	SVGA, mind. 1 MByte Speicher (besser: mehr)
CD-ROM	8-fach (besser: mehr!)
Soundkarte	muss Soundblaster-kompatibel sein
Boxen	Aktivboxen
Maus	!!!
Modem	33.600 KByte (besser: mehr; oder: ISDN)

Auf die Ausstattungsvoraussetzungen soll hier nicht weiter eingegangen werden. In stark vereinfachter Weise und an ausgewählten Beispielen sollen folgend jene Bereiche beschrieben werden, in denen der Computereinsatz bei eigenen wissenschaftlichen Arbeiten verwendet werden kann – in der Regel wohl auch schon weitgehend verwendet wird. Dabei wird nach ganz pragmatischen Gesichtspunkten vorgegangen. Wissenschaftliches Arbeiten mit Hilfe des Computers lernt man durch ständigen Umgang mit dem Computer – wie überhaupt, so macht auch hier Übung den Meister! *

* Von der inzwischen zahlreich erschienenen Hilfs-Literatur für den Einstieg in Online-Recherchen usw. sollen hier nur drei leicht verständliche und auch preiswerte Titel aufgeführt werden, mit deren Hilfe Sie sich weiter in den Umgang damit einarbeiten können:
Stiftung Warentest (Hrsg.): Internet. Nichts leichter als das. Berlin 1997 (DM 19,80).
Jasper, Dirk: Suchen und Finden im Internet. Tips für die erfolgreiche Online-Recherche. Düsseldorf 1997 (DM 19,80).
Gieseke, Wolfram, E-Mail Praxishandbuch. Kommunikation auf dem Datenhighway. Düsseldorf 1997 (DM 20,–).

8.1 Titel-Suche

Welche Veröffentlichungen zum Thema gibt es?

Bibliografieren – danach zu suchen, welche maßgeblichen, für das eigene Thema wesentlichen Veröffentlichungen es bereits gibt – findet auch heute noch oftmals aufwendig und zeitraubend statt: Man begibt sich dorthin, wo man allgemeine oder besondere Bibliografien findet, vornehmlich in Bibliotheken. Und dabei hat solche Chance nur, wer derartig ausgestattete Bibliotheken auch in seiner Nähe hat. Nunmehr aber kann von jedem Arbeitsplatz aus mit dem Computer bibliografiert, nach maßgeblichem Material recherchiert werden. Das Material – in Form bereits veröffentlichter themabezogener Aussagen – braucht man unbedingt, um seine besondere Frage aktuell und so vollständig wie möglich beantworten, um seine besondere These so detailliert und umfassend wie möglich argumentieren zu können. Nichts könnte sich nachteiliger auf die wissenschaftliche Arbeit auswirken als die Vernachlässigung bereits vorliegender Erkenntnisse und Aussagen oder – noch schlimmer – der gewollte Verzicht auf Argumentation und so bloße apodiktische Gedankenführung zu praktizieren.

Statt schriftlicher Bibliografien bieten sich mit dem Computer zwei Quellenarten für bibliografische Recherchen an:

- CD-ROM-Datenbanken
- Online-Datenbanken (Virtuelle Bibliotheken)

8.1.1 CD-ROM-Datenbanken

CDs haben den Vorteil großer Speicherkapazität, sie fassen etwa 300 000 Schreibmaschinenseiten, und den weiteren Vorteil des überaus flexiblen Einsatzes, sie sind klein und handlich und können nach überallhin mitgenommen und vor Ort genutzt werden. Von Vorteil ist auch der leichte und problemlose Umgang mit ihnen: Man legt sie in das entsprechende Laufwerk ein, ruft sie ab – und schon lenken sie einen durch ihre aufgearbeiteten Suchbefehle sicher durch die Informationen. Nachteile sind der in der Regel sehr hohe Einstandspreis und die angesichts der hohen Veröffentlichungsdichte bloß kurzzeitige Aktualität.

Folgende verbreitete CD-ROM-Datenbanken kommen vor allem für die Suche nach Veröffentlichungen in Frage:

Deutsche Nationalbibliographie
Im deutschsprachigen Raum bietet sich vor allem die CD-ROM-Fassung der Deutschen Nationalbibliographie als erste und umfassende Quelle an, wenn man nicht sofort zu Spezialbibliografien greifen kann. Die CD-ROM enthält alle ab 1991 neu erschienenen deutschsprachigen Veröffentlichungen, im Einzelnen: alle im Buchhandel wie auch die nicht im Buch-

handel erhältlichen Titel in deutscher Sprache und aus deutschsprachigen Verlagen, außerdem Hochschulschriften und Karten. Eine Aktualisierung erfolgt zweimonatlich!

Um den zwangsläufig eintretenden Aktualitätsverlust auszugleichen, werden für einzelne Themenbereiche Hinweise auf einzelne maßgebliche Veröffentlichungen bereits vor ihrem Eingang in die CD-ROM der Deutschen Nationalbibliothek erteilt. Beispielsweise sind Literaturdaten aus dem FIS-Bildungs-Verbund, die noch nicht auf CD-ROM gespeichert sind, erschließbar unter:

http://www.dipf.de/lars/html/start.htm

Internationale Bibliographie der Zeitschriftenliteratur (IBZ)
Diese seit 1965 erscheinende Bibliografie gibt es ebenfalls bereits auf CD-ROM. Als Rückblick sind auf CD-ROM alle 1989–1993 veröffentlichten Aufsätze erfasst. Seit 1994 erfolgt halbjährlich eine Aktualisierung. Sie fasst Aufsätze aller Fachgebiete aus etwa 6000 Zeitschriften zusammen, wobei von den erfassten Fachgebieten vor allem die Geisteswissenschaften betreut werden.

Zeitschriften-Datenbank (ZDB)
Seit 1995 gibt es die ZDB auf CD-ROM. Sie verzeichnet alle in deutschen wissenschaftlichen Bibliotheken vorhandenen Zeitschriften, liefert also auch Hinweise auf Fundorte für bereits erkannte Beiträge. Allerdings sind gegenwärtig noch nicht alle Bibliotheken in den neuen deutschen Bundesländern berücksichtigt.

Hochschulschriften/Die Deutsche Bibliothek 1945–1994
Diese als CD-ROM erscheinende Bibliografie enthält alle Habilitationsschriften und Dissertationen deutscher Universitäten und Hochschulen. Allerdings fehlen Angaben über die seit 1971 entstandenen maßgeblichen Schriften aus der ehemaligen DDR.; später erschienene sind in der *Deutschen Nationalbibliographie* mit erfasst (*vgl. oben*). Hier handelt es sich also bloß um eine historische Aufarbeitung.

Hinweis:
Sehen Sie sich nach besonderen CD-ROM-Bibliografien um, die für Ihren Arbeitsbereich, Ihr Thema spezifische Auskünfte geben können. Davon gibt es überaus zahlreiche; sie sind zumeist in den Fachabteilungen von Bibliotheken vorhanden und können dort vor Ort benutzt werden.

8.1.2 Online-Datenbanken

Der »virtuelle »Kiosk« verzweigt zu einer Fülle von Online-Publikationen

Über Internet sind weltweit Bibliotheken und so auch deren Bibliografierungshilfen vom häuslichen Computer aus anzapfbar für gesuchte Informationen. Was daran jeden Anfänger wohl mit am stärksten faszinieren dürfte, ist der Zugang zur weltgrößten Bibliothek, jener des Kongresses der Vereinigten Staaten von Amerika (Library of Congress). Doch wird man in der Regel wohl eher mit den Angeboten der Nähe arbeiten wollen und können, mit den nächstgelegenen Bibliotheken. Hier werden nur die bundesweit nutzbaren Bibliografie-Quellen und exemplarisch einige sicher vor allem regional bedeutsame virtuelle Quellen genannt.

Neu und umfassend: SUBITO
Dies ist die wohl neueste, umfassendste und bequemste Adresse für maßgebliche Internet-Recherchen!

SUBITO

Zugangsadresse:
http://www.subito-doc.de

Mit SUBITO wird in Deutschland eine ganz neue Recherchenmöglichkeit angeboten, und zwar ausdrücklich für Wissenschaftler und wissenschaftlich Arbeitende. SUBITO erschließt Aufsätze aus 1 Million wissenschaftlicher Zeitschriften; der Recherchenraum soll künftig noch ausgeweitet werden. Dass SUBITO darüber hinaus noch mehr ermöglicht, nämlich als *Volltext*-Datenbank auch die benötigten Texte nach Hause liefert, wird weiter unten ausführlicher dargestellt (S. 168 ff.)! **168 ff.**

Das regionale Beispiel: Universitätsbibliothek Karlsruhe
(kann aber durchaus auch landesweit von allen Anschlüssen aus benutzt werden) **!**

Karlsruher Virtueller Katalog (KVK)

Zugangsadresse:
http://www.ubka.uni-karlsruhe.de/kvk.html

Bei dieser Recherche gehen Sie folgendermaßen vor:

UB Karlsruhe .. Hilfe/Info .. Englisch

Welche Kataloge sollen bei der Suche berücksichtigt werden?

Verbünde und Buchhandel

- ☐ Südwestdeutscher Bibliotheksverbund
- ☐ Bibliotheksverbund Bayern
- ☐ Verbundkatalog Nordrhein-Westfalen
- ☐ Gemeinsamer Bibliotheksverbund
- ☐ Die Deutsche Bibliothek
- ☐ Österreichischer Bibliotheksverbund
- ☐ British Library
- ☐ Britischer Verbundkatalog (COPAC)
- ☐ Library of Congress
- ☐ ABC Bücherdatenbank USA/U. K.
- ☐ Verzeichnis lieferbarer Bücher (VLB)
- ☐ KNO-K&V Buchkatalog
- ☐ Pergamon Buchversand

Bibliotheken

- ☐ Universitätsbibliothek Karlsruhe
- ☐ Institutskatalog Uni Karlsruhe
- ☐ Badische Landesbibliothek
- ☐ Forschungszentrum Karlsruhe
- ☐ Stuttgarter Online-Katalog (StOPAC)

Soll zusätzlich eine sortierte Liste ausgegeben werden? Ja • Nein
(aus technischen Gründen fehlen in der sortierten Liste die Einzeltreffer)

Titel	________________	Schlagwort	________________
Autor	________________	ISBN	________________
Körperschaft	________________	ISSN	________________
Jahr	________________	Verlag	________________

Suche Löschen

______ ______

Hinweise

- Rechtstrunkierung mit »?« (bei Autor geschieht dies teilweise automatisch)
- die Suchfelder werden automatisch mit UND verknüpft
- für eine vollständige Suche nach *Autoren* sollte der Vorname mit angeben werden, z. B. »mueller, uwe«
- Stoppworte wie »der die the and ...« sollten vermieden werden

In den Katalogen kann auch direkt gesucht werden

- Südwestdeutscher Bibliotheksverbund
- Bibliotheks-Verbund Bayern
- Verbunddatenbank Nordrhein-Westfalen
- Gemeinsamer Bibliotheksverbund (GBV)
- Die Deutsche Bibliothek (DBB) an der UB KA und direkt in Frankfurt
- DBI-LINK-Zeitschriftendatenbank (ZDB)
- KNO-K&V Buchkatalog
- Verzeichnis lieferbarer Bücher (VLB)
- British Library (BL)
- Britischer Verbundkatalog (COPAC)
- Library of Congress (LOC) an der UB KA und direkt in den USW
- Universitätsbibliothek Karlsruhe/Institutskatalog Karlsruhe/Badische Landesbibliothek/Forschungszentrum Karlsruhe (FZK)
- Stuttgarter Online-Katalog (StOPAC)
- ABC Bücherdienst
- Pergamon Buchversand
- Österreichischer Bibliothekenverbund

Weitere ausgewählte Online-Anschriften

Hochschulbibliothekszentrum Nordrhein-Westfalen (HBZ)

Zugangsadresse:
http://www.hbz-nrw.de/hbz/germlst.html

Dort kann mit einer experimentellen Suchmaschine ein weiter Raum abgegrast werden, sodass man zu allen erwünschten Spezialauskünften über Veröffentlichungen gelangen kann. Eine umfassende Auflistung mit Zugangsadressen über deutsche Onlinebibliotheken wird angeboten.

Die Digitale Bibliothek NRW

Zugangsadresse:
http://www.digibib-nrw.de/

In Nordrhein-Westfalen sind inzwischen die gesamten Bibliotheksbestände (6,1 Millionen Bücher!) digital erfasst und können von jedermann online eingesehen und geortet werden.

Universitätsbibliothek Hannover

Zugangsadresse:
http://www.laum.uni-hannover.de/iln/bibliotheken/kataloge.html

Dort erhält man detaillierte Auskunft über sehr viele online abfragbare Bibliothekskataloge, sodass man zunächst über Hannover einsteigen und von dort weiter recherchieren kann (*vgl. oben: Karlsruhe*). Die online nutzbaren Bibliothekskataloge sind geordnet nach: Städten, Bundesländern (jeweilige Sonderkataloge), DBI, Sonderforschungseinrichtungen, Aufsatzdatenbanken, Institutionsbibliotheken. Von Hannover aus kann man durch maßgebliche Hinweise auch zu Recherchen in österreichischen und schweizerischen Bibliotheken übergehen.

Webis

Zugangsadresse:
http://www.webis.sub.uni-hamburg.de/

Fundstellenhilfe leistet ein von der Universität Hamburg vorgestelltes System, das die Buchbestände einzelner Universitäten u. Ä. nach Fächern und Stichworten ausbreitet.

Südwestdeutscher Bibliotheksverbund

Zugangsadresse:
http://www.swb.uni-konstanz.de

Angeboten werden – nach besonderen Servern geordnet – zahlreiche Listen, die informieren über:
Bibliotheken, Bibliothekskataloge, Hochschulen, Verbundsysteme, weltweite Nationalkataloge, Online-Bibliotheken in Deutschland wie in Europa und Nord-, Mittel-, Südamerika, Asien und im Mittleren Osten.

Suchmaschine Chemguide

Zugangsadresse:
http://www.fiz-chemie.de

Fast 30 000 Webseiten informieren über den aktuellen Stand der chemischen Forschung.

Datenbank Physik

Zugangsadresse:
http://www.giant-steps.net

Von zwei Studenten ist diese Datenbank aufgebaut, die bei maßgeblicher Literatursuche helfen soll.

Hinweis:
Versuchen Sie die Zugangsadresse zu erhalten, die für Sie regional die nächste ist, bei Universitäten, Hochschulen, Staatsbibliotheken usw.

Das Hilfsangebot der Verlage

Zugangsadresse:
http://www.buchhandel.de

Überaus schnell kommt man hier zu Informationen über Neuerscheinungen in deutschen Verlagen, wenn man die ständig überarbeiteten Informationen des Buchhandels dazu verfolgt.
Wenn man sich eingeloggt hat, kann man sich nicht bloß einmalig über aktuelle Erscheinungen informieren lassen, sondern auch eine Art Dauerauftrag erteilen. Man wird nach Stichworten gefragt, über die man über die eigene E-mail-Adresse ständig informiert werden möchte. Eingegeben werden können nacheinander mehrere Stichworte.

8.2 Fundstellen-Suche

Wo sind die maßgeblichen Veröffentlichungen zu finden?

Zumeist sind Ihnen heute mit den bibliografischen Daten, – dass es und welche bestimmten Veröffentlichungen es zu Ihrem Thema gibt – auch bereits Hinweise darauf gegeben worden, wo, in welcher Bibliothek Sie die jeweiligen Beiträge finden. Doch wenn das nicht der Fall ist, dann können Sie mit den oben aufgeführten Internet-Adressen noch einmal in das Netz gehen und sich über Fundstellen informieren. Daß Sie selbstverständlich auch weiterhin auf die überkommene Art recherchieren können, versteht sich: Sie können mit den – ausgedruckten – bibliografischen Angaben *unter dem Arm* in Bibliotheken marschieren, können auch in Buchhandlungen die gewünschten Titel erwerben.

Neben den Adressen der regional zugänglichen Bibliotheken und Bibliotheksverbünden sollten Sie auf jeden Fall folgende Bibliotheken durchstöbern:

- Südwestdeutscher Bibliotheksverbund
- Bibliotheks-Verbund Bayern
- Verbunddatenbank Nordrhein-Westfalen
- Gemeinsamer Bibliotheksverbund (GBV)
- Die Deutsche Bibliothek (DBB) an der UB KA und direkt in Frankfurt
- DBI-LINK-Zeitschriftendatenbank (ZDB)
- KNO – K&V Buchkatalog
- Verzeichnis lieferbarer Bücher (VLB)
- Universitätsbibliothek Karlsruhe
- Stuttgarter Online-Katalog (StOPAC)
- ABC Bücherdienst
- Pergamon Buchversand
- Österreichischer Bibliothekenverbund.

Ihre Recherchen können Sie diesmal konzentrierter durchführen, da Sie ja bereits Titel-Angaben usw. haben. Je nachdem, geben Sie Verfassernamen oder Titel (auch in Stichworten) in Ihre Suche ein.

Aber Vorsicht
Beenden Sie Ihre Suche nicht schon, wenn Sie erfahren haben, dass der gesuchte Titel in der Bibliothek vorhanden ist! Lassen Sie sich auf jeden Fall die Katalog-Nummer o. Ä. geben!

Und
Wenn möglich, lassen Sie sich auch darüber informieren, ob der Titel für Sie verfügbar ist, ob er nicht – u. U. sogar recht lange – ausgeliehen ist.

Und weiterhin
Wenn Sie die Bestellung auch Online vornehmen können, so tun Sie dies unverzüglich!

!

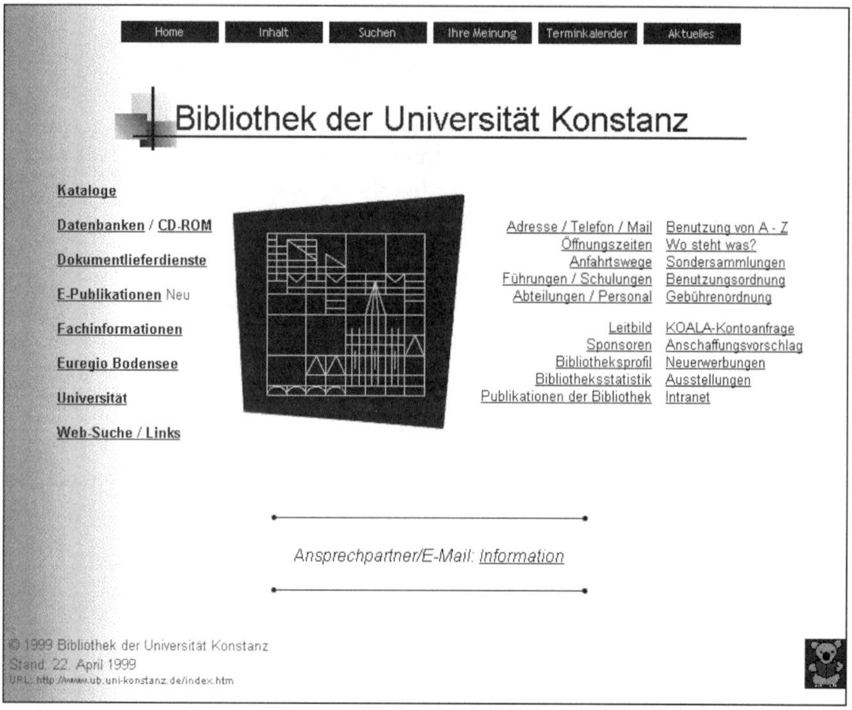

Das Beispiel Universitätsbibliothek Konstanz

8.3 Material-Beschaffung

Wie beschafft man sich die Veröffentlichungen?

Wie schon erwähnt, können Sie mit den Ergebnissen Ihrer Recherchen nach vorhandenem Material und nach den dazu gehörigen Fundstellen auf die alte Art beschaffen, was Sie Ihrer Meinung nach benötigen: ... indem Sie in Bibliotheken gehen, um auszuleihen; indem Sie in Buchhandlungen gehen, um zu kaufen. Sie können auch – besonders bei Aufsätzen – über die Fernleihe aus großen Bibliotheken (denken Sie daran: Aus Finanzierungsgründen leisten sich immer weniger Bibliotheken alle Periodika!) gebundene Sammelbände ausleihen oder gleich um Kopien bitten (kosten etwas!).

Aber es geht mittlerweile auch mit dem Computer: Benötigte Materialien können ins Haus bestellt werden. Das betrifft zwar vor allem Aufsätze, doch auch ganze Bücher werden über den eigenen Bildschirm ins Haus geliefert. Es gibt heute die sog. *Volltext* – Datenbanken, die nicht nur Veröffentlichungen anzeigen, sondern sie auf Wunsch auch auf unterschiedlichen Wegen ausliefern. Und der derzeit heißeste Tip hierfür ist wiederum SUBITO!

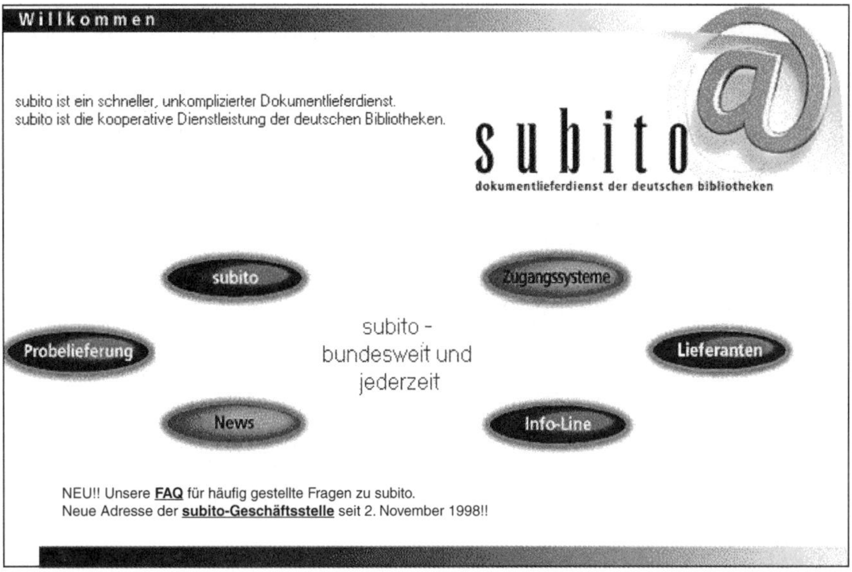

Die Zugangsseite zu SUBITO

Heißester Tipp: SUBITO
Informationen und Ausdrucke – einfach und schnell!

Zugangsadresse:
http://www.subito-doc.de

Seit kurzem gibt es einen Dienst, mit dem man so schnell an Aufsätze herankommt wie nie zuvor: SUBITO. Gefördert vom deutschen Bundesministerium für Bildung und Forschung erschließt SUBITO Aufsätze aus 1 Million wissenschaftlicher Zeitschriften und soll im Zugriff künftig noch stärker erweitert werden.

Mit SUBITO kann nicht nur bibliografisch recherchiert werden (Was gibt es auf dem speziellen Markt? … zum speziellen Thema?) und auch nicht nur nach Fundstellen gesucht werden (Wo finde ich die bibliografierten Aufsätze?), sondern mit SUBITO kann man sich per Internet und auf verschiedenen Wegen auch den Text besorgen, ja – ins Haus liefern lassen.

Möglich ist die Lieferung
durch einen **Normaldienst** → Er hat eine Bearbeitungszeit von drei Werktagen (außer Samstag);
durch einen **Eildienst** → Er hat eine Bearbeitungszeit von einem Werktag (außer Samstag).

Bearbeitungszeit ist dabei: Zeitraum zwischen Eingang der Bestellung per SUBITO beim jeweiligen Lieferanten (Fundstelle) und dem Beginn des Versands des Aufsatzes in der je gewünschten Fassung.

Auf Wunsch wird der Aufsatz versandt
☐ elektronisch über E – Mail,
☐ elektronisch über FTP (= File Transfer Protocol),
☐ per Fax,
☐ per Post,
☐ per Selbstabholung (wahlweise auch durch Kurier).

Auch SUBITO gibt es nicht umsonst, doch sind die Preise verhältnismäßig verbraucherfreundlich:

Nutzergruppe 1 (zu der Sie in der Regel gehören werden)**:**
- Studierende, SchülerInnen, Auszubildende, Mitarbeiter und Angehörige von Hochschulen,
- Privatpersonen,
- Mitarbeiter von Forschungseinrichtungen, die überwiegend aus öffentlichen Mitteln finanziert werden,
- Mitarbeiter sämtlicher juristischer Personen des öffentlichen Rechts, gemeinnütziger, kultureller oder sozialer Einrichtungen und Kirchen.

Nutzergruppe 2:
Alle unter 1. nicht Genannten.

Preise (derzeit)**:** (für Nutzergruppe 1 bundesweit einheitlich!)
- Aufsatz bis zu 20 Seiten durch Normaldienst/E-Mail/FTP = DM 5,–, durch Fax: DM 10,00
- Bleibt die Gesamtbestellung unter DM 50,–, werden zusätzliche Verwaltungsgebühren in Rechnung gestellt und der Eildienst treibt die Kosten wahrscheinlich ziemlich hoch.

Hinweis
Da die elektronische Lieferung den Text als Grafikdateien überbringt, wird eine *Entpackung* nötig, – ohne die der Text gar nicht bearbeitet werden kann –, und die kann überaus lange dauern!

Noch im Aufbau, aber viel versprechend für die Zukunft:
Das *Projekt* GUTENBERG

Zugangsadresse:
http://promo.net/pg/

Das Illinois Benedicte College hat sich vorgenommen, die bedeutendsten Bücher der Welt – zunächst hauptsächlich englischsprachige (es gibt aber bereits auch französische oder spanische Texte) – zu digitalisieren und dem Internet zur Verfügung zu stellen. Zwar gibt es derzeit, im April 1999, erst etwa 4.000 erfasste Bücher, doch hat man vor, bis zur Jahrtausendwende die Zahl auf 10.000 aufzustocken.

Wenn das Projekt hinlänglich gediehen ist, kann man sich ganze Bücher auf den Bildschirm holen und dann – bei Bedarf insgesamt oder in den zu verarbeitenden Teilen – speichern und/oder ausdrucken.

Dem Projekt sind aber Grenzen gesetzt: Aufgearbeitet werden dürfen bisher nur solche Bücher, für die das so genannte Urheberrecht bereits abgelaufen ist. Und das beträgt bei uns i. d. R. 70 Jahre.

Auch in Deutschland ist ein *Projekt Gutenberg* im Aufbau begriffen. Derzeit (April 1999) sind über 10.000 Texte (insbesondere viele Gedichte, Märchen und Fabeln) von etwa 250 Autoren erfasst.

Zugangsadresse:
http://gutenberg.aol.de/

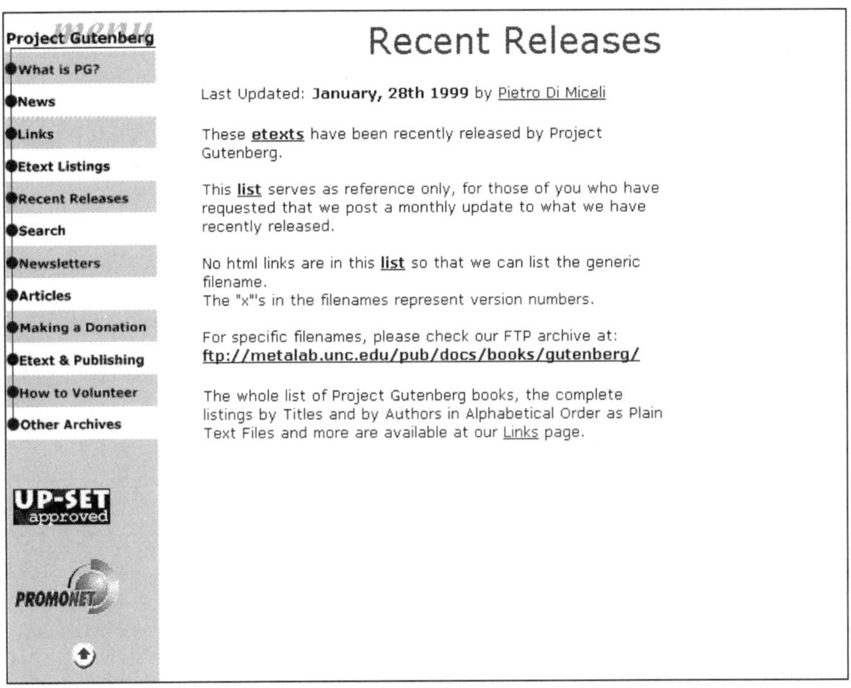

menu
Project Gutenberg
- What is PG?
- News
- Links
- Etext Listings
- Recent Releases
- Search
- Newsletters
- Articles
- Making a Donation
- Etext & Publishing
- How to Volunteer
- Other Archives

UP-SET approved

PROMONET

Recent Releases

Last Updated: **January, 28th 1999** by Pietro Di Miceli

These **etexts** have been recently released by Project Gutenberg.

This **list** serves as reference only, for those of you who have requested that we post a monthly update to what we have recently released.

No html links are in this **list** so that we can list the generic filename.
The "x"'s in the filenames represent version numbers.

For specific filenames, please check our FTP archive at:
ftp://metalab.unc.edu/pub/docs/books/gutenberg/

The whole list of Project Gutenberg books, the complete listings by Titles and by Authors in Alphabetical Order as Plain Text Files and more are available at our Links page.

Projekt Gutenberg

8.4 Material-Sammlung Wie dokumentiert man Material?

In das Zeitalter der Computer-Recherchen passen handschriftliche Exzerpte auf Zetteln und Karteikarten nicht mehr so recht hinein, zumal es flankierende Techniken gibt, die auch hier das wissenschaftliche Arbeiten leichter und – wenn ordentlich durchgeführt – zuverlässiger machen. Obwohl: Auch die alten Techniken – vom Exzerpieren bis zum Fotokopieren – behalten ihren Wert und können jederzeit verwendet werden, um gefundenes und für die weitere Verarbeitung für wert gehaltenes Material festzuhalten, zu dokumentieren. Nach wie vor – so stelle ich bei meinen Betreuungen wissenschaftlicher Arbeiten fest – wird zwar umfassend und akribisch nach Material recherchiert, wird die Beschaffung schon etwas lässiger betrieben – was die Quantität des Materials betrifft –, wird aber bei der Dokumentation weiterhin leichtfertig gehandelt. Am auffälligsten: Das Material wird oftmals nur unvollständig und ohne die Daten – bibliografische und Fundstellen – festgehalten. Es versteht sich von selbst, daß unter solcher unzuverlässiger Dokumentation die gesamte weitere Arbeit leidet: Wissenschaftliche Arbeiten (Produkte) können nur so gut sein wie das wissenschaftliche Arbeiten (Prozesse).

Wer zu seiner Multimedia-Ausstattung einen *Scanner* zählt, der wird versuchen, Texte mit ihm auf die eigene Speicherplatte zu bringen und sie von dort aus weiterbearbeiten. Wohl dem, der *scannen* kann. Denn zum einen ist das nicht ganz so einfach, wie die Prospekte versprechen. Zum anderen erfordert *Scannen* einen ziemlich großen Speicherraum. Einfacher wird es, nach dem Scanner-Prinzip zu verfahren, wenn zusätzlich zur bloßen Ablichtung und Digitalisierung noch weitere Angebote gemacht werden: Systematisiertes und kategorisierendes Sammeln von Material. Von solchen Angeboten wird folgend mit ZITATA 3.0 eines vorgestellt.

ZITATA 3.0 für Windows – ein Beispiel *

Wie man mit besonders entwickelter Software sein eigenes wissenschaftliches Arbeiten organisieren und dadurch bedeutend erleichtern kann, soll dies Beispiel veranschaulichen. ZITATA 3.0 setzt dort ein, wo man beginnt, die ausgewählte und bearbeitete Literatur auszugsweise, d. h. in einzelnen Zitaten für die weitere Arbeit zu sammeln und aufzubewahren.

---

* Die Wiedergabe erfolgt mit freundlicher Genehmigung der Verfasser des Programms, die auch die Bilder zur Verfügung stellten: RIKRO systems, Warnemünde (Bei Drucklegung war die Firma nicht auffindbar; ggf. ist ZITATA also nicht mehr erhältlich.).
Hinweis: Zitata 3.0 liest bloß Standardtexte ein, d.h. keine Logos, Grafiken, Spezialsymbole, keine Negativtexte, Texte in roter oder gelber Farbe, sich überschneidende und handschriftliche Zeichen, keine Texte auf sehr dunklem Hintergrund und solche von schlechter Qualität! Wer umfassendere Dokumente einlesen will, muß wohl Scanner mit größerer Ausstattung einsetzen.

Das geschieht hier mit Hilfe eines Einlesegerätes, eines kleinen Scanners, mit dem man ohne großen Aufwand Textstellen – und wie gesagt: auch Abbildungen u. Ä. – aus dem Originaltext herausschneiden kann, um sie in eine eigene Datenbank zu überführen. Wohl kaum eine andere Dokumentationsart – bis auf das mühselige Kopieren – hält Daten so getreu und mit dem Original übereinstimmend fest wie die Einlese mit einem Scanner.

Mühelose Eingabe von Textstellen

Einlesen mit dem Scanner

Bei Überführung in die Datenbank ordnet man selber dem übernommenen Text zugleich die für das spätere Arbeiten notwendigen Kriterien zu:

- vollständige bibliografische Daten für die erforderliche exakte Quellengabe
- Kriterien für systematische Zuordnungen für den leichten Zugriff und das Abrufen der gespeicherten Texte wieder auf den Bildschirm, wobei es zahlreiche Zuordnungsgesichtspunkte gibt, wie
    - Gebiet
    - Bereich
    - Thema
    - Stichwort.

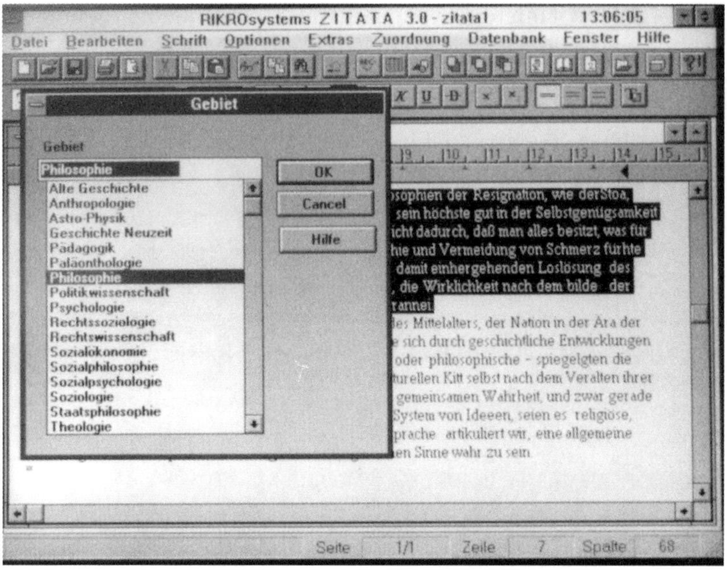

Gebietszuordnung

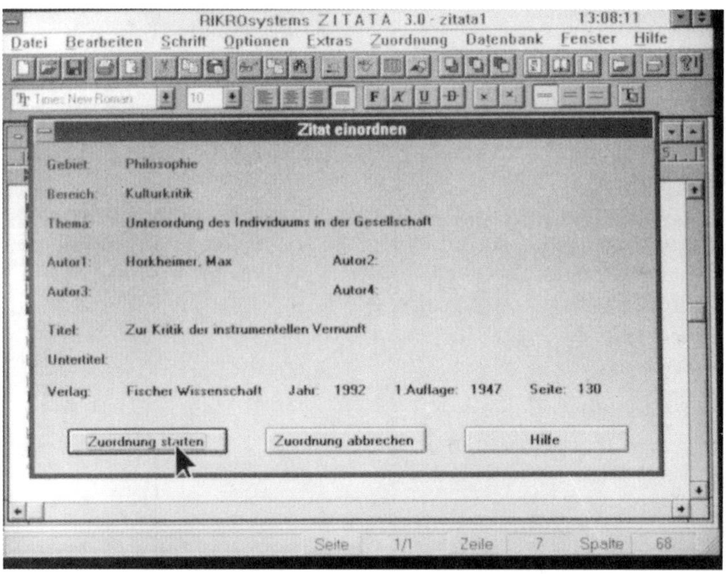

Alle Zuordnungskriterien

Um das Wiederauffinden gewünschter Texte u. Ä. zu erleichtern, stellt das System eine Suchmaske zur Verfügung, in die man bloß noch seine spezifischen Suchkriterien einzugeben braucht.

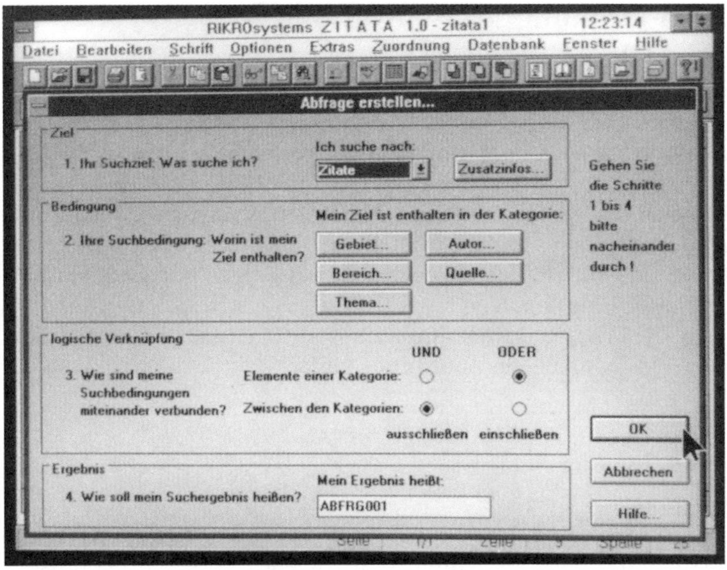

Suchmaske

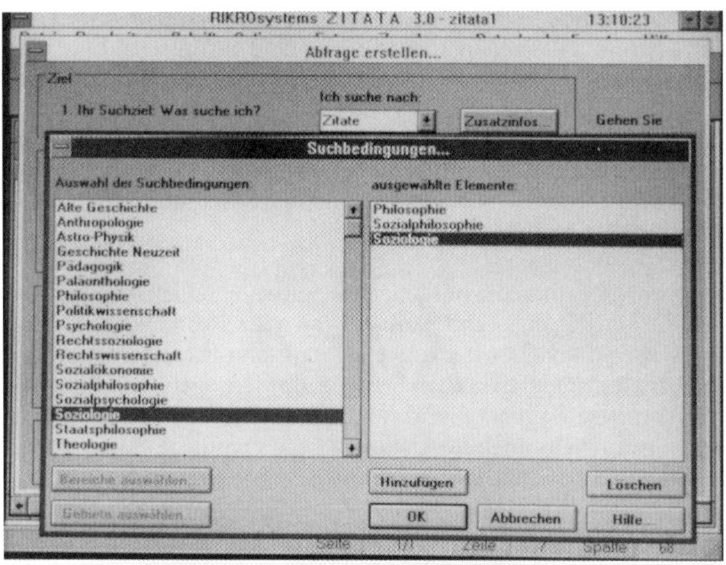

Umgang mit der Suchmaske

Leider ist solche Arbeitshilfe nicht umsonst zu haben.

8.5 Material-Ordnung

Dateien und Dateienverwaltung

Hier soll der Hinweis auf die weiter vorne gemachten Ausführungen genügen
96 ff. (vgl. S. 96 ff.!). Außerdem sei noch einmal auf das oben beschriebene ZITATA 3.0 verwiesen.

Im Anschluss an die weiter vorne gegebenen Tipps für den Umgang mit einem Thema, – dass man es in möglichst eindeutige *Fragen* oder *Thesen* umformen sollte –, wird geraten, Dateien nach eben der vorgenommenen Fragen-
50 ff. oder Thesenaufgliederung anzulegen (vgl. S. 50 ff.). Wer sein Material nach den Teil-Fragen bzw. Teil-Thesen ordnet und aufbewahrt, hat es bei der gedanklichen wie späteren redaktionellen Zuordnung einfacher.

8.6 Text-Verfassen

Textprogramme

Dass man mit dem Computer als Schreibgerät umgehen kann, wird vorausgesetzt. Wer mit dem Computer schreibt, weiß in der Regel, dass

- man alle Schreibtätigkeiten dem Computer überlassen kann, wie z. B. Schrifttype und -größe, Rechtschreibung und Silbentrennung, Fußnoten und Anmerkungen, Kopf- und Fußzeilen und dass man bloß die Entscheidung zwischen jeweils mehreren Gestaltungsmöglichkeiten durch Anklicken treffen muss;
- man alle Formatierungstätigkeiten dem Computer überlassen kann, wie z. B. die Seiteneinrichtung, die Abschnittformatierung, das Layout und dass man bloß die Entscheidung zwischen jeweils mehreren Gestaltungsmöglichkeiten durch Anklicken treffen muss.

Doch oft wird übersehen, dass die mitgelieferte Software in vielen Fällen eine oder auch mehrere Gliederungs- und Aufbauformen für die redaktionelle Abfassung der wissenschaftlichen Arbeit anbietet. Man kann sich dieser bedienen und sich so von entsprechenden gedanklichen Anforderungen freihalten. Als ein Beispiel für derartige Angebote wird folgend die Gliederungsvorgabe für Semesterarbeiten – durchaus auch für weitere wissenschaftliche Hausarbeiten verwendbar – vorgestellt, wie sie sich bei WORD 7.0 findet.

Vorlage für Semesterarbeit

Die Vorlage SEMESTER stellt Ihnen Befehle zum Hinzufügen einer Titelseite und von anderen Leitmaterialien und Formaten zur Verfügung. Diese Vorlage eignet sich für Semesterarbeiten und andere Arbeiten im Rahmen des Vordiplomstudiums.
Sie finden ganz unten im Menü **Format** einige Vorlagenbefehle zum Einfügen der verschiedenen Teile Ihrer Semesterarbeit, wie Titelblatt und Inhaltsverzeichnis. Bevor Sie den Befehl zum Einfügen der jeweiligen Teile ausführen, müssen Sie unbedingt sicherstellen, dass die Einfügemarke an der Stelle positioniert ist, wo der einzufügende Teil beginnen soll. Beim Wählen eines Befehls sollte sich die Einfügemarke immer in einer leeren Zeile befinden.

Befehle für die Vorlage Semester im Menü Format

- **Titelseite einfügen**

Mit diesem Befehl wird das Titelblatt erstellt. Word fordert Sie zur Eingabe von Informationen auf, die dann automatisch eingefügt und formatiert werden.

- **Inhaltsverzeichnis**

Mit diesem Befehl wird ein Inhaltsverzeichnis eingefügt. Setzen Sie die Einfügemarke an die Stelle, an der Sie das Inhaltsverzeichnis einfügen wollen, und wählen Sie dann den Befehl **Inhaltsverzeichnis einfügen**. Word stellt das Inhaltsverzeichnis aus den jeweiligen Kapitelüberschriften zusammen, formatiert es und fügt die richtigen Seitenzahlen anhand der Verweisfelder im Dokument hinzu.

- **Anfangsteile**

Dieser Befehl steht Ihnen nach Bedarf zur Verfügung.

- **Neues Kapitel**

Verwenden Sie diesen Befehl beim Beginn einer Semesterarbeit und wenn Sie mit einem neuen Kapitel anfangen wollen. Der Befehl **Neues Kapitel** beginnt eine neue Seite, numeriert die vorhandenen Kapitel, fordert Sie zur Eingabe einer Kapitelüberschrift auf, legt den korrekten Seitenumbruch fest und weist den Überschriften die richtige Formatierung zu, damit sie dann zu einem Inhaltsverzeichnis zusammengestellt werden können.

- **Eingerücktes Zitat und Gedichtsauszug**

Mit diesen Befehlen können Sie eingerückte Zitate und Gedichts- oder Prosaauszüge einfügen. Diese Befehle legen die richtigen Einzüge und Zeilenabstände für Zitate automatisch fest. Wählen Sie den entsprechenden Befehl, bevor Sie mit der Eingabe des Zitats beginnen. Wenn Sie die Eingabe des Zitats abgeschlossen haben, drücken Sie die EINGABETASTE, um zum Textstil »Normal« zurückzukehren.

- **Literaturliste**

Verwenden Sie diesen Befehl zum Erstellen Ihrer Bibliografie. Diese Vorlage weist für Titel und Seitenzahlen die entsprechenden Formate zu.

Hinweis: Einige dieser Befehle nehmen etwas Zeit in Anspruch, da Word den Seitenzahlen der verschiedenen Teile der Arbeit immer das entsprechende Format zuweisen muß.

QUELLE: Ausdruck aus WORD 7.0 nach MICROSOFT/1996

8.7 Quellen-Angaben

*Zitate und Zitieren aus Online und CD-ROM**

Hierfür gilt, wie generell, dass alle Quellenangaben aufgeführt werden, die es dem Leser gestatten, die übernommene Aussage - wörtlich oder bloß sinngemäß - aufzusuchen und ggf. zu überprüfen. Wichtig: In der Regel sind für genaue Online-Quellenverweise zweifache Angaben erforderlich:

erstens - über die bibliografischen Daten der Veröffentlichung;
zweitens - über den besonderen Fundort der Veröffentlichung im Internet (Zugangsadresse).

Beispiel:
REINMANN-ROTHMEIER, G. & MANDL, H., Wissen und Handeln. Eine theoretische Standortbestimmung, München 1996, Ludwig-Maximilians-Universität, Forschungsbericht Nr. 70, Institut für Pädagogische Psychologie und Empirische Pädagogik, Lehrstuhl für Empirische Pädagogik und Pädagogische Psychologie, unter: **http://infix.emp.paed.unimuenchen.ds/lsmandl/forschbe/lit70.htm**

Beispiel:
BLEUEL, Jens, Beispiel für eine E-Mail,
unter: **bleuel@mzdmza.zdv.uni-mainz.de**

Beachten:

Erstens - Bei der Angabe der Internet-Daten kommt es noch mehr auf die Genauigkeit jedes einzelnen Zeichens an als üblich, um den Zugang tatsächlich zu erreichen!

Zweitens - In der Regel werden Internet-Veröffentlichungen ebenso wie deren Daten relativ schnell überarbeitet und verändert, deshalb besser immer das Datum des vorgenommenen Abrufs mit angeben!

Beispiel:
World Wide Web als virtuelle Bibliothek, Weiterbildendes Studium - Informationsorganisation,
E-Mail-Anschrift: **fingerle@hrz.uni-kassel.de**
Homepage-Anschrift: **http://www.uni-kassel.de/fb2/bwp/fingerle/virtb.htm**
letzte Änderung: 20. November 1997

Die unvermindert schnelle Weiterentwicklung im Multimedia-Bereich wird auch diese Hinweise sicher bald veralten lassen. Deshalb bitte: Bemühen Sie sich selber darum, Anschluss an die technische Entwicklung und auch an die damit verbundene Erweiterung der Service-Leistungen für wissenschaftliche(s) Arbeiten zu halten.

* Gute Hinweise finden sich: Runkehl, Jens/Siever, Torsten, Das Zitat im Internet, Hannover 2000 (Revonnah Verlag)

Anhang: „Plagiate von Studierenden“ – Stellungnahme des Deutschen Hochschulverbandes

Bonn, 17. Juli 2002

Plagiate von Studierenden

Zur Sicherung guter wissenschaftlicher Praxis
in der Gemeinschaft von Lehrenden und Lernenden
Resolution des Deutschen Hochschulverbandes

Die Sicherung wissenschaftlicher Qualität ist ein besonderes Anliegen des Deutschen Hochschulverbandes. Sie setzt die Einhaltung von Grundregeln wissenschaftlicher Arbeit voraus. Der Deutsche Hochschulverband hat Grundsätze guter wissenschaftlicher Praxis für Hochschullehrer in einer Resolution des 50. Hochschulverbandstages 2000 in Berlin formuliert. Er wendet sich nunmehr dem zunehmenden Problem der Plagiate in studentischen Prüfungsarbeiten zu:

I. Schriftliche Arbeiten Studierender im Rahmen der universitären Ausbildung haben dem Anspruch guter wissenschaftlicher Praxis zu genügen. In einigen wissenschaftlichen Disziplinen stellt sich ein Teil der Studierenden diesem Anspruch nicht, sonderen legt statt einer schriftlichen Arbeit, die auf eigener geistiger Leistung beruht, ein Plagiat vor, indem Texte Dritter ganz oder teilweise, wörtlich oder nahezu wörtlich übernommen und als eigene wissenschaftliche Leistung ausgegeben werden. Ein solches Vorgehen widerspricht nicht nur guter wissenschaftlicher Praxis, es ist auch eine Form des geistigen Diebstahls und damit eine Verletzung des Urheberrechts.

Plagiate von Studierenden sind nicht erst seit dem Erscheinen von Computer und Internet bekannt. Durch die zunehmende Digitalisierung von Texten ist es heute jedoch bedeutend leichter geworden, Plagiate zu erstellen. Vor allem im Internet steht bei unterschiedlichen Anbietern eine fast schon unüberschaubare Zahl an Haus-, Seminar-, Diplom- und Doktorarbeiten aus vielfältigen wissenschaftlichen Disziplinen zum kostenlosen oder kostenpflichtigen Herunterladen zur Verfügung.[1)]

II. Vor diesem Hintergrund hält es der Deutsche Hochschulverband für dringend geboten, daß Universitätsprofessoren die ihnen zur Verfügung stehenden Möglichkeiten wirkungsvoll einsetzen, um Plagiaten durch Studierende entgegenzuwirken.

1. Professoren haben den Studierenden frühzeitig die Grundsätze wissenschaftlicher Arbeit zu vermitteln. Sie haben Sorge dafür zu tragen, daß Studierende die Regeln guter wissenschaftlicher Praxis lernen und für das Erkennen wissenschaftlichen Fehlverhaltens sensibilisiert werden. Wissenschaftliches Arbeiten basiert immer auf der geistigen Leistung anderer. Professoren müssen daher Studierenden frühzeitig den korrekten Umgang mit fremdem, geistigem Eigentum vermitteln. Sie müssen ihren Studierenden die Methodik des korrekten Zitierens bereits ab dem Beginn des Studiums erklären.

---

1) Wie groß der Anteil der Plagiate unter den von Studierenden eingereichten Arbeiten ist, ist nicht bekannt. Seriöse Untersuchungen oder verläßliche Zahlen zu diesem Problem fehlen noch. Erste Hinweise von Universitätsprofessoren aus dem In- und Ausland lassen jedoch vermuten, daß die Erstellung von Plagiaten mithilfe des Internets eine deutlich steigende Tendenz aufweist. So ist zum Beispiel an der University of California (Berkeley/USA) für einen Zeitraum von drei Jahren (Stichjahr: 1997) eine Zunahme von Täuschungsversuchen um 744 Prozent beobachtet worden. In Deutschland haben nach einer Umfrage von hausarbeiten.de vier Prozent der Nutzer zugegeben, die Inhalte dieser Internetseiten für Plagiate zu nutzen.

2. Professoren können davon ausgehen, daß die überwältigende Mehrheit ihrer Studierenden Seminararbeiten eigenständig und wissenschaftlich redlich verfaßt. Sie sollten sich aber auch vor Augen halten, daß ein Teil der Studierenden nicht wissenschaftlich redlich arbeitet. Professoren sind daher dazu aufgefordert, schriftliche Arbeiten von Studierenden besonders sorgfältig darauf zu prüfen, ob eine eigenständige wissenschaftliche Leistung erbracht wird. Bei häuslichen Arbeiten sollte die Themenstellung so gewählt werden, daß Plagiate erschwert oder unmöglich gemacht werden.

3. Das Internet ist eine hervorragende Quelle für wissenschaftliches Arbeiten. In gleicher Weise eignet es sich jedoch als Mittel für den Diebstahl geistigen Eigentums. Professoren sollten Studierende auf das Internet als eine Quelle für wissenschaftliche Texte hinweisen und ihnen wissenschaftlich redliche Arbeitsweisen mit diesem Wissen vermitteln.

4. Die hohe Zahl der von Professoren zu korrigierenden schriftlichen Arbeiten von Studierenden macht die Entdeckung von Plagiaten mit herkömmlichen Mitteln nahezu unmöglich. Der Einsatz digitaler Hilfsmittel ist jedoch eine schnelle und effektive Methode zur Sicherung wissenschaftlicher Qualität.

5. Professoren sollten sich mit den möglichen Quellen für Plagiate im Internet vertraut machen und diese ihren Mitarbeitern (Korrekturassistenten) vermitteln. Sie sollten auch die im Internet angebotenen Kontrollinstrumente kennen und von ihnen bei Bedarf (stichprobenartig oder auch generell) Gebrauch machen. Die Suche nach möglichen Plagiaten erfordert keine speziellen Fachkenntnisse, sondern lediglich Grundkenntnisse im Umgang mit gängigen Suchmaschinen.

Bei der Prüfung auf Plagiate können beispielsweise folgende Hilfsmittel nützlich sein:

- Allgemeine Suchmaschinen (z. B. www.google.de, www.fireball.de, www.altavista.de, www.metager.de, www.sucharchiv.com)
- Kategorisierte Sammlungen (z. B. www.yahoo.de)
- Spezielle Suchdienste (z. B. www.tumitin.com, www.integriguard.com oder die als Shareware erhältliche *Essay Verification Engine* auf der Seite von www.canexus.com)
- Hilfen, die der Betreiber von www.hausarbeiten.de anbietet
- www.plagiarism.org

[Anmerkung Peterßen: Inzwischen hat Debora Weber-Wulff eine „Anleitung zum Aufdecken von Plagiaten" im Internet bereitgestellt: www.f4.fhtw-berlin.de/~weberwu/papers/plagiat.shtml]

Mit den genannten Hilfsmitteln läßt sich durch eine gezielte Suche nach

- gemeinsamen Fehlern mehrerer Arbeiten
- gemeinsamen Sätzen, in denen z. B. mindestens sechs Wörter gleich sind
- bestimmten Ausdrücken, wie z. B. ungewöhnlichen Wortwendungen, ungewöhnlichen sprachlichen Glätten, seltenen oder ungewöhnlichen Wörtern oder Ausdrucksweisen, Stilbrüchen und uneinheitlichen Textformatierungen jeder schriftliche Text schnell und effektiv auf ein möglicherweise vorliegendes Plagiat überprüfen.

6. Die Anfertigung eines Plagiats ist kein Kavaliersdelikt. Dies gilt vor allem in der Wissenschaft, die in besonderer Weise der Suche nach Wahrheit und Erkenntnis verpflichtet ist. Studierende, die nachgewiesenermaßen ein Plagiat als schriftliche Arbeit eingereicht haben, müssen mit Sanktionen rechnen.

7. Alle Fakultäten sind aufgefordert, verbindliche Regelungen im Falle nachgewiesenen Plagiats zu treffen, ihre Studierenden bereits im ersten Semester darauf hinzuweisen und diese Regeln konsequent anzuwenden. Wünschenswert wäre auch ein Verhaltenskodex mit Darstellung der Konsequenzen bei Verstoß, den Studierende bei der Immatrikulation von der Universität überreicht bekommen.

Literatur zum Thema - eine kleine Auswahl

BÄNSCH, Axel, Wissenschaftliches Arbeiten. München 1998

BÜKER, Stella, Wissenschaftliches Arbeiten und Schreiben in der Fremdsprache. Hohengehren 1998

BÜNTING, K., Schreiben im Studium. Berlin 1996

DISTERER, G., Studienarbeiten schreiben. Berlin 1998

DUDEN, Die schriftliche Arbeit. Mannheim 1989

ECO, Umberto, Wie man eine wissenschaftliche Arbeit schreibt. Heidelberg 1993

GRUNWALD, K., Wissenschaftliches Arbeiten. Eschborn 1997

HUNTEMANN, Volker/WELKER, Thomas/SCHON, René, Die Facharbeit. In: Geographie, 28. Jg. 1998, Nr. 1, S. 36–39

POENICKE, Klaus, Wie verfasst man wissenschaftliche Arbeiten. Ein Leitfaden vom ersten Semester bis zur Promotion. 2., erw. u. überarb. Aufl., Mannheim 1988

RÜCKRIEM, Georg/STARY, Joachim/FRANCK, Norbert, Die Technik wissenschaftlichen Arbeitens. 10. Aufl., Paderborn 1997

RÜCKRIEM, Georg/STARY, Joachim, Ist wissenschaftliches Arbeiten lehrbar? In: Das Hochschulwesen, 44. Jg. 1996, Nr. 2, S. 96–106

SEIDENSPINNER, Gundolf, Wissenschaftliches Arbeiten. Schriften der Deutschen Studentenschaft. München, Landsberg am Lech, 1994

Sachregister